BIM 技术在隧道工程管理中的应用研究

王义军　姬　繁　廖　杰　著

电子科技大学出版社

University of Electronic Science and Technology of China Press

· 成都 ·

图书在版编目（CIP）数据

BIM 技术在隧道工程管理中的应用研究/王义军，姬
繁，廖杰著. --成都：电子科技大学出版社，2023.12
ISBN 978-7-5770-0645-1

Ⅰ.①B… Ⅱ.①王…②姬…③廖… Ⅲ.①隧道工
程－计算机辅助设计－应用软件－研究 Ⅳ.①U45－39

中国国家版本馆 CIP 数据核字（2023）第 205508 号

BIM 技术在隧道工程管理中的应用研究
BIM JISHU ZAI SUIDAO GONGCHENG GUANLI ZHONG DE YINGYONG YANJIU
王义军 姬 繁 廖 杰 著

策划编辑	刘 凡	
责任编辑	刘 凡	

出版发行　电子科技大学出版社
　　　　　成都市一环路东一段 159 号电子信息产业大厦九楼　　邮编 610051
主　　页　www.uestcp.com.cn
服务电话　028－83203399
邮购电话　028－83201495

印　　刷　成都市火炬印务有限公司
成品尺寸　185mm×260mm
印　　张　12.75
字　　数　209 千字
版　　次　2024 年 5 月第 1 版
印　　次　2024 年 5 月第 1 次印刷
书　　号　ISBN 978-7-5770-0645-1
定　　价　68.00 元

前 言

隧道是在进行道路交通工程建设时，为实现地面交通通畅运转且免受破坏，或应对山区、水路等复杂地理环境而建立的一类交通形式。隧道工程的建设过程极具挑战性，主要由于隧道工程通常所处施工区域环境因素恶劣、水文等地质情况复杂，导致工程作业难度大、施工工序多、实施工程量大。为有效提升隧道工程的安全和质量，应保证工程实施主体具备高水平管控能力和技术施工能力。BIM 技术也就是建筑信息模型，在建筑工程数据管理中，应用三维数字技术和计算机技术建立起来的三维建筑模型，呈现出明显的可出图性、优化性、模拟性、协调性与可视化特征。将 BIM 技术应用于隧道工程中，可科学提高工程实施、管理的效率和质量，为工程的有序发展提供技术支持。

本书是一本关于 BIM 技术在隧道工程管理中应用方面研究的书籍。全书首先对隧道工程、BIM 技术的基础内容进行了简要概述，介绍了现代隧道施工的方法、技术及 BIM 的内涵、技术特点等内容；然后对 BIM 项目管理的相关情况进行了梳理和分析，包括 BIM 项目协同平台建设、BIM 项目进度、质量、安全、成本管理应用等；最后对隧道工程的养护及安全管理进行了介绍。本书论述严谨，结构合理，条理清晰，其能为当前 BIM 技术在隧道工程管理中应用的相关理论研究提供借鉴。

在本书的策划和撰写过程中，作者曾参阅了国内外有关的大量文献和资料，从其中得到启示，同时也得到了有关领导、同事、朋友的大力支持与帮助，在此致以衷心的感谢。本书的选材和写作还有一些不尽如人意的地方，加上作者学识水平和时间所限，书中难免存在缺点，敬请同行专家及读者指正，以便进一步完善提高。

目 录

第一章　隧道工程

第一节　隧道的基础

一、概念

隧道通常指用作地下通道的工程建筑物，按地层分为岩石隧道（软岩、硬岩）、土质隧道；按所处位置分为山岭隧道、城市隧道、水底隧道；按施工方法分为矿山法、明挖法、盾构法等；按埋置深度分为浅埋隧道和深埋隧道；按断面形式分为圆形隧道、马蹄形隧道、矩形隧道等；按国际隧道协会（ITA）定义的断面数值划分标准分为特大断面、大断面、中等断面、小断面、极小断面；按车道数分为单车道、双车道、多车道；按照长度分为特长隧道：$L>300m$，长隧道：$3\,000m \geqslant L \geqslant 1\,000m$，中隧道：$1\,000m > L > 500m$，短隧道：$L \leqslant 500m$；按隧道间的距离分为连拱、小净距和分离式隧道。

二、公路隧道围岩分级

可根据调查、勘探、试验等资料，岩石隧道的围岩定性特征，围岩基本质量指标 BQ 或修正的围岩质量指标［BQ］值，土体隧道中的土体类型、密实状态等定性特征。下列是公路隧道围岩分级。

（一）Ⅰ

坚硬岩，岩体较完整，巨整体块状或厚层状结构围岩基本质量指标 BQ 或修正的围岩基本质量指标［BQ］>550。

（二）Ⅱ

坚硬岩，岩体较完整，块状或厚层状结构，较坚硬岩，岩体完整，块状整体结构。围岩基本质量指标 BQ 或修正的围岩基本质量指标［BQ］：$550\sim451$。

（三）Ⅲ

坚硬岩，岩体较破碎，巨块（石）碎（石）状镶嵌结构；较坚硬岩或较软硬岩层，岩体较完整，块状体或中厚层结构。围岩基本质量指标 BQ 或修正的围岩基本质量指标〔BQ〕：450～351。

（四）Ⅳ

坚硬岩，岩体破碎，碎裂结构；较坚硬岩，岩体较破碎至破碎，镶嵌碎裂结构；较软岩或软硬岩互层，且以软岩为主，岩体较完整至较破碎，中薄层状结构。围岩基本质量指标 BQ 或修正的围岩基本质量指标〔BQ〕：350～251。

土体：①压密或成岩作用的黏性土及砂性土；②黄土（Q1、Q2）；③一般钙质、铁质胶结的碎石土、卵石土、大块石土。

三、隧道的结构

隧道结构由主体构造物和附属构造物两大类组成。主体构造物是为了保持岩体的稳定和行车安全而修建的人工永久建筑物，通常指洞身衬砌和洞门构造物。附属构造物是主体构造物以外的其他建筑物，是为了运营管理、维修养护、给水排水、供配发电、通风、照明、通信、安全等建造的。

（一）主体结构

1. 衬砌

衬砌的平、纵、横断面形状由道路隧道的几何设计确定，衬砌断面的轴线形状和厚度由计算决定。隧道的衬砌结构形式主要是根据隧道所处的地质地形条件，考虑其结构受力的合理性，施工方法和施工技术水平等因素确定的。衬砌种类繁多，按隧道断面形状，分为曲墙、直墙、圆墙、矩形以及喇叭口衬砌；按支护理论分为整体式衬砌、复合式衬砌和喷锚衬砌。

2. 洞门

洞门既是隧道两端的外露部分，也是联系洞内衬砌与洞口外路堑的支护结构，其作用是保证洞口边坡的安全和仰坡的稳定，引离地表流水，减少洞口土石方开挖量，洞门还是隧道的标志性建筑物，因此，洞门应与隧道规模、使用特性以及周围建筑物、地形条件等相协调。

洞门构造：洞口仰坡地脚至洞门墙背应有不小于 1.5m 的水平距离。洞门端墙与仰坡之间水沟的沟底与衬砌拱顶外缘的高度不应小于 1.0m。洞门墙顶应高出仰坡脚 0.5m 以上；洞门墙应根据情况设置伸缩缝、沉降缝和泄水孔。洞门墙的厚度可按计算或结合其他工程类比确定，但墙身厚度不得小于 0.5m；洞门墙基础必须置于稳固地基上，基底埋入土质地基的深度不应小于 1m，嵌入岩石地基的深度不应小于 0.5m；地基为冻胀土层时，要求基底设在冻结线以下不小于 0.25m。

3．明洞

当隧道埋深较浅，上覆岩（土）体较薄，难采用暗挖法时，则应采用明挖法开挖隧道。用明挖法修筑的隧道结构，通常称明洞。明洞具有地面、地下建筑物的双重特点，既作为地面建筑物用以抵御边坡、仰坡的坍方、落石、滑坡、泥石流等病害，又作为地下建筑物用于在深路堑、浅埋地段不适宜暗挖隧道时，取代隧道的作用。

（1）类型

明洞主要分为两大类，即拱式明洞和棚式明洞。按荷载分布，拱式明洞又可分为路堑对称型、路堑偏压型、半路堑偏压型和半路堑单压型；按构造，棚式明洞又可分为墙式、刚架式、柱式等。在实际使用中，可根据明洞的用途、地形、地质条件、荷载分布情况、运营安全、施工难易以及条件等进行具体分析、比较，确定明洞形式。

（2）构造

①明洞基础

明洞基础应置于稳固的地基上。当基岩埋深较浅时，基础可设置于基岩上；当基础位于软弱地基上时，基础可采用仰拱，整体式钢筋混凝土底板等结构，外墙基础趾部，应有一定的嵌入深度并应设在冻结线以下 0.25m，且保证符合《公路隧道设计规范》规定的护基宽度。

②明洞填土

明洞顶设计填土厚度应根据山坡病害的情况，预计明洞顶可能出现的坍塌量及将来明洞所要起的作用确定。

公路隧道明洞填土不小于 2.0m，明洞顶填土横坡以能顺畅排除坡面水为原则，不小于 2%，明洞顶设计填土坡度可为 1∶5～1∶3，1∶5 是对称式明洞边坡基本稳定的情况，实际填土坡可为 1∶10～1∶5。

（二）附属设施

隧道的附属设施是指为确保交通安全和顺适而设置的通风设施、照明设施、安全设施、供配电设施、应急设施等。

四、隧道工程主要施工机械

（一）凿岩台车构造

凿岩台车由钻臂、推进器、底盘、台车架、稳车机构、风水系统、液压系统、操纵系统等部分组成。

工作时，台车驶入掘进工作面，由稳车机构使台车定位，操纵钻臂和推进器，使推进器的顶尖按要求的孔位顶紧工作面，开动凿岩机钻孔。

（二）全断面隧道掘进机

1. 分类、特点及适用范围

（1）按破碎岩石方式分类

①切削式

刀盘上安装割刀，像金属切削刀具一样将工作物切割下来，适用于软岩、土质等抗压强度小于 42MPa 的地质。

②铣削式

切削过程靠滚刀的旋转和推进及铣刀的自转完成，像铣削金属的铣床一样，适用于软岩地质。

③挤压剪切式

用圆盘形滚刀使岩石受挤压和剪切而破碎（以剪切为主）。刀具有硬质合金的刀圈或中碳合金钢堆焊碳化钨、钻等，适用于中硬岩石，即抗压强度为 42MPa～175MPa 的岩石。

④滚压式

滚压式是以挤碎岩石来切削，刀具为圆盘式、牙轮式和锥形带小球状刀具。用于硬岩，即抗压强度大于 175MPa 的岩石。

（2）按切削头回转方式分类

①单轴回转式

切削头的回转轴只有一根。由于在大直径的切削头上，不同半径上的刀具线速度不同，实际上不是真正的同轴回转，因此，它只用于小直径的掘进机。

②多轴回转式

切削盘上有几个小切削轮，小切削轮各自有回转轴可独自旋转。

（3）按掘进方式分类

按掘进方式的不同，可分为推进式和牵引式两种，推进式又分为抓爪式和支撑反力式。

（4）按安排渣方式分类

按安排渣方式的不同，可分为铲斗式、旋转刮板式和泥浆输送式等，常用的是前两种。

（5）按外形特征分类

①敞开式掘进机

结构简单，靠撑踏装置支持机身，适用于岩层比较稳定的隧道。

②护盾式掘进机

有单护盾和双护盾之分。单护盾掘进机前部用护盾掩护，双护盾掘进机机体被前后两节护盾掩护着，适用于易破碎的硬岩或软岩及地质条件较复杂的岩层。

2．主要结构

全断面隧道掘进机一般由切削头工作机构、切削头驱动机构、推进及支撑装置、排渣装置、液压系统、除尘装置以及电气和操纵等装置组成。

（三）臂式隧道掘进机

臂式隧道掘进机也可称为悬臂掘进机，是一种有效的开挖机械，它集开挖、装卸功能于一体，广泛应用于采矿、公路隧道、铁路隧道、矿用巷道、水利涵洞及其他地下工程的开挖。

使用经验表明，这种掘进机对开挖泥质岩、凝灰岩、砂岩等岩层有极好的性能。与钻爆法相比，机械开挖的最大优势是不扰动围岩，隧道的掌子面非常平坦，几乎没有钻爆法产生的凹凸不平和龟裂，容易达到新奥法的要求；断面超挖量少，经济性能好；且减少了施工时的噪声和振动，符合环境保护的要求。

与全断面开挖的隧道掘进机相比，臂式掘进机体积小、质量轻、易于搬运。

臂式掘进机通常由切割装置、装载装置、输送机构、行走机构、液压系统和电气系统等几部分组成。

（四）喷锚机械

1．锚杆台车

锚杆台车是在隧道施工中用于围岩支护的专用设备。在需要锚杆支护的地方用锚杆台车进行钻孔、注浆、插入锚杆，全套工序均由锚杆台车完成，锚杆台车由台车底盘、大臂、锚杆机头等组成。

锚杆机头由凿岩机及其推进器、锚杆推进器、注浆或喷射导架、转动定位器、三状态定位油缸、锚杆夹持器等部件组成，可完成从钻孔、注浆到锚杆安装的全过程工作，更换少数部件即可安装涨壳式锚杆。

2．混凝土喷射机

混凝土喷射机有干喷和湿喷两种喷射方式，但在公路隧道施工中干喷工艺已被禁用，这里只讲解湿喷工艺。

湿喷是将骨料、水泥和水按设计比例拌和均匀,用湿式喷射机压送拌和好的混凝土混合料到喷头处,再在喷头上添加速凝剂后喷出,湿喷混凝土的质量较容易控制,喷射过程中的粉尘和回弹量较少,是适应当前发展、推广应用的喷射工艺。但湿喷对喷射机械要求较高,机械清洗和故障处理较困难。对于喷层较厚的软岩和渗水隧道,不宜采用湿喷混凝土工艺施工。

（五）混凝土衬砌台车

混凝土衬砌台车是隧道施工过程中二次衬砌不可或缺的非标产品,主要有简易衬砌台车、全液压自动行走衬砌台车和网架式衬砌台车,全液压衬砌台车又可分为边顶拱式、全圆针梁式、底模针梁式、全圆穿行式等。边顶拱式衬砌台车应用最为普遍,常用于公路、铁路隧道及地下洞室的混凝土二次衬砌施工。

全液压自动行走衬砌台车主要用于中长隧道施工中,对施工进度、混凝土表面质量要求较高。此类衬砌台车设计为整体钢模板、液压油缸独立模,全部采用混凝土输送泵车灌注,大部分衬砌台车为该类台车。

（六）盾构机械

盾构是一种集开挖、支护、衬砌等多种作业于一体的大型隧道施工机械,是用钢板做成圆筒形的结构物,在开挖隧道时,作为临时支护,并在筒形结构内安装开挖、运渣、拼装隧道衬砌的机械手及动力站等装置,以便安全地作业。它主要用于软弱、复杂等地层的铁路隧道、公路隧道、城市地下铁道、上下水道等隧道的施工。

使用盾构机械建筑隧道的方法称为盾构施工法。其施工程序是:在盾构前部盾壳下挖土(机械挖土或人工挖土),一面挖土,一面用千斤顶向前顶进盾体,顶至一定长度后(一般为一片衬砌圈宽度),再在盾尾拼装预制好的衬砌块,并以此作为下次顶进的基础,继续挖土顶进。在挖土的同时,将土屑运出盾构,如此不断循环直至修完隧道为止。

盾构施工法的采用要根据地质条件、覆盖土层深度、断面大小、电源问题、离主要建筑物的距离、水源、施工段长度等多种因素加以综合考虑。

1. 分类及特点

（1）分类

盾构的形式很多,可按盾构的断面形状、构造及开挖方式进行分类。按盾构断面形状的不同,可将盾构分为圆形、拱形、矩形和马蹄形四种;按开挖方式的不同,可分为手工挖掘式、半机械化挖掘式、机械化挖掘式三种;按盾构前部构造的不同，可分为全部开口形、部分开口形、密封形三种。在盾构法使用初期，人工挖掘式盾构占很大的比例，但发展的趋势是机械化盾构越来越多。从断面形式来看，应用最广泛的是圆形盾构。因此，本节将以机械挖掘的圆形盾构为例，介绍其结构原理。

（2）机械化盾构施工的特点

机械化盾构施工的优点：①提高工效，缩短工期。一般日挖进能力在沙质土为人工的两倍，砂和亚黏土为人工的 3 倍～5 倍，黏性土为人工的 5 倍～8 倍；②减少塌方，生产安全；无论哪一种盾构都具有防止工作面塌方、平衡地下水压及减少塌方的优点。而且施工人员无须直接在掌子面操作，安全性高；③由于工期能缩短，节省劳动力，因而可降低施工成本，经济性高；④施工环境好，施工人员无须在气压下工作，改善了恶劣的施工条件；⑤随着土层地质的变化，能变化挖进方法及进度。

机械化盾构施工的缺点：①机械造价高、质量大，适用于长距离施工。由于质量大，因此在特软地层施工时容易发生沉陷；②任何一部分机械出现故障，都必须全部停工检修。机械检修和准备作业时间长，机械利用率低；③设计、加工制造时间长；④掌子面局部塌方（盾构顶部），如发现不及时而继续掘进，会引起沉陷、局部超挖和加固操作困难；⑤更换磨损刀具困难。

2. 机械化盾构的主要结构

（1）机械化盾构结构分类

①刀盘式盾构

这是一种圆形机械化盾构，使用比较普遍。其特点是切削轮上装有割刀，旋转方向与盾构轴线垂直。附加上气压、水压、泥水加压、土压等平衡掌子面土压和地下水压后，形成各种各样的盾构。旋转动力有液压马达驱动和电动机驱动两种。由于旋转转矩大，为便于布置，都采用多马达同步驱动。为了防止盾构由于切削反作用力而发生转动，现代多采用可双向旋转的切削轮。因此，切削轮的刀臂布置成两个反向的刀齿，或者切削轮布置成内外圈，相对旋转以平衡反作用转矩，这种盾构适用于除岩石以外的各种土层施工。

②行星轮式盾构

固定中心式：其形式就是在刀盘的刀臂上再装上几个小型刀盘，由于切削轨迹形成摆线型，分散了刀齿上所受的阻力，同时也能抵消回转转矩，防止盾构转动，以适应硬土层的切削。

移动中心式：在切削横臂上有两个小切削轮，可径向移动。横臂安装在伸缩油缸端部，油缸装在主臂的空心圆筒里。切削横臂一面旋转，两切削轮一面相背地向外切削。当小切削轮径向移动到最外侧直径时，横臂停止旋转，小切削轮向内移动，这样完成了一个循环，这种盾构主要用于凝灰岩和片麻岩。

③铲斗式盾构

在盾壳里安装一个能在盾构断面范围内任意位置挖掘的铲斗，当铲斗装满后，可以缩回盾壳里，用斗底开门的方式将土屑卸入排料装置。适用于软弱地质条件下开挖上下水道和各种导坑，也可用于地下铁道的开挖工程。其主要特点是能适用于任意断面的隧道开挖。

④钳爪式盾构

在盾壳前端装有两个半圆形钳爪，后者由铸钢或 50mm 厚的钢板焊成。每侧钳爪由油缸推动，两个钳爪可同时相对运动，也可单独动作。挖掘油缸支点在盾壳上，钳爪枢轴分上下铰接在盾壳里的承载环上。

⑤铣削臂式盾构

适用于砂土、软岩、中硬岩的隧道开挖，尤其适用于断层地质条件。土、岩的抗压强度在 10MPa～50MPa 以内均可适用。

铣削臂式盾构的圆形切削臂端部有切削头，可逆时针旋转（从前面看）的切削臂铰接在盾壳里的支架上，切削臂可以自由地切削任意部位。切削头外径为 900mm，旋转速度为 43r/min，装有四把中心刀头和 40 把周圈刀头，刀头为组合式，容易更换。

整个切削臂组装在一个滑台上，有两个油缸操纵滑台前后移动，在螺旋收集器下方有皮带输送机将土屑运出盾构。

⑥网格切割式盾构

这种盾构适用于特别软弱的地层，一般都配备气压、泥水加压等措施，以稳定掌子面、平衡土压和地下水压，网格本身也起到挡土的作用。

依靠推进千斤顶使盾构插入地层，掌子面上土从网格中空被挤出。如遇到流动性大的土质或流沙等，可在网格中装上挡土板。至于是局部安装还是全部安装挡土板，视地质情况而异。

⑦密闭式盾构

全部装上挡土板即为密闭式盾构，采取闭胸挺进。

这种盾构适用于除岩石以外的一切土的开挖，无论有无地下水均能使用，但多适用于特别不稳定的软弱地层或地下水位高、带水砂层及黏土层和流动性大的土质，尤以冲积层和洪积层使用网格泥水加压式固定掌子面效果最好。

（2）机械化盾构的总体结构

上述几种机械化盾构，尽管其作用原理有所不同，但都由切削机构、盾壳、动力装置、拼装机、推进装置、出料装置和控制设备等组成。

第二节　隧道施工方法与技术

一、隧道施工方法简介

（一）TBM 掘进机法

掘进机法是装置有破碎岩石的刀具，采用机械破碎岩石的方法开挖隧道，并将破碎的石渣传送出机外的一种开挖与出渣联合作业的掘进机械，能连续掘进。

TBM 就是适合硬岩掘进的隧道掘进机。

硬岩 TBM 适用于山岭隧道硬岩掘进，代替传统的钻爆法，在相同的条件下，其掘进速度约为常规钻爆法的 4 倍～10 倍，具有快速、优质、安全、经济、有利于环境保护和劳动力保护等优点，特别是高效快速可使工程提前完工，提前创造价值，对我国的现代化建设有很重要的意义。

隧道掘进机通过刀具在隧道断面内直接破碎岩石从而进行连续掘进。它包括：装有切削刀具的旋转切削头，装渣设备，机身前进的推进装置和支撑装置，控制方向的激光准直仪，安装临时支撑的设备和其他用于吸尘、通风的辅助装置。掘进机具有掘进、开挖、喷锚支护、出渣运输、通风冷却、除尘降温、材料供应、自动测量定位、地质超前钻探等功能，具有作业人员少、掘进速度快、开挖成型好、施工安全可靠、工作环境好、劳动强度低、工厂化作业、生产效率高等特点。

（二）明挖法

明挖法是当隧道埋深较浅时的一种施工方法，它可将地面挖开，形成露天的基坑，然后在基坑中修筑隧道衬砌，铺设防水层，最后用土回填。隧道洞口段不能用暗挖法施工时均可用明挖法施工。在明挖法施工中，常用的基坑开挖方式有：敞口开挖法、工字钢桩法、地下连续墙法等。

1．主要优点

明挖法具有施工简单、快捷、经济、安全的优点，城市地下隧道工程发展初期都把它作为首选的开挖技术。

2. 关键工序

明挖法的关键工序是：降低地下水位、边坡支护、土方开挖、结构施工及防水工程等，其中边坡支护是确保安全施工的关键技术。

（1）放坡开挖技术

放坡开挖技术适用于地面开阔和地下地质条件较好的情况，基坑应自上而下分层、分段依次开挖，随挖随刷边坡，必要时采用水泥和黏土护坡。

（2）型钢支护技术

型钢支护技术一般使用单排工字钢或钢板桩，基坑较深时可采用双排桩，由拉杆或连梁连接共同受力，也可采用多层钢横撑支护或单层、多层锚杆与型钢共同形成支护结构。

（3）连续墙支护技术

一般采用钢丝绳和液压抓斗成槽，也可采用多头钻和切削轮式设备成槽。连续墙不仅能承受较大载荷，同时具有隔水效果，适用于软土和松散的含水地层。

（4）混凝土灌注桩支护技术

一般有人工挖孔或机械钻孔两种方式。钻孔中灌注普通混凝土和水下混凝土成桩。支护可采用双排桩加混凝土连梁，还可用桩加横撑或锚杆形成受力体系。

（5）土钉墙支护技术

在原位土体中用机械钻孔或洛阳铲人工成孔，加入较密间距排列的钢筋或钢管，外注水泥砂浆或注浆，并喷射混凝土，使土体、钢筋、喷射混凝土板面结合成土钉支护体系。

（6）锚杆（索）支护技术

在孔内放入钢筋或钢索后注浆，达到强度后与桩墙进行拉锚，并加预应力锚固后共同受力，适用于高边坡及受载大的场所。

（7）混凝土和钢结构支撑支护方法

依据设计计算在不同开挖位置上灌注混凝土内支撑体系和安装钢结构内支撑体系，与灌注桩或连续墙形成一个框架支护体系，承受侧向土压力，内支撑体系在做结构时要拆除，适用于高层建筑区密集区和软淤泥底层。

（三）盾构法

盾构法是在地面下暗挖隧道的一种施工方法。构成盾构法的主要内容是：先在隧道某段的一端建造一竖井（始发井），以供盾构安装就位。盾构从始发井的墙壁开孔处出发，在地层中沿着设计轴线，向另一竖井（到达井）的设计孔洞推进。盾构推进中所受到的地层阻力，通过盾构千斤顶传至盾构尾部已安装的预制隧道衬砌结构，再传到竖井的后靠壁上。盾构掘进机是这种施工方法中最主要的独特的施工机具，它是一个既能支承地层压力，又能在地层中推进的圆形或矩形或马蹄形等特殊形状的钢筒结构，在钢筒的前面设置各种类型的支撑和开挖土体的装置，在钢筒中段内部安装顶进所需的千斤顶，钢筒尾部是具有一定空间的壳体，在盾尾内可以拼装一至二环预制的隧道衬砌环。盾构每推进一环的距离，就在盾尾支护下拼装一环衬砌，并及时向紧靠盾尾后面的开挖坑道周边与衬砌环外周之间的空隙中压注足够的浆液，以防止隧道及地面下沉。在盾构推进过程中不断从开挖面排出适量的土方。

1. 盾构法施工的基本条件

①线位上要求有允许建造用于盾构进出洞和出渣进料的工作井的空间；②隧道要有足够的埋深，覆土深度宜不小于6m；③相对均质的地质条件；④如果是单洞则要有足够的线间距，洞与洞及洞与其他建（构）筑物之间所夹土（岩）体加固处理的最小厚度为水平方向1.0m，竖直方向1.5m。

2. 盾构法的优点

盾构法施工得到广泛使用，因其具有明显的优点：①在盾构的掩护下进行开挖和衬砌作业，有足够的施工安全性；②地下施工不影响地面交通，在河底下施工不影响河道通航；③施工操作不受气候条件的影响。④产生的振动、噪声等环境危害较小；⑤对地面建筑物及地下管线的影响较小。

3. 盾构法存在的问题

①当隧道曲线半径过小时，施工较为困难；②在陆地建造隧道时，如隧道覆土太浅，则盾构法施工困难很大；而在水下时，如覆土太浅，则盾构法施工不够安全；③盾构隧道上方一定范围内的地表沉陷尚难完全防止，特别是在饱和含水松软的土层中，要采取严密的技术措施才能把沉陷限制在很小的限度内；④在饱和含水的地层中，盾构法施工所用的拼装衬砌对达到整体结构防水性的技术要求较高。

（四）沉管法

沉管隧道是将隧道管段分段预制，分段两端设临时止水头部，然后浮运至隧道轴线处，沉放在预先挖好的基槽内，完成管段间的水下连接，移去临时止水头部，回填基槽保护沉管，铺设隧道内部设施，从而形成一个完整的水下通道。

沉管法先在隧址以外的预制场制作隧道管段，两端用临时封墙密封。制成以后用拖轮拖运到隧址指定位置上，预先在设计位置处挖好水底沟槽。待管段定位就绪后，往管段中注水，使之下沉。然后，将沉设完毕的管段在水下连接起来，覆土回填，完成隧道。

二、隧道开挖与洞口洞身施工技术

(一) 隧道开挖方法

修筑隧道首先要在隧道所穿越的地层内开挖出一个符合设计要求的空间。开挖作业占整个隧道施工工程量的比重较大，造价约占 25％～40％，是隧道施工中较关键的基本作业，它对隧道的施工进度和工程造价都有很大影响。隧道施工的开挖方式是指对坑道范围内岩体的破碎挖除方式，常用的开挖方式有钻爆开挖法、机械开挖法、人工和机械混合开挖法三种。

采用钻爆法开挖方法包括：全断面法、台阶法、中隔壁法和双侧壁导坑法等。

1. 全断面法

全断面法是采用全断面一次开挖成形的施工方法。适用于Ⅰ～Ⅲ级围岩隧道施工，Ⅳ级围岩隧道在采用了有效的措施后，亦可采用全断面法进行开挖。

（1）优点

①施工场地宽敞，工作面空间大，便于大型机械作业，可使用钻眼台车钻眼、槽式列车或梭式矿车出渣等机械化配套作业；②开挖面大，能发挥深眼钻爆的优点；③工序少、干扰少、工序集中、管理方便；④通风、排水、运输方便，提高掘进速度。

（2）缺点

①要求机械化程度高；②各工序紧密配合，某一工序落后，即严重影响全面施工；③出渣是控制施工进度的重要因素，要注意合理组织运输工作。

（3）注意事项

①施工时应配备钻孔台车或台架及高效率装运机械设备，以尽量缩短循环时间，各道工序应尽可能平行交叉作业，加快施工进度，并应注意经常检查维修机械设备，应备有足够的易损零件部件，以保证各项施工工作顺利进行；②加强各种辅助作业和设备的管理，如三管两线要保持技术良好的状态；③加强对工程地质和水文地质的调查，对不良地质情况要及时预报、量测，分析研究，以防影响施工安全、工程建设进度等；④加强和重视施工操作人员的技术培训，使其能熟练掌握各种机械设备，推广新技术，不断提高工效，改进施工管理（包括隧道施工的计划管

理、技术管理、质量管理、经济管理、安全管理等）；⑤使用钻孔台车宜采用深孔钻爆，以提高开挖进尺；⑥初期支护应严格按照设计及时施工，为控制超前挖，提高爆破效果，有条件时可采用超前导坑法进行全断面开挖。

2. 台阶法

台阶开挖法是先开挖上半断面，待开挖至一定长度后同时开挖下半断面，上、下半断面同时并进的施工方法。

台阶开挖可以说是全断面开挖法的变化方案，即将设计断面分上半部断面和下半部断面两次或多次开挖成型；或采用上弧形导坑开挖和中核开挖及下部开挖（即台阶分部开挖法）。台阶法开挖便于使用轻型凿岩机打眼，而不必使用大型凿岩台车。在装渣运输、衬砌修筑等方面，则与全断面法基本相同。

在上部断面以弧形导坑领先 2m～2.5m，下部断面以一个正台阶垂直挖到底，一次爆破，利用渣堆钻眼，机械装渣运输。采用正台阶法开挖关键问题是台阶的划分形式。台阶划分要求尽量做到爆破后扒渣量少，钻眼和出渣干扰少。因此，一般将设计断面划分成 1～2 个台阶进行分部开挖。

（1）优缺点

①台阶开挖法具有较大的工作空间和较快的施工速度，但上下部作业有相互干扰影响；②台阶开挖法有利于开挖面的稳定，尤其是上部开挖支护后，下部断面作业就较为安全。

但台阶开挖增加了对围岩的扰动次数，应注意下部作业对上部稳定性产生的不良影响。

（2）注意事项

①根据围岩条件，合理确定台阶长度，一般应不超过 1 倍洞径，确保开挖、支护质量及施工安全；②台阶高度应根据地质情况、隧道断面大小和施工机械设备情况确定，其中上台阶高度以 2m～2.5m 为宜；③上台阶施作钢架时，应采用扩大拱脚或施做锁脚锚杆等措施，控制围岩和初期支护变形；④下台阶应在上台阶喷射混凝土达到设计强度 70% 以上时开挖。当岩体不稳定时，应采用缩短进尺，必要时上下台阶可分左、右两部错开开挖，并及时进行初期支护和仰拱；⑤施工中应解决好上下台阶的施工干扰问题，下部施工应减少对上部围岩、支持的扰动；⑥上台阶开挖超前一个循环后，上下台阶可同时开挖。

3. 中隔壁法

中隔壁法是在软弱围岩大跨隧道中，先开挖隧道的一侧，并施作中隔壁墙，然后再开挖另一侧的施工方法。

采用该法施工，在 Ⅴ～Ⅵ级围岩的地段，平均月成洞可达 20m～30m，施工安全大大提高。由于施作的中隔壁在施作二次衬砌时是需要全部拆除的，因此，使用该法时其施工成本费用相对较高。施工时应注意：①各部开挖时，周边轮廓应尽量圆顺，减小应力集中；②各部的底部高程应与钢架接头处一致；③每一步的开挖高度应根据地质情况及隧道断面大小而定，后一侧开挖形成全断面时，应及时完成全断面初期支护闭合；④左、右两侧洞体施工时，纵向间距应拉开不大于 15m 的距离，中隔壁宜设置为弧形；⑤在灌注二次衬砌前，应逐段拆除中隔壁临时支护，拆除时应加强量测，一次拆除长度一般不宜超过 15m。

4. 双侧壁导坑法

先开挖隧道两侧的导坑，并进行初期支护，再分部开挖剩余部分的施工方法。

双侧壁导坑法（又称眼镜工法）采用先开挖隧道两侧导坑，及时施工作业导坑四周初期支护及临时支护，必要时施工作业边墙衬砌，然后再根据地质条件、断面大小，对剩余部分采用二台阶或三台阶开挖的方法。

双侧壁导坑法适用于软弱围岩地段时的开挖方法，由于跨度较大，一般开挖宽度达到 11m 左右，无法采用全断面或台阶法开挖，而采用双侧壁导坑法，相当于先开挖 2 个小跨度的隧道，开挖后，围岩的自稳时间能够满足初期支护的需要，这样有利于施工的安全。侧壁导坑完成后，剩余断面一般采用上、下两步开挖，上部开挖后，立即进行初期支护，安装钢架支撑，并将钢架与侧壁导坑的钢架连接成一个整体，从而克服了大跨度带来的施工安全问题。

（1）开挖面分部形式

一般将断面分成四块：左侧壁导坑、右侧壁导坑、上部核心土、下台阶。导坑宽度不宜超过断面最大跨度的 1/3。左、右侧导坑错开的距离，应根据开挖一侧导坑所引起的围岩应力重分布的影响不致波及另一侧已成导坑的原则确定。

（2）施工作业顺序

①开挖一侧导坑，并及时地将其初次支护闭合；②相隔适当距离后开挖另一侧导坑，并进行初次支护；③开挖上部核心土，进行拱部初次支护，拱脚支承在两侧壁导坑的初次支护上；④开挖下台阶，进行底部的初次支护，使初次支护全断面闭合；⑤拆除导坑临空部分的初次支护；⑥进行内层衬砌。

（3）注意事项

①侧壁导坑形状应近似椭圆形，导坑断面宽度宜为整个断面的 1/3；②侧壁导

坑、上部核心土、下部台阶错开一定距离平行作业；③导坑开挖后应及时进行初期支护及临时支护，并尽早封闭成环；④侧壁导坑采用短台阶法开挖，左右侧壁导坑施工可同步进行；⑤当全断面初期支护封闭成环后，量测显示支护体系稳定，变形很小时，方可拆除临时支护，同时应及时施作仰拱并进行二次衬砌；⑥临时支护拆除时应加强量测，一次拆除长度一般不宜超过15m。

（二）隧道钻眼爆破施工

钻眼爆破是一般山岭隧道最常采用的方式。

1. 炮眼的种类与作用

钻爆法亦即用爆破进行隧道开挖，提高爆破效果则需增加临空面，临空面是指需要爆破的岩体暴露于空间的平面。

辅助炮眼：位于掏槽炮眼与周边炮眼之间的炮眼，用以扩大掏槽眼炸出的槽坑。

周边炮眼：周边轮廓线上的炮眼，用以炸落坑道周边岩石，保证按设计要求炸出开挖断面轮廓，其中位于坑道底边上的炮眼叫底（板）眼，位于坑道顶边上的炮眼叫顶眼，位于坑道两侧边上的炮眼叫帮眼。

（1）掏槽眼

掏槽炮眼用以掏出开挖面的中央部分，增加临空面，改善后继炮眼的爆破条件。

掏槽炮眼在软硬一致的均质岩层中，应布置在导坑中部，在软硬不均的岩层中，可布置在软岩层中。掏槽眼必须比其他炮眼深15cm～25cm，这样才能为辅助眼创造足够深度的临空面。当岩层层理明显时，掏槽眼应尽量垂直于层理而不可与之平行。掏槽形式较多，应视地质情况而定。

为防止相邻炮眼或相对炮眼之间殉爆，装炮眼之间的距离不能小于20cm，掏槽眼口间距误差和眼底间距误差不得大于50mm。

①斜眼掏槽

斜眼掏槽的特点是掏槽眼与开挖面斜交，优点是可以按照岩层的实际情况选择合适的掏槽方式和掏槽角度，较易保证掏槽的效果，钻眼数量比较少，但在坑道内打斜眼时，炮眼深度受到坑道尺寸的限制。因此，要采用多层楔形掏槽的方式，逐步将掏槽漏斗加深，但这种方式要增加分组起爆的段数。由于斜眼掏槽不便于实行多机钻眼和深眼爆破，限制了快速掘进，因此，现场多是采用直眼掏槽。

②直眼掏槽

直眼掏槽由若干个彼此间距离很近并垂直于开挖面相互平行的炮眼组成。其中可有一个或几个不装药的空眼，空眼用大直径钻头（大于 100mm），空眼的作用是为装药眼创造临空面，以保证掏槽范围内的岩石破碎，它适用于各种硬度的岩层。凿岩作业比较方便，打眼深度不受断面限制，可以多机作业，但在掏槽部位，炮眼集中，控制打眼时间，另外，炮眼间距近，容易发生殉爆和拒爆，同时要求雷管段数较多，因此，最好用毫秒雷管并按正确起爆顺序起爆。

掏槽形式的选定要根据坑道断面的形状和尺寸，岩层硬度和节理、层理情况、钻眼机具情况，参照既有的经验并通过实地试验决定。

（2）辅助眼

辅助眼布置在掏槽眼周围，且离槽口边线较近的地方，使其抵抗线约等于或稍大于槽口宽度的一半，辅助炮眼交错均匀布置在周边眼与掏槽眼之间，力求爆破出的石块块度适合作业的需要，这类炮眼的布置主要是确定炮眼的间距和最小抵抗线。它们是根据岩石坚硬程度和炸药的威力而定，并由工地试验，选取合适的数据。眼口间距一般为 40cm～60cm，应交错配置在掏槽眼与周边眼之间。当采用斜眼掏槽时，则辅助眼应向已掏出的槽子适当倾斜，使眼底与槽子底的距离不会太大，以保证爆破效果。

（3）周边眼

周边眼布置在设计断面轮廓线上，允许沿轮廓线调整，其误差不得大于 5cm，炮眼方向可按 3%～5% 的斜率外插，眼底不超出开挖断面轮廓线 10cm，最大不超过 15cm。周边眼的眼口距坑道壁约 0.1m～0.2m，便于打眼。对于周边炮眼的末端，在软岩层及压顶眼时应落在设计轮廓线上，以防坍顶和超挖；在坚硬岩层和底板眼时，眼底则忽略为加深，以防欠挖和底板眼过高。

2. 炮眼布置原则

（1）先布置掏槽眼，位置在开挖断面的中央稍靠下部，以使底部岩石破碎，减少飞石。

（2）周边炮眼与辅助炮眼的眼底应在同一垂直面上，周边眼按设计位置布，外插斜率为 0.03～0.05，断面拐角处布炮眼。

（3）辅助炮眼应交错均匀地布置在周边眼与掏槽眼之间，并垂直于开挖面打眼，力求爆下的石块体大小适合装渣的要求。

（4）开挖断面底面两隅处，应合理布置辅助眼，适当增加药量，消除爆破死角。断面顶部应控制药量，防止出现超挖。

（5）用直眼掏槽，眼深小于 2m 时可用斜眼掏槽，两个掏槽炮眼间距不得小于 20cm。

（6）斜眼掏槽的方向，在岩层层理或节理发育时，不得与其平行，应呈一定角度并尽量与其垂直。

（7）周边炮眼与辅助炮眼底应在同一垂直面上，保证开挖面平整，但掏槽炮眼应比辅助炮眼眼底深 10cm。

（8）掏槽中空孔的孔数、布置形式及其与装药眼间距，应根据中空孔和装药眼的直径、深度、地质条件和装药眼起爆顺序等确定。

当中空孔孔径为 10cm 时，深眼爆破可采用三中空孔形式或双中空孔形式；浅眼爆破可采取单中空孔形式。

（9）装药形式应按掏槽眼孔径与药卷径的比值（不耦合系数）确定（一般可取 2 左右），也可按两者的体积之比确定（一般可取 4～6）。

选用小直径药卷时，应防止爆炸中断现象，岩石很软时可采用爆管装药形式。眼深小于 2m 时，可采用空气柱装药形式。硬岩炮眼较深时，眼底可装一节加强药包，以保证爆破效果。

（10）当采用全断面开挖或台阶开挖时，应采用导爆管、毫秒雷管起爆周边眼，不得采用火花起爆。开挖断面一次起爆时，如毫秒雷管的间隔时间短，周边眼的雷管应与内圈炮眼的雷管跳段起爆，段炮眼之间起爆时差可取 50ms～100ms。

（11）对内圈眼的爆破诸参数应加以严格控制，防止围岩过度龟裂。

（12）导坑或局部开挖，宜采用浅眼爆破，防止震动对支撑结构产生不良影响。

（13）当钻爆设计与围岩条件不相适应时，应及时调整使其合理。

3. 炮眼的布置方式

隧道开挖面的炮眼，在遵守上述原则的基础上，可以有以下几种布置方式。

（1）直线形布眼

将炮眼按垂直方向或水平方向围绕掏槽开口呈直线逐层排列，这种布眼方式，形式简单且易掌握，同排炮眼的最小抵抗线一致，间距一致，前排眼为后排眼创造临空面，爆破效果较好。

（2）多边形布眼

这种布眼是围绕着掏槽部位由里向外将炮眼逐层布置成正方形、长方形、多边形等。

（3）弧形布眼

弧形布眼是顺着拱部轮廓线逐圈布置炮眼。此外，还可将开挖面上部布置成弧形，下部布置成直线形，以构成混合型布置。

（4）圆形布孔

当开挖面为圆形时，炮孔围绕断面中心逐层布置成圆形，这种布孔方式多用在圆形隧道、泄水洞以及圆形竖井的开挖中。

4. 周边眼的控制爆破

在隧道爆破施工中，首要的是开挖轮廓与尺寸准确，对围岩扰动小。所以，周边眼的爆破效果反映了整个隧道爆破的成功质量。实践表明，采用普通爆破方法不仅对围岩扰动大，而且难以爆出理想的开挖轮廓，故目前经常采用控制爆破技术进行爆破，隧道控制爆破是指光面爆破和预裂爆破。

（1）光面爆破

光面爆破是先爆除主体开挖部位的岩体，然后再起爆布置在设计轮廓线上的周边孔药包，将光爆层炸除，形成一个平整的开挖面，通过正确选择爆破参数和合理的施工方法，达到爆后壁面平整规则、轮廓线符合设计要求的一种控制爆破技术。

作用原理：实现光面爆破就是使周边炮眼起爆后优先沿各孔的中心连线形成贯通裂缝，然后由于爆炸气体的作用，使裂解的岩体向洞内抛散。裂缝形成的机理，有代表性的理论有三种：第一种是认为成缝主要是由于爆破应力波的动力作用引起的，提出了应力波理论；第二种则认为裂缝主要是由于爆破高压气体准静应力的作用引起的，提出了静压力破坏理论；第三种是应力波与爆破气体压力共同作用理论，这是更多的人赞同的一种理论。即：光面爆破的起爆顺序是掏槽眼的首先起爆，依次向外扩爆，最后为周边眼同时起爆，各炮眼的冲击波向其四周作径向传播，相邻炮眼的冲击相遇，则产生应力波的叠加，并产生切向拉力，拉力的最大值发生在相邻炮眼中心连线的中点，当岩体的极限抗拉强度小于此拉力时，岩体便被拉裂，在炮眼中心连线上形成裂缝，随后，爆炸气的膨胀合裂缝进一步扩展，形成平整的爆裂面。

效果要求：①周围岩壁平整规则，轮廓线符合设计，超欠挖满足要求（每 $1m^2$ 不大于 $0.1m^2$、高度不大于 5cm）。爆破后的围岩要求硬岩无剥落；中硬岩基本无剥落；软弱围岩无大的剥落或坍塌。②围岩扰动较少，完整稳定，肉眼几乎看不到爆破造成的裂缝，原有裂隙也不因爆破而明显扩展。③在平整的轮廓线上保留着一定数量的清晰可见的半边炮眼痕迹，炮眼眼痕保存率硬岩可达 80% 以上，中硬岩可达 60% 以上，并应在开挖轮廓面上均匀分布。

技术措施：①周边眼间距与抵抗线的相对距离要合理，通常减小周边眼间距和抵抗线，爆破后轮廓成形好。②周边眼装药集中度太大易造成超挖；而太小易造成欠挖。装药结构应均匀分布，眼底可相对加强一些。软岩周边眼装药宜采用导爆索或导爆索束。③周边轮廓线和炮眼的放样宜采用隧道激光断面仪或其他类似的仪器，尽量减少人工操作。周边轮廓线的放样误差应不大于±2cm。④减少周边眼开眼误差，硬岩开眼位置在轮廓线上；软岩可向内偏5cm～10cm。⑤应减小外插角的误差，一般小于3m时外插角的斜率宜为0.05；大于3m时外插角的斜率宜为0.05～0.03；外插角的方向应与该点轮廓线的法线方向相一致。

（2）预裂爆破

预裂爆破是由于先起爆周边眼，在其他炮眼未爆破之前先沿着开挖轮廓线预裂爆破出一条用以反射爆破地震应力波的裂缝而得名的。预裂爆破的目的同光面爆破，只是在炮眼的爆破顺序上，光面爆破是先引爆掏槽眼，再引爆辅助眼，最后引爆周边眼，而预裂爆破则是首先引爆周边眼，使沿周边眼的连心线炸出平顺的预裂面。由于这个预裂面的存在，对后爆的掏槽眼、辅助眼的爆轰波能起反射和缓冲作用，可以减轻爆轰波对围岩的破坏影响，保持岩体的完整性，使爆破后的开挖面整齐规则。

由于成洞过程和破岩条件不同，在减轻对围岩的扰动程度上，预裂爆破较光面爆破的效果更好，所以，预裂爆破适用稳定性较差而又要求控制开挖轮廓的软弱围岩，但预裂爆破的周边眼距和最小抵抗线都要比光面爆破小，相应地要增加炮眼数量，钻眼工作量增大。

理想的预裂效果应保证在炮眼连线上产生贯通裂缝，形成光滑的岩壁。但预裂爆破只有一个临空面条件的制约，因此，其爆破技术较光面爆破更为复杂。影响预裂爆破效果的因素很多，如钻孔直径、孔距、装药量、岩石的物理力学性质、地质构造、炸药品种、装药结构及施工因素等，而这些因素又是相互影响的。目前，确定预裂爆破主要参数的方法有理论计算法、经验公式计算法和经验类比法三种。就目前的状况来说，对预裂爆破的理论研究还很欠缺，设计计算方法也很不完善，多半须通过经验类比初步确定爆破参数，再由现场试验调整，才能获得满意的结果。

（3）钻眼要求

钻孔时，操作人员必须按照炮眼设计图正确钻孔，具体要求分为以下几个方面。

①炮眼的深度和斜率应符合钻爆设计

掏槽眼口间距误差不大于3cm、眼底间距误差不得大于5cm；辅助眼口排距、行距误差均不得大于 5cm；周边眼口位置误差不得大于 3cm，眼底不得超出开挖断面轮廓线 3cm/m～5cm/m（深眼取大值，浅眼取小值）。

②当采用凿岩机钻眼时

掏槽眼口间距误差和眼底间距误差不得大于 5cm；辅助眼口排距、行距误差均不得大于 10cm；周边眼口位置误差不得大于 5cm，眼底不得超出开挖断面轮廓线 15cm。

③当开挖面凹凸较大时

应按实际情况调整炮眼深度，使周边眼和辅助眼眼底在同一垂直面上。

④钻眼完毕

按炮眼布置图进行检查并做好记录，对不符合要求的炮眼应重钻，经检查合格后方可装药。

⑤采用凿岩机凿孔

当凿孔高度超过 2.0m，都应配备与开挖断面相适应的作业台架进行凿孔；钻孔作业机械操作人员应定人定岗，尤其是左右侧周边眼司钻工不宜变动。

（三）隧道洞口施工

1. 隧道洞口特点

（1）洞口地段成洞困难

隧道洞口地段一般覆盖层薄，岩层破碎、松散，风化严重，同时，洞口段往往也是软硬岩交界的地方，地形和地质条件极不稳定，且地表水汇集，洞口段围岩的自支护能力比较弱，有的甚至没有自支护能力，尤其是在浅埋、破碎、滑坡、崩塌、软弱、地下水丰富并具有软弱夹层等极易发生滑移、坍塌的地段，成洞特别困难。

（2）结构受力体系复杂

首先，洞口施工破坏了洞口山体原有的平衡，仰坡开挖后，仰坡由三维受力状态变为二维受力状态，仰坡与隧道顶板的交叉部位处于一维受力状态；其次，洞口处顶板一端由工作面支撑，另一端则处于悬空状态，属悬臂梁结构，其稳定性较差；最后，隧道洞口处常常还会有一明挖（深）路堑，其边坡也处于二维受力状态。随着隧道洞口段的开挖和支护，该段将重复进行应力释放与重新分布。

（3）支护加固工程量大

在开挖过程中，必须对隧道洞口路堑边坡、洞口及洞顶以上仰坡进行锚喷预加固处理。进洞前采取超前锚杆、超前小导管周边注浆、设置大管棚等超前预支护技术；开挖后及时喷射混凝土和仰拱紧跟形成封闭受力环等。

（4）植被容易遭受破坏

山区隧道洞口生态植被极其脆弱，若隧道洞口进洞方案制定不妥、洞口勘察设计选址不当、洞口变坡点设置不合理或洞口处在深路堑等，都会造成大面积原生植被的破坏，且难以恢复生态，容易出现水毁冲刷和水土流失，严重者会造成隧道洞口坍塌。

2. 隧道洞口施工方法

（1）施工准备

隧道进洞施工前，进行边仰坡防护和加固，平整洞顶地表，做好洞顶防排水工程。

（2）边坡开挖

隧道洞口进洞施工不但要满足安全性、经济性，更重要的是要保护好环境，尽量减少施工作业对原始山体和植被的破坏。开始施工时，先清理隧道洞口段上方及侧方有可能滑塌的地表土、灌木及山坡危石等。在进行洞口土石方工程时，不能采用深眼大爆破或集中药包爆破，以免影响边坡的稳定。按设计要求进行边、仰坡放线，自上而下逐段开挖，如果发现地形地貌与设计不符时，及时通知设计代表现场办公，合理设置洞口边仰坡变坡点，尽量降低洞口边仰坡开挖的高度，减少刷坡面积和范围以及洞口段植被的破坏量。

（3）洞口段开挖

洞口段开挖方法取决于工程地质、水文地质和地形条件、隧道自身构造特点、施工机具设备情况、洞外相邻建筑的影响等诸多因素。施工中应根据实际情况，综合选定洞口段开挖进洞方案。

第一，洞口段地层条件良好，围岩为Ⅲ～Ⅳ级以上时，宜采用正台阶法进洞（台阶长度以 1.5 倍洞径为宜），其爆破进尺应控制在 1.5m～2.5m，并严格按照设计及时做好支护。

第二，洞口段围岩为Ⅴ级及以下时，可采用环形开挖预留核心土法、双侧壁导坑法、中隔壁法、交叉中隔壁法等分部开挖法进洞，开挖前对围岩进行预加固。

第三，对于浅埋或偏压隧道，应采用地表预加固和围岩超前支护方法，做到"先护后挖"。

（4）地基基础处理

洞口段与施工基础必须置于稳固的地基上，对地基强度不够的部分需采取加强措施，如：扩大基础、桩基、压浆加固地基等措施，及时施作仰拱，封闭基础围岩，及早形成一个封闭的圆形受力环，有利于隧道洞口安全。

（5）前置式洞口工法

目前隧道建设技术较为先进的国家已经摒弃了传统方法，常采用保护山坡自然进洞的方法进行隧道洞口施工，即不切坡进洞，而是在洞外不开挖山脚土体的情况下，采用开槽施工的方法先修接明洞，然后采用在明洞内暗洞施工，采用震动破碎或小型爆破进洞。

前置式洞口工法就是自洞外开槽施工架设钢拱架混凝土，其基本思路是：在不开挖明洞段洞内山脚土体的情况下，两侧开槽在原设计明洞外轮廓以外施作工字钢拱架并浇筑混凝土，作为明洞临时衬砌，在进洞前成洞，回填反压后再进行临时衬砌内暗挖施工。

施工工序一般应为：洞顶及周边截水沟砌筑，完善排水系统—仰坡开挖、防护（因开挖工作量较小，主要采用人工进行，以免机械的扰动）—套拱施工槽开挖、防护—前置式洞口段套拱钢拱架架立就位—前置式洞口段套拱模板固定、混凝土浇筑并养护—洞顶反压回填并覆土绿化—开挖前置式洞口段洞内预留山脚土体—暗洞段施工—防水铺设、衬砌施工。

（6）套拱法进洞施工

所谓"套拱法"就是在洞口段隧道洞身上下衬砌轮廓线以外，立模架灌注厚 30cm～50cm 厚的混凝土（或者钢筋混凝土），长度 3m～5m，嵌进山体 0.5m～1.0m，外露 0.5m～4.5m，保证洞口段山体稳定，防止坍塌和洞顶危石伤人，确保施工安全。其次采用台阶法施工。施工时，配合超前支护（锚杆、小导管及大小管棚）和钢架支护，然后按设计要求进行洞身开挖支护。洞口浅埋地段应避开雨季施工，施工中采用人工开挖（必要时放小炮），短开挖、强支护、衬砌紧跟、步步为营、稳扎稳打，确保施工安全。

（7）边仰坡施工

截水沟施作完毕后进行边仰坡开挖，按设计坡度一次整修到位，并分层进行边仰坡防护，以防围岩风化，雨水渗透而坍塌。围岩破碎部位增设网喷，以稳定边仰坡，刷坡防护到路基面标高。

（8）洞门施工

洞门应及早修筑，并尽可能安排在冬季或雨季前施工。所有建筑材料和施工要求应符合图纸及规范规定：①洞门施工放样位置准确；②洞门基础必须置于稳固的地基上，做好防水排水工作，不得被水浸泡。基坑渣、杂物等必须清除干净；③洞门拱墙应与洞内相邻的拱墙衬砌同时施工，连成整体。洞门端墙应与隧道衬砌紧密相连接；④洞门端墙的砌筑（或浇筑）与墙背回填，应两侧同时进行，防止对衬砌产生偏压；⑤洞口装饰的隧道名牌，字样要求美观醒目；⑥洞门建筑完成后，洞门以上仰坡坡脚如有损坏，应及时修补，并应检查与确保坡顶以上的截水沟和墙顶排水沟及路堑排水系统的完好与连通；⑦端墙顶排水沟砌筑在填土上时，应将填土夯实紧密。

三、隧道支护与衬砌

(一) 超前支护

1. 超前锚杆

（1）构造组成

超前锚杆是沿开挖轮廓线，以一定的外插角向开挖面前方安装锚杆，形成对前方围岩的预锚固（预支护），在超前锚杆的保护下进行开挖、装渣、出渣和衬砌等作业。

（2）适用条件

锚杆超前支护的柔性较大，整体刚度较小，它主要适用于地下水较少的破碎、软弱围岩的隧道工程中，如裂隙发育的岩体、断层破碎带、浅埋无显著偏压的隧道。采用凿岩机或专用的锚杆台车钻孔，锚固剂或砂浆锚固，其工艺简单、工效高。

2. 管棚

（1）构造组成

管棚是指利用钢拱架沿开挖轮廓线以较小的外插角向开挖面前方打入钢管构成的棚架形成对开挖面前方围岩的预支护。采用长度小于10m的钢管，称为短管棚；采用长度为10m～45m且较粗的钢管，称为长管棚。

（2）适用条件

管棚因采用钢管或钢插板做纵向预支撑，又采用钢拱架做环向支撑，其整体刚度较大，对围岩变形的限制能力较强，且能提前承受早期围岩压力。因此，管棚主要适用于围岩压力来得快来得大、对围岩变形及地表下沉有较严格要求的软弱、破碎围岩隧道工程中，如土砂质地层、强膨胀性地层、强流变性地层、裂隙发育的岩体、断层破碎带、浅埋有显著偏压等围岩的隧道中。此外，采用插板封闭较为有效，在地下水较多时，可利用钢管注浆堵水和加固围岩。

短管棚一次超前量少，基本上与开挖作业交替进行，占用循环时间较多，但钻孔安装或顶入安装较容易。

长管棚一次超前量大，虽然增加了单次钻孔或打入长钢管的作业时间，但却减少了安装钢管的次数，减少了与开挖作业之间的干扰。在长钢管的有效超前区段内，基本上可以进行连续开挖，也更适于采用大中型机械进行大断面开挖。

（3）施工要点

洞口大管棚施工：①先标出隧道中心线及拱顶标高，开挖预留核心土，作为施工套拱和管棚施钻的工作平台（工作平台宽度宜为 2.5m，高度宜为 2.0m，平台两侧宽度宜为 1.5m）；②管棚应按设计位置施工，能成孔时，钻孔至设计深度，成孔困难地段采用套管跟进方式顶入；③钻机立轴方向必须准确控制，以保证钻孔的方向准确。钻进中经常采用测斜仪量测钢管钻进的偏斜度，发现偏斜超过设计要求及时纠正；④为改善管棚受力条件，接头应错开，隧道纵向同一截面内接头数小于50%，相邻钢管的接头至少错开 1m；⑤钢管接头采用丝扣连接，丝扣一般长15cm；⑥钢管采用热轧无缝钢管，壁厚宜大于 6mm，直径按设计选用；⑦钢管环向间距应满足设计要求，一般小于 50cm；⑧管棚方向应与线路中线平行，外插角应考虑钻具下垂的影响；⑨钢管开口间距误差小于 5cm；⑩纵向两组管棚的搭接长度应大于 3.0m。注浆压力初压宜控制在 0.5MPa～1.0MPa，终压宜控制在2.0MPa。

洞内大管棚施工：为避免施工侵入隧道净空，洞内增设管棚工作室、安设导向架。①工作室比设计断面大 30cm～50cm，工作室长度应满足钻机作业要求；②施工导向架，安装导向管，导向管长度为 2m～2.5m，管径大于管棚直径 20mm～30mm；③施钻工作平台必须牢固可靠，并能承受钻机的活载能力；④管棚在注浆以前要充分做好各项准备工作，特别是机具设备应进行试运转。如发现问题，及时排除、予以修复，使其处于良好状态，注浆结束后要尽快卸开孔口接头，冲洗管路，以免造成管路中的剩余浆液凝结、堵塞管路；⑤管棚注浆作业要前后配合、统一指挥，保证注浆计划的实现，以达到预期的目的和效果。在操作过程中必须配备专业电工，以防电路、电气设备发生故障；⑥洞内大管棚施工应选择体积小、效率高、带有自动纠偏功能的钻机，以减少工作室开挖量，提高施工效率和管棚施工精度。

3. 超前注浆小导管

（1）构造组成

超前注浆小导管是在开挖前，沿坑道周边，向前方围岩钻孔并安装带孔小导管，或直接打入带孔小导管，并通过小导管向围岩压注起胶结作用的浆液，待浆液硬化后，坑道周围岩体就形成了有一定厚度的加固圈。在此加固圈的保护下即可安全地进行开挖等作业，若小导管前端焊一个简易钻头，则可钻孔、插管一次完成，称为自进式注浆锚杆。

（2）适用条件

浆液被压注到岩体裂隙中并硬化后，不仅将岩块或颗粒胶结为整体起到了加固作用，而且填塞了裂隙，阻隔了地下水向坑道渗流的通道，起到了堵水作用。因此，超前注浆小导管不仅适用于一般软弱破碎围岩，同时也适用于含水的软弱及破碎围岩。

（二）初期支护

初期支护一般由锚杆、喷射混凝土、钢架、钢筋网等及其他的组合组成，它是现代隧道工程中最常用的支护形式和方法。

初期支护施作后即成为永久性承载结构的一部分，它与围岩共同构成了永久的隧道结构承载体系。锚喷支护较传统的构件支撑具有施工的灵活性、及时性、密贴性、深入性、封闭性和柔性等特点。

1. 锚杆支护

锚杆支护是用金属（木）制成的锚栓装置，插入岩层中，然后用水泥砂浆、树脂或摩擦力固定的一种方法，这种方法是将坑道周围被开挖扰动的岩体锚固在一起，增加岩体的稳定性。

（1）锚杆的种类

锚杆的分类方法很多，按锚固长度可分集中（端头）锚固类锚杆和全长锚固类锚杆。锚固装置或杆体只有一部分和锚孔壁接触者为集中类锚杆，锚固装置或杆体全部和锚孔壁接触者为全长类锚杆，按锚固方式分机械锚固型（以摩阻力为主锚固作用）和黏结锚固型（以黏结力为主锚固作用）。

（2）锚杆的作用

①支承围岩

锚杆能约束围岩变形，并向围岩施加压力，从而使处于二轴应力状态的洞室内表面附近的围岩保持三轴应力状态，因而能制止围岩强度的恶化。

②加固围岩

由于系统锚杆的加固作用，使围岩中，尤其是松动区中的节理裂隙、破裂面得以连接，因而增大了锚固区围岩的强度；锚杆对加固节理发育的岩体和围岩松动区是十分有效的，有助于裂隙岩体和松动区形成整体，成为"加固带"。

③提高层间摩阻力，形成"组合梁"

对于水平或缓倾斜的层状围岩，用锚杆群能把数层岩层连在一起，增大层间摩阻力，从结构力学观点来看就是形成"组合梁"。

④"悬吊"作用

为防止个别危岩的掉落或滑落，用锚杆将其与稳定围岩连接起来，这种作用主要表现在加固局部失稳的岩体。

（3）锚杆的布置原则

①局部布置原则

它主要用在裂隙围岩。重点加固不稳定块体，隧道拱顶受拉破坏区为重点加固区域。拱腰以上部位锚杆方向应有利于锚杆的受拉，拱腰以下及边墙部位锚杆宜逆向不稳定岩块滑动的方向。局部加固的锚杆必须保证不稳定块体与稳定岩体的有效连接。

②系统布置原则

在隧道横断面上，锚杆宜垂直隧道周边轮廓布置，对水平成层岩层，应尽可能与层面垂直布置，或使其与层面呈斜交布置；对于倾斜成层的岩层，其失稳原因主要是层面滑动，锚杆与层面成斜交布置；锚杆呈菱形排列，间距为 0.6m～1.5m，密度为 0.6～3.6 根/m^2。为了使系统布置的锚杆形成连续均匀的压缩带，其间距宜小于锚杆长度的 1/2，在 Ⅳ、Ⅴ 级围岩中，锚杆间距宜为 0.5m～1.2m，但当锚杆长度超过 2.5m 时，若仍按间距小于 1/2 锚杆长度的规定，则锚杆间的岩块可能因咬合和连锁不良而导致掉块坠落，为此，其间距应小于 1.25m。

（4）施工流程

开挖后，应尽快地安设锚杆，围岩较差时先喷后锚，围岩较好时可先锚后喷，或只锚不喷。锚杆杆体露出岩面长度，不应大于喷层的厚度，不同类型的锚杆有不同的施工流程。

（5）施工方法与要求

①锚杆类型选择

根据地质条件、使用要求及锚固特性，可选用中空注浆锚杆、树脂锚杆、自钻式锚杆、砂浆锚杆和摩擦型锚杆等；按设计要求，在洞外加工或由厂家直接提供，由运料车运至洞内。

②锚杆黏结剂

黏结强度、凝固时间、抗老化及抗侵蚀性能须满足设计要求，对环境无污染。水泥砂浆应高于 M20。

③锚杆孔要求

钻孔机具根据锚杆类型、规格及围岩情况选择；按设计要求定出位置，孔位允许偏差为±150mm；应保持直线，应与其所在部位的围岩主要结构面垂直；深度及直径应与杆体相匹配，锚杆杆体露出岩面长度小于喷层厚度；有水地段应先引出孔内的水或在附近另行钻孔；对成孔困难的地段，应采用自钻式锚杆。

④锚杆安装

杆体插入锚杆孔时，保持位置居中，插入深度满足设计要求；砂浆锚杆孔内灌注砂浆饱满密实，砂浆或水泥浆内可添加适量的微膨胀剂和速凝剂；药包型锚杆、树脂锚杆先检查药包和树脂卷质量，受潮或变质者不得使用。在杆体插入过程中注意旋转，使黏结剂充分搅拌；锚杆垫板与孔口混凝土密贴，并随时检查锚杆头的变形情况，及时紧固垫板螺帽；锚杆垫板安装在锚杆已经具有抗拔力的情况下进行；锚杆安设后不得随意敲击，其端部在填充砂浆终凝前不得悬挂重物。

2. 喷射混凝土支护

喷射混凝土是新奥法施工的支护手段，其作用主要是支撑围岩，使围岩有一定"卸载"、填平补强围岩、覆盖围岩表面、阻止围岩松动、重新分配外力等作用。喷射混凝土具有强度增长快、黏结力强、密度大、抗渗性好的特点。与普通模筑混凝土相比，喷射混凝土施工将输送、浇筑、捣固几道工序合而为一，更不需要模板，因而施工快速、简捷而且能及早地发挥承载作用，但喷射混凝土与模筑混凝土相比，其密实性和稳定性要差一些。

3. 喷射混凝土的施工要点

喷射作业施工准备工作做好后，严格控制规定的速凝剂掺量，并添加均匀，喷射手应严格控制水灰比，使喷层表面平整光滑，无干斑或滑移流淌现象。

按风—水—料的顺序开机，料—水—风的顺序停机，如喷嘴风压正常，喷出来的水和高压风应呈雾状。开机后先进行空转，待喷机运转正常后才开始投料、搅拌和喷射。

喷射应分段、分部、分块，按先墙后拱、自下而上地进行喷射。喷嘴需对受喷岩面作均匀的顺时针方向的螺旋转动，一圈压半圈的横向移动，螺旋直径约为20cm~30cm，以使混凝土喷射密实。

为保证喷射混凝土质量，减少回弹量和降低粉尘，作业时还应注意以下事项：①喷射时应分段长度不超过6m，分部为先下后上，分块大小为2m×2m，并严格按先墙后拱，先下后上的顺序进行喷射，以减少混凝土因重力作用而引起滑动或脱落现象的发生；②掌握好喷嘴与受喷岩面的距离和角度，喷嘴至岩面的距离为

0.8m～1.2m，过大或过小都会增加回弹量。喷嘴与受喷面垂直，并稍微偏向刚喷射的部位（倾斜角不宜大于 10°），则回弹量最小、喷射效果和质量最佳。对于岩面凹陷处应先喷和多喷，而凸出处应后喷和少喷。

调节好风压与水压：风压与喷射质量有密切的关系，应通过试验和实践正确选定，并在喷射时随时注意调整。过大的风压会造成喷射速度太高而加大弹量，损失水泥，风压过小会使喷射力减弱，则混凝土密实性差。

一次喷射厚度：喷射作业应分层进行。一次喷射厚度不得太厚或太薄，它主要与喷射混凝土层与受喷面之间的黏结力和受喷部位等有关，并且应根据掺与不掺速凝剂、喷射效率，回弹损失率等因素而定，一次喷射太厚，在自重作用下，喷层会出现错裂而引起大片坍落。一次喷射太薄，大部分粗骨料会回弹，使受喷面上仅留下一层薄薄的混凝土或砂浆，势必会影响效果及工程质量。一般情况下，一次喷射厚度：边墙为 5cm～7cm，拱部为 3cm～4cm（不掺速凝剂）。当掺入速凝剂后，边墙不宜超过 10cm，拱部不宜超过 6cm。分层喷射厚度，一般为粗骨料最大粒径的 2倍，如一次喷射厚度小于 5cm 时，使用石子的最大粒径要求也相应减小。

分层喷射的间隔时间：分层喷射，一般分 2～3 层喷射；分层喷射合理的间隔时间应根据水泥品种、速凝剂种类及掺量、施工温度（最低不宜低于＋5℃）和水灰比大小等因素，并视喷射的混凝土终凝情况而定。

分层喷射间隔时间不得太短，一般要求在初喷混凝土终结以后，再进行复喷；当间隔时间较长时，复喷前应将初喷混凝土表面清洗干净；在复喷时应将凹陷处进一步找平。

一般在常温下（15℃～20℃），采用红星一型速凝剂时，可在 5min～10min 后，进行下一次喷射；而采用碳酸钠速凝剂时，最少要在 30min 后，才能进行复喷。

喷射混凝土养护：喷射混凝土终凝 2h 后，应喷水养护，时间不得少于 14d，气温低于＋5℃时不得喷水养护。冬期施工洞口喷射混凝土的作业场合应有防冻保暖措施，在结冰的层面上不得进行喷射混凝土作业，作业区的气温和混合料进入喷射机的温度不应低于＋5℃。混凝土强度未达到 6MPa 前，不得受冻。

4. 钢拱架

无论是采用喷射混凝土还是锚杆或是在混凝土中加入钢筋网、钢纤维，主要都是利用其柔性和韧性，而对其整体刚度并无过多要求，这对支护不太破碎的围岩并使其稳定是可行的。但当围岩软弱、破碎严重且自稳性差时，开挖后就要求早期支护具有较大的刚度，以阻止围岩的过度变形和承受部分松弛荷载，钢拱架就具有这样的力学性能。

（1）构造组成

钢拱架可以采用型钢、工字钢、钢管或钢筋制成，现场采用以钢筋制作的格栅钢架较多。

（2）性能特点

①钢拱架的整体刚度较大，可以提供较大的早期支护刚度；型钢拱架较格栅钢架能更早承载；②钢拱架可以很好地与锚杆、钢筋网、喷射混凝土相结合，构成联合支护，增强支护的有效性，且受力条件较好，尤以格栅钢架结合最好；③格栅钢架采用钢筋现场加工制作，技术难度和要求并不高；对隧道断面变化适应性好；④钢拱架的安装架设方便。

（3）施工要点

钢架加工应符合以下规定：①钢架加工尺寸应符合设计要求，其形状应与开挖断面相适应；②不同规格的首相钢架加工完成后，应放在地面上试拼，周边拼装允许偏差为±30mm，平面翘曲应小于20mm。当各部尺寸满足设计要求时，方可进行批量生产。

钢架安装应符合下列规定：①钢架拱脚必须放在牢固的基础上，应清除底脚下的虚渣及其他杂物，脚底超挖部分应用喷射混凝土填充；②钢架应分节段安装，节段与节段之间应按设计要求连接。连接钢板平面应与钢架轴线垂直，两块连接钢板间采用螺栓和焊接连接，螺栓不应少于4颗；③相邻两榀钢架之间必须用纵向钢筋连接，连接钢筋直径不应小于18mm，连接钢筋间距不应大于1.0m；④钢架应垂直于隧道中线，竖向不倾斜、平面不错位，不扭曲，上、下、左、右允许偏差+50mm，钢架倾斜度应小于2°。

第三节　隧道防排水及辅助施工

一、隧道防水系统

（一）隧道洞身衬砌防水

1. 防水混凝土

衬砌自身防水一般可通过对其采用防水混凝土实现。

公路隧道工程的混凝土结构应符合《地下工程防水技术规范》中对防水混凝土的有关规定。

当采用复合式衬砌时，二次衬砌应满足抗渗要求。寒冷地区有冻害地段和最冷月份平均气温低于−15℃的地区，混凝土的抗渗等级不低于 S8，其余地区不宜低于 S6。

2．衬砌防水层

（1）防水层构造

地下水非常丰富、水压较大的地段及不适宜采用排水措施的隧道，或投入使用后洞内防潮要求较高的隧道，应采用全封闭的防水衬砌结构，另设置衬砌防水层增强防水效果。

防水层可为涂料防水层或卷材防水层，其中涂料防水层通常刷于衬砌结构的内表面；卷材防水层一般用于复合式衬砌，设置在初期支护与二次衬砌之间，材料为土工布及防水板，要求同时设置系统盲管（沟）。卷材防水层应在拱部和边墙全断面铺设，须选用耐老化、耐细菌腐蚀、易操作及焊接时无毒气的高分子柔性防水卷材，且其特性必须符合《聚氯乙烯（PVC）防水卷材》中各项指标的要求。系统盲管（沟）按规范每隔一定距离设置，并互相连通，泄水可沿连通道流入隧道内的排水沟中。

初期支护表面的各种突出物和二次衬砌中预埋的各种构件不能凿穿防水层，并应采用"无钉铺设"工艺铺设。

土工布在施工中不仅能保护防水板，而且能起到毛细渗水作用，故广为采用。

（2）防水层铺设工艺

防水层的铺设固定施工应遵循以下的规定：①钢筋等凸出的部分，应先切断后用锤铺平，抹砂浆素灰；②锚杆有凸出部分时，螺头顶预留 5mm，切断后用塑料帽处理；③补充喷射混凝土，使其表面平整圆顺，凹凸量不超过±5cm；④铺设防水层时，采用手动专用熔结器热熔在衬垫上，两者黏结剥离强度应大于防水层的抗拉强度；⑤防水层之间采用双焊缝热熔黏结工艺黏结，双焊缝结合部位宽度 215mm。

3．接缝防水

隧道二次衬砌的施工缝、沉降缝和伸缩缝也应采取可靠的防水措施。

对于地下水丰富、水压较大的地段，隧道衬砌结构施工缝宜选用外贴式止水带与中埋式膨胀性橡胶止水条组合形式的防水构造，沉降缝宜选用外贴式止水带与中埋式橡胶止水带组合形式的防水构造。

对于地下水量小、水压不大的地段，隧道衬砌结构的施工缝可选用中埋式缓膨胀型橡胶止水条形式的防水构造，沉降缝宜选用中埋式橡胶止水带形式的防水构造。

（二）注浆防水

当隧道施工可能造成水土流失，影响当地居民的生产生活环境时，应在查明地下水流性质的基础上，有针对性地采取注浆堵水措施，以便最大限度地保证当地居民正常的生产生活用水。

在地下水丰富但无排水条件，或者排水设施造价太高以及不允许排水的情况下，可采用注浆堵水。当隧道埋深在 50m 以内时，可考虑在地表进行预注浆；当隧道埋深超过 50m 以上时，应改为在开挖掌子面上进行预注浆。

在围岩破碎地段、断层破碎带、裂隙较多且易发生涌水和易坍塌的地段，可压注水泥砂浆或单液水泥浆防止渗漏和加固围岩，但宜结合集排水设施进行施工，防止因压浆而堵塞衬砌背后的排水管道，以达到预期效果；而当局部地段水量较大时，可采用双液（水泥和水玻璃）注浆或灌注化学浆液，以加快凝胶时间，防止浆液流散，但对于粉砂、细砂地层，则不宜采用水泥系浆液防水。

当隧道施工遇到发生高压涌水危及施工安全时，应先采用排水方法尽量地降低地下水的压力，然后采用高压注浆进行封堵。

有侵蚀性地下水时，应针对侵蚀类型采用抗侵蚀混凝土、压注抗侵蚀浆液或铺设抗侵蚀防水层。

当隧道位于常水位以下又不宜大量排泄地下水时，隧道衬砌应采用抗水压衬砌结构。

（三）地表及洞口段防水

1. 地表及洞口防水注意事项

应注意的事项及相关措施如下。

（1）填平地表

对洞顶存在易于积水的坑洼、洞穴的地段应填平地表，以防止积水和下渗。

（2）采取措施防止地表水下渗

在隧道施工中，对滞水洼地和渗水通道应采取填充、铺砌、勾补、抹面等措施处理，对洞顶钻孔等均应采用防水材料充填密实、封闭；同时注意在隧道进、出口段一定范围内，必要时应对地表采用注浆措施加固围岩地层。

（3）采取措施防止天然沟谷渗水

当洞顶有沟谷通过，且沟底岩石节理裂隙发育，使地表水对隧道影响较大时，可采用浆砌片石铺砌沟底，铺砌厚度不小于 30cm。当沟底岩石破碎和隧道埋深浅时，应结合隧道支护设计采用注浆措施加固围岩。

（4）灌溉渠通过隧道顶部时改道，或施作铺砌

改道可避免其对围岩渗流产生影响，施作铺砌可改变渗流条件，减小其对围岩渗流产生的影响。

（5）防止水土流失，保护自然环境

洞顶及其附近有井、泉、池塘、水库、水田或耕地等时，应考虑因修建隧道而造成地表水位和地下水位降低、井泉干枯、水土流失、影响居民生活和农田灌溉的可能性，并应采取相应措施以防止由水土流失对周围自然环境产生严重影响。

2．明洞防水

明洞一般采用明挖回填法施工，洞顶覆盖层普遍存在渗水通道，故明洞防水构造的特点如下：①明洞外缘防水应采用全断面铺设宽幅高分子柔性防水卷材进行防水；②洞顶回填土石表面一般应铺设黏土隔水层，且应与边坡地表搭接良好，以利于泄水和防止地表水渗入地层；③黏土隔水层表面宜种植草皮保护，防止雨水冲刷。

二、隧道排水系统

隧道排水系统宜按地下水和运营清洗污水，消防污水分开排放的原则进行设计，设置完善的纵横向排水沟管。可根据公路等级并结合路面横坡的变化情况，在隧道内行车道边缘设置双侧或单侧排水沟，路面结构下设置中心排水沟。水沟的侧面应留有足够的泄水孔，同时排水系统应具有方便的维修疏通设施。

隧道内纵向排水沟管的坡度应与路线纵坡一致。隧道内排水沟管过水断面的面积应根据水力计算确定。排水沟管应设置沉砂井、检查井，并铺设盖板，其位置、结构构造应考虑便于检查、维修和疏通。

寒冷和严寒地区的隧道，最冷月平均温度在 -15℃～-10℃时，应采用双侧保温水沟；最冷月平均温度在 -25℃～-15℃时，应采用中心深埋保温水沟；当最冷月平均温度低于 -25℃时，在主洞隧道以下应采用防寒泄水洞，其埋深以从行车道边缘算起大于隧道所在地区的冻结深度为宜。隧道内应根据实际情况设置防寒环向、纵向盲沟，洞外应设暗沟、保温出水口等排水设施，使隧道内外形成一个通畅、便于维修的防寒排水系统。

（一）洞口段排水系统

1．洞口地表排水

隧道洞口应根据地形、地质、气象等情况，结合环境保护进行全面的规划和综

合治理，因地制宜地设置疏水、截水和引水设施。

洞顶天沟应设于边仰坡坡顶以外，一般沿等高线走向在路线一侧或两侧排水。距离坡顶一般应大于 5m，黄土地区应大于 10m。坡度应根据地形设置，但应大于 0.5%，以免淤积。当纵坡过陡时，应设置急流槽或跌水连接。一般地面自然坡度大于 1:1 时，水沟应做成阶梯式，以减少冲刷。土质地段水沟纵坡大于 20% 或石质地段水沟纵坡大于 40% 时，应设置抗滑基座，以确保其纵向稳定。断面尺寸应根据流入截水沟的汇水区流量确定，水沟深度应高出计算水位 20cm。一般底宽和深度均应大于 60cm。水沟一般采用浆砌片石铺砌，厚度大于 30cm，断面形式以梯形为主，石质地段可采用矩形。长度应以满足使边仰坡坡面不受冲刷为宜，下游应将水引至适当地点排泄，避免雨水冲刷山体。流量较大时，不宜将水引入路基排水边沟排泄，而应根据地形将水引至附近沟谷或涵洞排除。

2. 明洞排水

明洞应在开挖边坡以外设置天沟。路堑对称型、路堑偏压型均应于洞顶设置纵向排水沟，其沟底坡度与路线一致，且大于 5%。在条件允许时，可在山坡较低一侧拉槽排水。洞顶排水沟一般采用梯形断面，浆砌片石厚度大于 30cm，以防冲刷。明洞防水层外侧应间隔 2m～3m 环向设置干砌片石排水盲沟，盲沟用土工布包裹，直接将水引入设置在墙脚外侧的纵向排水花管。

(二) 洞内排水系统

隧道洞内排水系统应能保证排水畅通，避免洞内积水，当隧道左右洞涌水量差异较大时，左右洞的排水设施宜统一进行设计。

围岩裂隙水宜采用盲沟引排，通过盲沟将水直接排入二次衬砌边墙墙脚外侧的纵向排水花管。排水盲沟管材有波纹塑料半圆管、软式透水管及各种新型排水管材等，可因地制宜地选用。一般每隔 3m～5m 设一道，突出遵循"有水则设，无水则防"的动态设计原则。二次衬砌环向施工缝、沉降缝、变形缝处均宜加设排水盲沟。

分离式隧道可沿全长在二次衬砌两侧边墙墙脚的外侧设置 PVC 纵向排水半花管，上半断面眼孔直径 6mm～8mm，间距 10cm。对其需采用 PVC 排水管横向连通至中心排水沟或排水边沟，PVC 排水管的管径需根据水力计算确定。

连拱隧道需沿全长在中隔墙顶部两侧拱脚和边墙墙脚附近各设一道 PVC 纵向排水半花管，并对其采用 PVC 排水管横向、竖向连通至中心排水沟或排水边沟。PVC 管径需根据水力计算确定。连拱隧道应尽可能地采用夹心式中隔墙的形式，以便能有效地解决中隔墙的防排水问题。

隧道内宜根据公路等级在行车道边缘设置双侧或单侧排水边沟，用于排放清洗和消防用水；同时设置中心排水沟，用于排放地下水。边沟一般采用钢筋混凝土结构，中心排水沟通常采用上半断面打孔的双壁波纹塑料管或钢筋混凝土管，水沟的侧面应留有足够的泄水孔。

隧道内的路面基层可采用厚 15cm～20cm 的水泥处治碎石，其配合比按《公路水泥混凝土路面设计规范》规定，以达到减少路面冒水和排泄地下水的目的；也可采用 12cm～20cm 素混凝土，并在基层顶部或底部设置横向排水盲管。

为了便于对排水管定期采用管道疏通机及时疏通，通常在二次衬砌的墙脚纵向间隔 50m～100m 对称布设检查维修孔。排水管流出的水经检查孔由横向 PVC 排水管与中心排水沟管连通，并由其排出洞外。隧道内行车道边缘排水沟每 50m 设一处铁箅子泄水检查孔，中心排水沟每 200m～250m 设一处沉砂检查井，并铺设钢筋混凝土盖板。由此使排水系统形成便于维修、疏通、检查且"始终通畅无阻"的网络系统，以确保隧道正常运营。

（三）洞内外排水衔接

洞外路基排水边沟以外大于 2m 的范围内，除石质坚硬、不易风化者外，均应采用浆砌片石铺砌。当隧道洞口为反坡排水时，应结合实际地形等情况，采用可靠的截水措施，以免路面水流进入隧道影响行车安全。

在寒冷或严寒地区应设置保温水沟，出水口应采用保温出水口。洞口检查井与洞外暗沟连接时，其连接暗沟应采用内径大于 40cm 的预制钢筋混凝土圆管。为加大水流速度并防止水流冻结，暗沟坡度大于 1%，沟身应设置在当地冻结线以下。

三、施工期间排水措施

隧道施工期间的地下水、施工废水需要及时排出洞外。

（一）隧道线路为上坡方向时

可采取顺坡自然排水方式，排水沟坡度与线路纵坡一致。有平行导坑时，可将正洞的水引入平行导坑排出洞外。

（二）隧道线路向下坡方向开挖称为反坡施工

当隧道较短、坡度又不大时，则在反坡施工时可修筑与路线纵坡相反的水沟进行排水，但在一般情况下是需要机械排水的，此时可采用下述两种方式。

1．分段开挖反坡水沟（反坡不小于2%）

反坡水沟最大深度不宜超过0.7m，据此分段，分段处设集水坑，每个集水坑配备一台抽水机，由抽水机把水抽至下一段反坡水沟中，直至排出洞外。此法不需水管，但抽水机较多，适用于较短隧道。

2．开挖面用辅助抽水机抽到近处集水坑

集水坑设主抽水机，洞内可隔较长距离设一集水坑，主抽水机将集水坑的水排至其他集水坑（当洞内不止一个集水坑时）或直接排至洞外。此时，抽水机数量减少，但需安装排水水管，抽水机需随开挖面而拆除前移，此方式适用于长隧道及涌水量较大时采用。

四、隧道通风施工

（一）通风方式

隧道通风方式的分类具体有以下几种。

1．自然通风

利用洞内外温度差和气压差造成的自然风流循环，此类通风方式受气候及风向影响很大，只适用于200m以下的隧道。

2．机械通风

机械通风则是利用通风机进行，可分为管道式和巷道式两大类。

（1）管道式通风

管道式通风分为压入式、抽出式和混合式。

①压入式

压入式隧道通风，单机适用于100m～400m内的独头巷道；多机串联适用于400m～800m的独头巷道。

这种通风方式能较快地排除工作面的污浊空气、拆除简单、污浊空气排出时流经全洞。

②抽出式

抽出式隧道通风，适用长度在400m内的独头巷道。

这种通风方式在新鲜空气排出时流经全洞，到达工作面时已不太新鲜；要求管末端距工作面不超过10m，爆破时容易损坏。

（2）混合式

混合式隧道通风有两种。第一种混合式通风适用于长度在800m～1 500m的独头巷道；第二种混合式隧道通风适用于上下导坑或全断面分块开挖，下导坑为双轨断面的隧道，如两条通风管道必须有 20m 以上的搭接长度，以免在洞内形成循环风流；吸出风机的能力大于压入风机能力的 20％～30％，压入式风管的端口与工作面间距应在风流的有效射程内，一般为 15m～20m；排风管的出口端必须伸出洞外20m 以上，或引向洞口外的上方或旁侧，以免污浊空气回流进洞。

3．巷道式通风

巷道式通风是利用巷道作为循环风流通道的一种通风方式，整个通风系统是由一个主风流循环系统和一个或一个以上的局部风流循环系统组成的。

（1）主风流循环系统

在平行导坑洞口的侧面（或顶部）开挖一个通风洞，在其洞口安装通风机（主扇）向洞外排气。新鲜空气从正洞洞口补入，以正洞为通风道送进洞内；污浊空气经横通道和平行导坑，再经通风道排出。为了使主风流能按这样的路线流动，平行导坑的洞口用双层风门关闭，两扇风门的距离应能容纳一组列车；不做风门通道的横通道也用风门关闭和堵死，风门要严密不漏风，并安排专人负责开闭。由于巷道的断面比风管大得多，主通风机的功率也比较大，而且通常都要安装两台，轮换工作，以保证不间断通风。

（2）局部风流循环系统

主风流循环系统一般并不能直接把新鲜空气送到导坑和平行导坑的开挖面上去，对于这两个工作面，均是采用风管式通风解决的。对导坑采用压入式通风，而在平行导坑开挖面上则采用的是混合式通风，因为平行导坑总是超前于正洞，通风的距离较长。

4．风墙式通风

这种方式适用于较长隧道，一般管道式通风难以解决，又无平行导坑可以用的情况，它得用隧道成洞部分较大的良面，用砖砌或木板隔出一条 2m～3m 的风道，以减小风管的长度，增大风量，满足通风要求。

（二）通风机的安装与使用要求

①主风机安装必须满足通风设计的要求，洞内辅助风机安装在新鲜风流中；对于压入式通风，主风机架设在距洞口大于 30m 且有一定高度的高架上；②主风机保持正常运转，如需间歇时，因停止供风而受影响的工作面必须停止工作；③通风机前后 5m 范围内不得堆放杂物，通风机进气口应设置铁算，并装保险装置，当发生故障时能自动停机；④通风机应有适当的备用数量；⑤当巷道内的风速小于通风

要求最小风速时，可布设射流风机来卷吸升压，以提高风速。

（三）防尘措施

隧道施工应采用综合防尘措施，并按规定时间测定作业区粉尘和有害气体浓度。

隧道施工防尘的方法是湿式凿岩标准化、喷雾洒水经常化、机械通风正常化、个人防护普遍化等综合措施。在水源缺乏、容易冻结或岩石性质不适于湿式凿岩的地区，可采用带有除尘设备的干式凿岩。当干式凿岩所采用防尘措施不能达到 $2mg/m^3$ 以下时，严禁打干风钻。

1．湿式凿岩

湿式凿岩就是通常所谓的"水风钻"凿岩，在凿岩过程中，利用高压水湿润岩粉，变成岩浆，流出炮眼，防止岩粉飞扬，钻眼时必须先送水后送风。

2．喷雾洒水

爆破后进行喷雾、洒水，出渣前宜用水淋湿全部石渣和附近的岩壁。

3．个人防护

个人防护如佩戴口罩，可减少吸入粉尘和有害气体，也是行之有效的防尘措施。

五、隧道供水施工

（一）供水方式

给水水源主要有地表水、泉水或钻井取水，用渠道引流或用机械提升到高处的蓄水池储存，通过管路送到使用地点。水池位置应高于工作面30m以上，以确保有0.3MPa的工作压力。缺水地区须用汽车运水，以确保给水。

（二）高压水管的安装和使用要求

①钢管在安装前应进行检查，有裂纹、创伤、凹陷等现象时不得使用，管内不得留有残余物和其他脏物；②水池的总输出管路上必须安装总闸阀；主管路上每隔300m～500m应安装闸阀；③洞内水管前端至开挖面宜保持30m距离，并用高压软管连接分水器。洞内软管的长度，一般情况下不宜大于50m；④管路应敷设平顺，接头严密，不漏水；⑤洞内水管管路应敷设在电缆、电线相对的一侧，不得妨碍运输；当与水沟同侧时，不得影响排水；⑥管路使用中应有专人负责检查、养护。

六、隧道供风施工

隧道施工中应用种类众多而大量的风动机具，诸如凿岩机、装枪机、混凝土压送器、喷射混凝土机、压浆机、锻钎机等，无不以压缩空气为动力，需要大量的压缩空气的供应。这些压缩空气由空气压缩机（简称空压机）生产，并通过高压风管输送给风动机具。

空压机分为电动或内燃两种，一般短隧道多采用移动式内燃型，而长隧道则采用大型固定式电动型机。集中在洞目的空压机站工作，用高压风管向风动机具输送。

每座空压机站的生产能力，按其所服务的风动机具同时工作耗风总量，加上管路漏风量和一定的储备量而定。

（一）风量与风压

空压机站的设备能力应能满足同时工作的各种风动机具的最大耗风量，国产空压机排气压力一般为 0.7MPa～0.8MPa，经过管道的压力损失，要求到达最前面的工作面风压不小于 0.5MPa。确定风管管径时，可根据计算的总耗风量和允许的最大压力损失，按有关施工手册查表，一般不需精确计算。即首先根据总耗风量与管路总长查表选用钢管直径，至于管路中的变径管、弯头、阀门、三通等，均可查表折合为直线长度而并入管路总长，再由总耗风量与钢管直径或胶管直径便可查表得出风压损失。如此反复查选调整，便可得出能保证工作面风压的合理管路与管径。

（二）高压风管路安装

①高压风管应敷设平顺，接头严密且不漏风；②在空气压缩机站和水池总输出管上必须设总闸阀；主管上每隔 300m～500m 应分装闸阀。高压风管长度大于 1 000m 时，应在管路最低处设置油水分离器，定时放出管中的积油和水；③洞内高压风管应敷设在电缆电线相对的一侧，风管的前端至开挖面距离宜保持 30m，并用分风器连接高压软风管。当采用导坑或台阶法开挖时，软风管的使用长度不宜大于 50m；④高压风管在安装前应进行检查，有裂纹、创伤、凹陷等现象时不得使用，管内不得保留有残余物和其他脏物；⑤高压风管使用中应有专人负责检查、养护。

第二章　BIM 基础

第一节　BIM 概述

一、BIM 的起源

现代建筑行业的发展成为现代社会经济发展最重要的力量之一。BIM 的应用和发展也不自觉地植根于现代建筑业发展的土壤之中。随着社会经济的发展，现代建筑业发展的主要趋势为以下三个方面。

（一）全球化

建筑业全球化的标志在于工程项目从咨询、融资到采购、承包、管理以及培训等各个方面的参与者来自不止一个国家，投资方、咨询公司和承包公司等在本国以外参与投资和建设。故随着全球化的进展，大型项目为了能达到预定的进度、质量、投资和安全目标，也为了适应当今竞争激烈的国际环境的虚拟建设这一工程项目管理新模式，运用虚拟组织原则，借助现代信息技术和通信技术的强大支持，采用无层级、扁平化的管理方式，且通过基于网络的共享项目信息系统，使项目得以有效沟通，缩短管理链条，提高管理效率，实现工程项目建设成本低、质量好、进度快、协调好，运用消息和知识使建筑产品增值的目的。因此，BIM 必将在全球化的背景下快速发展。

（二）城市化

城市化是社会经济变化的过程，其中包括城市人口规模不断扩张、城市用地不断向郊区扩展、城市数量不断增加等。这对于建筑业有很大的影响。随着我国城市化的不断推进，乡镇城区改、扩建项目的上马以及保障性住房的大面积开工，建筑业将继续保持稳定发展的形势。都市圈、城市群、城市带和中心城市的发展预示着我国城市化进程的高速起飞，这些利用传统的技术很难实现，所以作为一种新的技术及理念的建筑信息模型（BIM）将会有很大的发展空间。通过 BIM 技术完成规划设计，可更直观地及早做好整体规划。

（三）可持续发展

随着经济的发展和人们生活水平的提高，人类的生存环境也面临着越来越严峻的挑战。维护生态平衡日益受到人们的关注，绿色建筑、生态建筑的概念开始被越来越多的人所接受，实际上，可持续发展建筑涵盖并远远超越了具体建筑实体所具有的时空。它包括宏观与微观两个层面的意义。可持续发展建筑宏观方面的意义在于，它必须着眼于未来，着眼于社会、经济持续发展的全局。在可持续发展的大前提下，未来一切将建筑的物态构成加入社会、经济多产业的物质大循环中，使建筑业与其他方面相互融合、渗透，并最终构成有类似生态食物链的连接，才有可能为将来的建筑发展寻求新的能源、材料途径，并为超过使用寿命期的建材提供物尽其用的渠道。可持续发展建筑微观方面的意义在于在特定时期内有具体的存在形式。人们完全可以立足于当前，在现有条件下通过总结已有的实践经验，发挥现有技术的潜能，将可持续发展的观念最大限度地落实于当前建筑，而这正是摆在人们面前极为紧迫的任务，可持续发展已成为全球各国的行动纲领，生态世界观已成为人与自然和谐共处的行为准则。

因此，在不久的将来人们就可能做到有效地发挥可持续发展建筑正确的物质功能和精神功能的作用。可持续发展建筑应当立足于综合环境效益的提高，给人们提供一个经济、舒适、具有环境感与文化感的场所。可持续发展建筑设计不仅是场所本身的特性，更是对场所以外更大环境的影响，特别是对生态与资源的特性的影响。可持续发展建筑是创造与环境融为一体的有机体建筑，并实现"零能耗"。建筑设计要保证对自然环境的冲击最小，利用可再生能源，低耗能，保证室内环境健康、质量高，并能给予人精神享受。因此，保护环境，实现建筑可持续发展必然离不开"生态建筑"与"绿色建筑"的理念，这也将成为建筑发展的必然和趋势。

二、BIM 运用的重要性

BIM 技术在建筑工程项目的规划设计阶段、施工阶段以及运维阶段等全建筑生命周期管理过程中，都能够通过自身的优势使建筑工程项目达到缩短工期、节约成本的理想目标，下面将从各个角度进行介绍。

（一）政府及行业部门的强制推广

分工细致、劳动力密集型的建筑业对信息的依赖程度越来越强，信息已成为企业的一种重要资产，必须加以充分利用和妥善地保护。通常，每项建筑工程包括立项、设计、施工至维修保养等多个不同阶段，每个阶段又需要多个位于不同地点和具有不同性质的公司和机构参与设计及施工的全过程。实施的全过程往往需要经过多年才能完成，参与人数众多，工序繁复，其间涉及大量的文件及图纸，急需协调管理。

大型智能建筑工程的现代化管理工作需要在内、外部参与者之间相互交换处理的信息量十分庞大，包括设计阶段的各种图纸、进度控制，施工阶段的人员、物料、进度、质量和经济等数据以及各类政府批文和法律文件等。建设单位繁多，高效的信息交流与共享管理已成为优质完成现代化建筑工程的关键之一。

此外，建筑工程具有的分散性、移动性和一次性等特点意味着如果没有一个整合的信息系统工程，相关的信息将不能很好地保存起来，更难于转化成有用的知识以供将来借鉴。通过大量社会调查发现，工程管理人员往往需要花费多达 50％ 的工作时间搜查必要的信息，这显著地降低了工程管理的效率。但是 BIM 技术的应用完整地解决了这些问题，可以让工程的所有利益相关方在同一平台、统一数据库更新、储存、管理、应用这些信息。

BIM 能够在综合数字环境中保持信息不断地更新，并可提供访问使建筑师、工程师、施工人员以及业主可以清楚、全面地了解项目。这些信息在建筑设计、施工和管理的过程中能够加快决策进度，提高决策质量，从而提高质量，增加收益。近些年，BIM 在设计阶段的应用促进了设计信息化的跨越式发展，建筑师通过可视化功能的创建并获得如照片般真实的经过渲染的建筑设计创意和周围环境效果图，实现了 BIM 的社会化，尤其是虚拟现实的应用可以减少人力、缩短工期，有效节约成本。BIM 技术是项目精细化管理最有力的技术支撑手段，因而，近些年来各地方政府部门纷纷出台 BIM 应用的相关鼓励以及强制应用的文件和规定。

目前，BIM 在国内市场的主要应用典例是：BIM 模型维护、场地分析、建筑策划、方案论证、可视化设计、协同设计、性能化分析、工程量统计、管线综合、施工进度模拟、施工组织模拟、数字化建造、物料跟踪、施工现场配合、竣工模型交付、维护计划、资产管理、空间管理、建筑系统分析、灾害应急模拟。

BIM 的应用和推广将在企业的科技进步和转型过程中起到一定的促进作用，也将给行业的发展带来巨大的推动力，支撑工业化建造、绿色施工、优化施工方案；促进工程项目实现精细化管理，提高工程质量，降低成本和工程风险；提升工程项目的效益和效率。BIM 建筑信息模型在建筑工程行业各阶段的推广和应用是建设工程领域的一次革命，是项目精细化管理最有力的技术支撑手段。BIM 技术可以使企业集约管理、项目精益管理落地，也将改变项目各参与方的协作方式。

（二）BIM 对各方的影响

1. 对建筑施工企业

BIM 对建筑施工企业的影响为能够实现集成项目交付 IPD（Integrated Project Delivery）管理，具体包括以下内容：在设计阶段就将项目主要参与方集合在一起，着眼于项目的全生命期，利用 BIM 技术进行虚拟设计、建造、维护及管理；实现动态、集成和可视化的 4D 施工管理；将建筑物及施工现场 3D 模型与施工进度相链接，并把施工资源和场地布置信息集成一体，建立 4D 施工信息模型；实现建设项目施工阶段工程进度、人力、材料、设备、成本和场地布置的动态集成管理及施工过程的可视化模拟；实现项目各参与方协同工作，项目各参与方信息共享；基于网络实现文档、图档和视档的提交、审核、审批及利用；项目各参与方通过网络协同工作，进行工程洽商、协调，实现施工质量、安全、成本和进度的管理与监控；实现虚拟施工；在计算机上执行建造过程，虚拟模型可在实际建造之前对工程项目的功能及可建造性等潜在问题进行预测，包括施工方法实验、施工过程模拟及施工方案优化等。

BIM 技术体现了巨大的价值优势：施工前改正设计错误与漏洞；4D 施工模拟、优化施工方案；使精益化施工成为可能。BIM 模型由于可以反映完整的项目设计情况，因此，BIM 模型中的构件模型可以与施工现场中的真实构件一一对应。可以通过 BIM 模型发现项目在施工现场中出现的错、漏、碰、缺的设计失误，从而达到提高设计质量，减少施工现场的变更，最终缩短工期、降低项目成本的预期目标。

在项目的施工阶段，施工单位通过对 BIM 建模和进度计划的数据集成，可实现 BIM 在时间维度基础上的 4D 应用。通过 BIM 技术 4D 应用的实施，施工单位既能按天、周、月看到项目的施工进度，又可以根据现场实时状况进行实时调整，在对不同的施工方案进行优劣对比分析后得到最优的施工方案；同时也可以对项目的重难点部分按时、分，甚至精确到秒进行可建性模拟，四维模拟实际施工，在早期的设计阶段发现后期施工阶段会出现的各种问题，便于提前处理，为后期活动打下坚固的基础。并在后期施工时能作为施工的实际指导，也能作为可行性指导，以提供合理的施工方案及人员，合理配置使用的材料，优化施工组织设计和方案，合理配置项目生产要素，从而最大限度地实现资源的合理利用，为建造阶段的全过程管理发挥巨大价值。例如，对土建工程的施工顺序、材料的运输堆放安排、建筑机械的行进路线和操作空间、设备管线的安装顺序等施工安装方案的优化。

2．对勘测设计单位

BIM 可以贯穿整个设计地形勘测、初步方案、深化设计、施工图设计以及施工阶段的设计服务内容，同时对预算编制、管线综合等各具体步骤有着非常明显的节约时间、提高效率的作用。

推动现代 CAD 技术的应用，建筑师将不再困惑于如何用传统的二维图纸表达复杂的三维形态这一难题，深刻地对复杂三维形态的可实施性进行了拓展，采用面向对象的数据表达形式描述项目的每一个组成部分。例如，不再用平行的线段表示电缆，而是在设计工具中创建一个电缆类的实例，每个实例都有其特有的属性，包括位置、尺寸、组成和型号等。这样的模型承载的信息比平面图加电缆清册要丰富得多，全面支持数字化的、采用不同设计方法的工程设计，并尽可能采用自动化设计技术，实现设计的集成化、网络化和智能化。可视化使得设计师对于自己的设计思想既能够做到"所见即所得"，又能够让业主捅破技术壁垒的"窗户纸"，随时了解自己的投资可以收获什么样的结果。

BIM 能够帮助实现三维设计，能够根据 3D 模型自动生成各种图形和文档，而且始终与模型逻辑相关，当模型发生变化时，与之关联的图形和文档将自动更新；设计过程中所创建的对象存在着内部的逻辑关联关系，当某个对象发生变化时，与之关联的对象也随之变化。同时，实现不同专业设计之间的信息共享。各专业 CAD 系统可从信息模型中获取所需的设计参数和相关信息，不需要重复录入数据，避免数据冗余、歧义和错误，还有实现各专业之间的协同设计，某个专业设计的对象被修改，其他专业设计中的该对象会随之更新。总之，BIM 可实现虚拟设计和智能设计，实现设计碰撞检测、能耗分析、成本预测等。

另外，对比传统的竣工图纸，通过竣工模型能更直观、准确、快速地找寻物件的所有相关信息，便于了解现场环境；能省去不必要的找寻翻阅资料、查阅图形和学习认识的时间。对比传统 2D 的竣工图与文档模式，竣工模型在实现共享信息、协同管理、提高运营效率方面有着巨大的优势，这是因为建筑周期从设计到施工完成，中间产生的海量变更信息，都可以事无巨细地存储在模型中，并且能够实时更新。

对于一开始就用 BIM 贯彻整个建筑周期的项目，工程竣工时，所更新的模型就是竣工模型，而且用模型更新更改信息保证了各个平面图、直观图、剖面图的一致性，省去了查验比对一致性的一个复杂环节（一般查验过程占整个建筑施工周期的 20％）。而传统的 2D 图只能是平面图、直观图、剖面图逐张更改，不仅比 BIM 方式的速度慢 2/3 倍，而且每个环节交接查验的速度也慢 2/3 倍。

3. 对监理单位、施工监控单位等第三方机构

建立单一工程数据源。工程项目各参与方使用的是单一信息源，确保了信息的准确性和一致性，可实现项目各参与方之间的信息交流和共享，由此可从根本上解决项目各参与方基于纸介质方式进行信息交流产生的"信息断层"和应用系统之间"信息孤岛"问题。

BIM 模型建立后，相关人员可以更加直观、科学地对项目进行管理和监督，以保障项目严格按照设计文件、国家相关规范及规定进行合理化的质量、进度、成本管理，促进建筑生命期管理，实现建筑生命期各阶段的工程性能、质量、安全、进度和成本的集成化管理，对建设项目生命期总成本、能源消耗、环境影响等进行分析、预测和控制，从而保质保量地完成工程项目的建设。

4. 对甲方（业主）或后期运营单位

BIM 模型可以始终贯穿项目的全生命周期，业主可以根据项目进度随时比照BIM 模型，从而宏观掌控项目的实施，随时了解项目的费用、质量，从而科学地对项目进行合理化调整，以达到项目的建设目的；项目建成后也有了一个有力的工具对项目的运营提供直观、有效的管理。

以建筑工程竣工阶段为例，竣工图与竣工模型反映的是真实的建筑工程项目施工结果的图样和模型。它们真实记录了各种地下、地上建筑物、构筑物，是工程施工阶段的最终记录，是工程运营阶段的主要指示。

建筑产品形体大，一般都有隐蔽工程，竣工图如产品说明书一般，建筑的使用、维护管理都离不开它。建筑工程的隐蔽部分比较多，不能随时拆开检查、维修，因此，要解决问题只能靠竣工图和竣工资料。

同时，在设计阶段由于电气和土建专业分别出图，造成了图纸不具备缆线走向信息和不能满足正确敷设的要求，而施工单位在安装作业时的安装信息在交接时由于没有相关记录而流失。运行期间这些线缆由于种种原因不可避免地会发生变动，且大部分没有记录，即使有也很难被找到，不具可信度。

很多工程不是一两年就能建成的，所以需要妥善保存建设各阶段中生成的文件资料。当进行下一步施工或遇到问题时，就需要查找已经形成的图纸资料。传统的建筑周期在竣工阶段，收集整理竣工资料是一个烦琐的过程。

在建筑物使用寿命期间，建筑物结构设施（如墙、楼板、屋顶等）和设备设施（如设备、管道等）都需要不断得到维护，一个成功的维护方案可提高建筑物的性能，降低能耗和修理费用，进而降低总体维护成本。

BIM 模型结合运营维护管理系统可以充分发挥空间定位和数据记录的优势，合

理制订维护计划，分配专人专项维护工作，以降低建筑物在使用过程中出现突发状况的概率。对一些重要设备，还可以跟踪维护工作的历史记录，以便对设备的适用状态提前作出判断。例如以往进行管道维修，由于是不同组人员，找寻相关图纸、资料需要 2～3 个工作日，现用竣工模型 5 分钟就可获得相关区域的所有信息。

便于升级再改造的方案设计：BIM 能将建筑物空间信息和设备参数信息有机地整合起来，从而为业主获取完整的建筑物全局信息提供途径。通过 BIM 与施工过程记录信息的关联，甚至能够实现包括隐蔽工程资料在内的竣工信息集成，不仅为后续的物业管理带来了便利，而且可以在未来进行的翻新、改造、扩建过程中为业主及项目团队提供有效的历史信息。

利用 BIM 及相应灾害分析模拟软件模拟逃生疏散通道，可以在灾害发生前，模拟灾害发生的过程，分析灾害发生的原因，制定避免灾害发生的措施以及发生灾害后人员疏散、救援支持的应急预案。当灾害发生后，BIM 模型可以提供救援人员紧急状况的完整信息，这将有效提高突发状况应对措施的准确度。此外，楼宇自动化系统能及时获取建筑物及设备的状态信息，通过 BIM 和楼宇自动化系统的结合，BIM 模型能清晰地呈现出建筑物内部紧急状况的位置，甚至匹配到紧急状况点最合适的路线，救援人员可以由此做出正确的现场处置，提高应急行动的成效。

(三) 就各参与方而言

1. 咨询单位

①缩短项目工期。利用 BIM 技术可以通过加强团队合作、改善传统的方向而言，BIM 的项目管理模式、实现场外预制、缩短订货至交货之间的空白时间等方式大幅缩短工期。②更加可靠与准确的项目预算。基于 BIM 模型的工料计算相比基于 2D 图纸的预算更加准确，且节省大量的时间。③提高生产效率、节约成本。利用 BIM 技术可大大加强各参与方之间的协作与信息交流的有效性，使决策可以在短时间内完成，减少了复工与返工的次数，且便于新型生产方式的兴起，如场外预制、BIM 参数模型作为施工文件等，可显著地提高生产效率，节约成本。④高性能的项目结果。BIM 技术所输出的可视化效果可以为业主校核是否满足要求提供平台，且利用 BIM 技术可实现耗能与可持续发展设计与分析，为提高建筑物、构筑物等的性能提供技术手段。⑤BIM 技术可以实现对传统项目管理模式的优化，有助于提高项目的创新性与先进性。例如，一体化项目管理模式下各参与方早期参与设计，这种群策群力的模式有利于吸取先进技术与经验，实现项目的创新性与先进性。⑥方便设备管理与维护。利用 BIM 竣工模型作为设备管理与维护的数据库，可提高管理与维护工作的效率。

2. 造价单位

造价管理的目的就是为项目投资实现增值。工程项目造价管理分为两个阶段，即项目计划阶段和合同管理阶段。在每个阶段，应用 BIM 技术后都能提高造价管理的效率和水平。在项目计划阶段，主要是对工程造价进行预估，应用 BIM 技术可以为造价工程提供各设计阶段准确的工程量、设计参数和工程参数，与技术经济指标结合，可以进行准确估算、概算，再运用价值工程和限额设计等手段对设计成果进行优化，BIM 技术模型较传统二维图纸的很大区别是能够把建筑、结构、机电等信息完整、有效地保存下来，并能快速准确地统计工程量，提出分析报告。BIM 模型中由于每一个构件都是和现实中的实际物体一一对应的，所含的信息也都是可以直接拿来运用的，因此计算机在 BIM 模型中可以根据构件本身的属性如类型、尺寸、数量等进行快速识别分类；当需要进行工程量统计时，计算机和智能软件可以根据不同的分类迅速自动做出统计。同时，基于 BIM 技术生成的工程量不是简单的长度和面积的统计，专业的 BIM 造价软件可以进行精确的 3D 布尔运算和实体减扣，从而获得更符合实际的工程量数据，并且可以自动形成电子文档进行交换、共享、远程传递和永久存档。其准确率和速度上都较传统统计方法有很大的提高，可有效降低造价工程师的工程强度，提高了工作效率。

3. 建设方单位

(1) 规划部门

是否能够帮助业主把握好产品和市场之间的关系，是项目规划阶段至关重要的一点，而 BIM 能够为项目各方在项目策划阶段做出使市场收益最大化的工作，同时在规划阶段，BIM 技术对建设项目在技术和经济上的可行性论证提供了帮助，可提高论证结果的准确性和可靠性。在项目规划阶段，业主需要确定建设项目方案是否既具有技术与经济上的可行性，又能满足类型、质量、功能等要求。但这需要花费大量的时间、金钱与精力，才能得到可靠性高的论证结果。BIM 技术可以为广大业主提供概要模型，针对建设项目方案进行分析、模拟、从而为整个项目的建设降低成本、缩短工期并提高质量。

(2) 运营部门

BIM 在建筑工程项目的运营阶段也可起到非常重要的作用。建设项目中所有系统的信息对于业主实时掌握建筑物的使用情况，及时有效地对建筑物进行维修、管理起着至关重要的作用。那么是否有能够将建设项目中所有系统的信息提供给业主的平台呢？BIM 的参数模型给出了明确的答案。在 BIM 参数模型中，项目施工阶段做出的修改将全部实时更新并形成最终的 BIM 竣工模型，该竣工模型可作为各种设备管理的数据库为系统的维护提供依据。

建筑物的结构设施（如墙、楼板、屋顶等）和设备设施（如设备、管道等）在建筑物使用寿命期间都需要不断得到维护。BIM 模型则恰恰可以充分发挥数据记录和空间定位的优势，通过结合运营维护管理系统，制订合理的维护计划，依次分配专人做专项维护工作，从而使建筑物在使用过程中出现突发状况的概率大大降低。

BIM 是引领建筑业信息技术走向更高层次的一种新技术，它的全面应用将对建筑行业的科技进步产生无可估量的影响，可大大提高建筑工程的集成化程度。随着国内建筑设计领域的发展，BIM 已经初步应用于建筑工程行业并彰显出了其巨大的商业价值。但目前 BIM 的应用还是存在很大的局限性，对于 BIM 引领的建筑工程领域所应创造的经济效益、社会效益只是冰山一角。人们应打通 BIM 链条上的各个环节，挖掘 BIM 作为建筑信息模型这个偏技术性的字眼背后的巨大商业价值。

第二节　BIM 技术概述

一、BIM 技术的相关概念

（一）建筑生命周期

1. 建筑生命周期的含义

建筑生命周期是建筑工程项目从规划设计到施工，再到运营维护，直至拆除为止的全过程。建筑工程项目具有技术含量高、施工周期长、风险高、涉及单位众多等特点，因此，全建筑生命周期的划分就显得十分重要。一般将建筑全生命周期划分为四个阶段，即规划阶段、设计阶段、施工阶段、运营阶段。

工程施工是在建设工程设计文件的要求下，对建设工程进行改建、新建、扩建的活动。运营则包含建筑物的操作、维护、修理、改善、更新以及物业管理等过程。

2. BIM 对于建筑全生命周期的价值

可提供数字更新记录，并改善搬迁规划与管理以及重要的财务数据。这些全面的信息可以提高建筑运营过程中的收益与成本管理水平，同时还用于如搬迁管理、环境分析、能量分析、数字综合成本估算以及更新阶段规划等。

（1）规划阶段

在项目规划阶段，一个重要的挑战就是帮助业主把握好产品和市场之间的关系。BIM 能够帮助业主在项目策划阶段做好市场收益最大化的工作，特别是帮助业主实现高租售价格建筑面积的最大化，例如朝向好、景观好、客户容易到达的商业空间面积最大等。此外，BIM 还能帮助业主了解建筑的造型以及真实环境下的视线可见性等关键信息，而且利用 BIM 对不同的设计方案进行整个建筑物的能源消耗模拟计算，在保证建筑物功能和性能的同时，帮助业主从建筑物的全生命周期考虑建造成本和能耗成本。

（2）设计阶段

在项目设计阶段，BIM 让建筑设计从二维走向了三维，使建筑师不再受限于如何用传统的二维图纸表达一个空间的三维复杂形态，从而极大地拓展了三维复杂形态的可实施性。

BIM 的出现使设计修改变得更容易。只要对项目做出更改，由此产生的所有结果都会在整个项目中自动协调，各个视图中的平、立、剖面图会自动修改。建筑信息模型提供的自动协调更改功能可以消除协调错误，提高工作整体质量，使得设计团队创建关键项目交付文件（例如可视化文档和管理机构审批文档）更加省时省力，不会出现平、立、剖面不一致的错误。

BIM 使建筑、结构、给排水、空调、电气等各个专业基于同一个开展进行工作，从而使真正意义上的三维集成协同设计成为可能。在二维图纸时代，各个设备专业的管道综合是一个烦琐费时的工作，做得不好甚至会引起施工中的反复变更。而 BIM 将整个设计整合到一个共享的建筑信息模型中，结构与设备、设备与设备间的冲突会直观地显现出来，工程师可在三维模型中随意查看，且能准确查看可能存在问题的地方，并及时调整自己的设计，从而极大地避免了施工中的浪费。

BIM 的三维模型也把设计中经常碰到的错漏空缺问题控制在最小的范围。BIM 的模型将传统的二维图纸放到了三维模型里，使这些调整带来的变化能非常直观地体现出来，大大提高了工作效率。

通过 BIM 模型将所有关联的工程信息有序地组织、存储起来，并对其进行各种分析计算，使工程信息成为一个有机的整体，进而为项目各利益相关者提供其所需的各类报表，如门窗明细表、材料表、工程量清单、管线、弯头以及机械设备清单等，从而确保项目信息的准确性和实时性。

在整个施工图设计过程中，BIM 的优势在三维管线综合上体现得淋漓尽致。传统的二维 CAD 图纸都是在平面上考虑管线布置，虽然会对标高有所控制，但在这样一个狭小的空间里管线碰撞会非常严重。通过 BIM 技术，在虚拟的三维环境下由计算机自行完成管线与结构构件之间的碰撞检查，大大提高了设计师管线综合设计的技术解决能力。

（3）施工阶段

在施工阶段，施工单位将 BIM 模型和计划进度进行数据集成，实现了 BIM 基于时间维度的 4D 应用，通过 BIM 的 4D 应用，除了可以按天、周、月看到项目的施工进度并根据现场情况进行实时调整，分析不同施工方案的优劣，从而得到最佳施工方案；也可以按秒、分、时对项目的重点或难点部分进行可建性模拟，进行诸如建筑机械的行进路线和操作空间、土建工程的施工顺序、设备管线的安装顺序、材料的运输堆放安排等施工安装方案的优化。

BIM 同步提供了有关建筑质量、进度以及成本的信息，方便地提供了工程量清单、概预算、各阶段材料准备等施工过程中需要的信息，甚至帮助实现建筑构件的直接无纸化加工建造。通过建筑业和制造业的数据共享，BIM 将大大推动和加快建筑业的工业化和自动化进程。

由于建设项目的投入不是一次性到位的，而是根据项目建设的计划和进度逐步到位的，因此，BIM 结合施工计划和工程量造价，可以实现 5D 应用，实现建筑业的"零库存"施工，最大限度地发挥业主的资金效益。

以 BIM 模型和 3D 施工图代替传统二维图纸指导现场施工，可以避免现场人员由于误读图纸引起的施工错误。此外，通过激光扫描、GPS、移动通信、RFID 和互联网等技术与项目的 BIM 模型进行整合，指导、记录、跟踪、分析作业现场的各类活动，不仅能保证施工期间不产生重大失误，而且也为项目运营维护准备了准确、直观的 BIM 数据库。

（4）运营阶段

在建筑生命周期的运营管理阶段，BIM 可同步提供有关建筑使用情况或性能、入住人员与容量、建筑已用时间以及建筑财务方面的信息。BIM 可提供数字更新记录，并改善搬迁规划与管理。它还促进了标准建筑模型对商业场地条件（例如零售业场地，这些场地需要在许多不同地点建造相似的建筑）的适应，有关建筑的物理信息（例如完工情况、承租人或部门分配、家具和设备库存）和关于可出租面积、租赁收入或部门成本分配的重要财务数据都更加易于管理和使用，稳定访问这些类型的信息可以提高建筑运营过程中的收益与成本管理水平。

(二) 信息的互用

1. 信息互用的含义

信息互用是指项目建设过程中项目参与方之间、不同应用系统工具之间对项目信息的交换和共享。互用是协调与合作的前提和基础，对项目的进展产生重要的影响。

2．BIM 环境下的信息互用

信息是 BIM 的核心，BIM 是一个富含项目信息的共维或多维建筑模型。在项目的全寿命周期内使用 BIM 被认为是解决目前建筑业信息采用效率低下的有效途径。

（1）BIM 信息互用方式——从软件用户角度看

协同企业之间或者一个企业内设计、施工、维护和业务流程系统之间管理和沟通电子版本的产品和项目数据的能力称之为信息互用。事实上，不管是企业之间还是企业内不同系统之间的信息互用，归根结底都是不同软件之间的信息互用。不同软件之间的信息互用尽管实现的语言、工具、格式、手段等可能不尽相同，但是站在软件用户的角度分析，其基本方式只有双向直接、单向直接、中间翻译和间接互用四种，分别介绍如下。

①双向直接互用

在这种情形下，两个软件之间的信息转换由软件自己负责处理，而且还可以把修改以后的数据再返回原来的软件里面去，人工需要干预的工作量很少，可能存在的信息互用错误主要跟软件本身有关，即软件本身不出错信息互用就不会出错。这种信息互用方式效率高、可靠性强，但是实现起来也受到技术条件和水平的限制。

BIM 建模软件和结构分析软件之间信息互用是双向直接互用的典型案例。建模软件可以把结构的几何、物理、荷载信息都建立起来，然后把所有信息都转换到结构分析软件中进行分析。结构分析软件会根据计算结果对构件尺寸或材料进行调整以满足结构安全需要，最后再把经过调整修改后的数据转换回原来的模型中去，合并之后形成更新后的 BIM 模型。在实际工作中只要条件允许，就应该尽可能选择这种信息互用方式。

②单向直接互用

单向直接互用意味着数据可以从一个软件输出到另外一个软件，但是不能转换回来。典型的例子是 BIM 建模软件和可视化软件之间的信息互用，可视化软件利用 BIM 模型的信息做好效果图以后，不会把数据返回原来的 BIM 模型中去。

单向直接互用的数据可靠性强，但只能实现一个方向的数据转换，这也是实际工作中建议优先选择的信息互用方式。

③中间翻译互用

两个软件之间的信息互用需要依靠一个双方都能识别的中间文件实现，这种信息互用方式称之为中间翻译互用。这种信息互用方式容易引起信息丢失、改变等问题，因此在使用转换以后的信息以前，需要对信息进行校验。

DWG 是目前最常用的一种中间文件格式，典型的中间翻译互用方式是设计软件和工程算量软件之间的信息互用，算量软件利用设计软件产生的 DWG 文件中的几何和属性信息，进行算量模型的建立和工程量统计。

④间接互用

信息间接互用需要使用人工方式把信息从一个软件转换到另外一个软件，有些情况下需要人工重新输入数据，另外一些时候也可能需要重建几何形状。

根据碰撞检查结果对 BIM 模型的修改是一个典型的信息间接互用方式，目前大部分碰撞检查软件只能把有关碰撞的问题检查出来，而解决这些问题则需要专业人员根据碰撞检查报告在 BIM 建模软件里面人工进行调整，然后输出碰撞检查软件中重新检查，直到问题彻底更正。

（2）信息互用方式——从软件本身角度看

①直接互用

直接互用是指一个软件可以集成另一个软件的信息互用模块，直接读取或输出另一个软件的专用格式文件。这种方式既可以是单向的也可以是双向的。目前，大部分 BIM 软件都有自己的 API（Application Programming Interface），使得第三方可以访问软件的内部数据库，从而创建内部对象或增加命令。

这种方式使信息互用的准确性和针对性大大提高，但是，随着需要进行信息互换的软件数量增加，成本也会剧增。另外，只要某一个软件由于版本升级等原因使数据模型改变了，所有与之相关的软件都必须进行更新。

②使用专用中间文件格式

专用中间文件格式是一个由软件厂商研制并公开发行的，用于其他厂商软件与该厂商软件之间的专用的数据交换文件格式。建筑业中最常见的专用中间格式是DXF 格式，其他常见的格式还有 ICES、SAT、3DS 等。由于这种格式具有厂商的特殊要求，因此它们的完整性相对较差，例如这种格式只能传递建筑的几何信息。

③使用基于 XML 的交换格式

XML（Extensible Markup Language）是 Internet 环境下跨平台的一种技术，用于处理结构化文档信息。用户通过使用 XML 可以自定义需要转换的数据结构，这些数据结构组合成一个 XML 的 Schema，不同的 Schema 可以完成不同软件间的数据转换。AEC 领域常用的 XML Schema 包括 aceXML、gbXML、IFCXML 等。基于 XML Schema 的信息互用，在进行少量数据转换或者特定的数据转换时优势比较明显。

④使用公共数据模型格式

IFC 和 CIS/2 （CIMsteel Integration Standards Re-lease 2）是一种公共数据模型格式。这种格式是基于三维的数据表达，不仅能描述几何形状，还可以描述构件的其他属性，如材料性质和空间关系等。该格式能有效地将构件属性和构件几何信息联系起来，并贯穿于整个建筑项目全生命周期，适用于各个阶段的信息交换和共享，这就大大提高了信息间互用的效率和准确性。

综上所述，直接互用、使用专用中间文件格式的间接互用及使用基于 XML 的交换格式的信息互用都有各自的局限性，这些局限性对建筑业的信息互用是不利的。而 IFC 这种公共、开放、国际性的文件格式，能够有效地避免这种局限性，所以这种方式也就受到了广大建筑从业者的青睐。

3. 信息分类体系——信息互用的关键问题

BIM 技术让工程师拥有了更加丰富的建筑生命周期数据，用于各种目的的建设项目分析和计算，同时，也让建筑业信息分类体系的标准化成为一个广泛关注的问题。实现 BIM 环境下的高效信息互用离不开一个完整的、标准化的建筑业信息分类体系，统一的建筑信息分类体系可以使来自不同国家、地区和团体的建筑相关单位之间的信息交流和互用成为可能。

随着各个行业的发展，各国都已经建立各种建筑信息分类方法，分别满足工程造价、建筑规范、项目管理、进度控制等需要。由于文化背景和法律环境的差异，各个国家的分类体系不尽相同。他们的分类方法、分类结构乃至应用范围都存在很大不同，甚至在一个国家内部也可能存在几种不同的分类。

4. 基于 IFC 标准的信息互用

IFC 标准是目前最受建筑行业广泛认可的国际性公共产品数据模型格式标准。各大建筑软件商均宣布了旗下产品对 IPC 格式文件的支持，许多国家也已开始致力于基于 IFC 标准的 BIM 实施规范的制定工作。

（1）IFC 的定义

IFC 数据模型（Industry Foundation Classes）是一个不受某一个或某一组供应商控制的中性和公开标准，是一个由 buildingSMART 开发用来帮助工程建设行业数据互用的基于数据模型的面向对象文件格式，是一个 BIM 普遍使用的格式。可以从以下几个方面理解 IFC 的定义：①IFC 是一个描述 BIM 的标准格式的定义；②1FC 定义建设项目生命周期所有阶段的信息如何提供、如何存储；③IFC 细致地记录单个对象的属性；④IFC 可以从"非常小"的信息一致记录到"所有信息"；

⑤IFC可以容纳几何、计算、数量、设施管理、造价等数据，也可以为建筑、电气、暖通、结构、地形等许多不同的专业保留数据。

（2）IFC的目标

IFC标准的目标是为建筑行业提供一个不依赖于任何具体系统的，适合于描述贯穿整个建筑项目生命周期内产品数据的中间数据标准，应用于建筑物生命周期中各个阶段内以及各阶段之间的信息交换和共享。

（3）IFC的内容范围

IFC可以描述建筑工程项目中一个真实的物体，如建筑物的构件，也可以表示一个抽象的概念，如空间、组织、关系和过程等。同时，IFC也定义了这些物体或抽象概念特性的描述方法，IFC可以描述的内容包括建筑工程项目的方方面面。

（三）多专业协同

传统的建筑工程设计从建筑设计开始，并由结构、MEP等专业设计师完成相应的专业设计，通常采用"单一的流水线"模式。各专业的设计师工作方式常常围绕着二维图纸展开，图纸成为各专业设计师之间交流和沟通的介质。这种设计流程需要各个专业设计师在设计中，经过"二维—三维—二维"的思维转换，并且各个环节相互独立进行，一旦缺乏有效的沟通和协作，将导致图纸的反复修改甚至返工，由此带来人力、时间和资源等浪费，影响设计师的工作效率，并且会涉及建筑工程的设计进度缓慢和质量较差等问题。因此，建筑多专业设计中的协同工作，如何建立有效的沟通与协作，提升建筑工程设计的效率和品质就变得十分重要。

BIM基于先进的三维设计，构建可视化数字建筑模型，为建筑工程设计提供了科学的协作平台。其利用三维可视化的信息模型对建筑工程进行设计，甚至能够指导或参与工程项目的建造与后期运营管理。在BIM技术的支持下，建筑、结构、MEP等专业的设计师可以在同一个三维模型的基础上进行建筑工程设计，相比传统的二维图纸更加全面、有效和直观；并且与传统的设计模式不同，设计工作不再是线性展开，而是各专业的设计师同步进行设计，这将会使工作效率大大提高，从而节约人力和时间成本。

1. BIM技术协同设计的特点

基于BIM的建筑工程多专业协同设计根本优势在于能够建立统一的三维建筑信息模型，通过三维的信息模型将工程项目信息分享给各个相关专业的设计师，进行同步分工协作并有助各专业设计师尽早地参与设计过程。在协同设计过程中，各专业根据国家标准和规范，在进行本专业设计图纸的修改时能够及时准确地反馈给其他专业设计师，从而使其他设计师可以快速直观地分析评估并确定图纸修改得合理与否，进而能够更快地做出最佳的设计成果。这种协同设计的方式大幅缩短了各专业设计师之间协调的时间，并且设计师能够更好地考虑其他设计专业的需求，尽可能避免在传统设计模式中常出现的在施工现场进行设计修改或变更的现象。运用基于 BIM 的设计流程，将更注重整个项目的多专业协同设计，这种方式可以更准时、更高质量、更高效地完成任务，并且可以大大提高各设计专业（建筑、结构、MEP 等专业）成果质量，BIM 协同设计使传统的设计方法发生了质的改变，它将传统的二维图纸转换成三维立体模型，具有较强的协调性、较高的准确性、较快的同步性，还具有建筑全生命周期的所有信息，便于进行建筑工程项目的建造、运营、维护改建甚至拆除。

2. 基于 BIM 的多专业协同设计流程探析

BIM 协同设计即将建筑、结构、MEP 等工程、开发商乃至最终用户所提供的信息集成在一个虚拟的三维模型上，以帮助对项目进行设计、建造及运营管理。随着建筑工程项目日趋复杂，尤其某些项目的关键问题设计时必须由多专业设计师或专家，利用各自的专业知识商讨并协作完成。为了实现设计目标，设计师团队必须参考大量项目信息，加以整合分析并需要条理化的管理。

因此，在基于 BIM 的设计流程中通常需要制定用于指导该项目团队明确设计目标的多专业协同设计协调规划。协调规划中，首先，必须确定项目的整体计划，即要设计团队的各专业设计师明确各个阶段的具体任务以及各阶段图纸的深度要求；其次，在任务范围内核查各阶段设计质量，避免造成疏漏或分工不明带来的相互推诿；最后，设定各个专业设计师的工作权限，避免在设计时对项目中一些相关的图纸进行重复修改或者删除，导致重复地劳动。多专业协同设计的工作采用并行模式，非常强调多专业设计师之间的合作，同时，需要建立 BIM 的网络服务器，将包含工程项目的 BIM 模型在各专业设计师中共享，并进行工作协调和审核。

基于 BIM 的多专业协同设计在实际工程中的运用，将传统工作模式中各自独立的工作有效协同在一起，使各专业设计师工作思路更加清晰，目标更加明确，从而达到不同专业的设计师配合完成项目的规划、设计以及施工。

（1）创建初步的 BIM 模型

工程项目设计通常先由建筑设计师按项目的设计任务书或业主的要求进行初步设计，主要研究项目的建筑功能、容积率、绿地率、建筑密度、交通区位、用地范围、建筑限高等各方面限制条件达到设计要求。通过 BIM 的方式创建初步模型，主要考虑大致的体量关系，建筑平面模型只需要表达空间的围合和限定等因素，模型的精细程度需保证满足建筑项目的基本功能。然后，通过建立的网络服务器，将包含工程项目的 BIM 模型共享给各专业设计师。

（2）BIM 模型的细化

在初步的 BIM 模型的基础上，根据制订的多专业协同设计协调规划，结构、MEP 等专业设计师可以根据自己的需要对其提出设计要求或条件。因此，此方式为各专业之间的协同设计构筑了一个平台，建筑、结构、MEP 等专业的设计工作便可以同步进行。建筑设计师可以按照结构和 MEP 等专业提出的要求，对项目进行细化设计。

由于基于同一个 BIM 模型，建筑设计师可以清楚地看到结构和 MEP 等图纸设计中结构、管路的分布或布局，进而能够确定门窗开口开洞位置、建筑房间布局大小、楼梯位置等。由于 BIM 模型具有即时的可视化特性，建筑设计师可以更加直观地感受空间的尺度、大小是否合理。假如现结构设计中某个梁影响建筑内部空间的感受，就可以立即与结构设计师进行沟通协商，在结构模型中取消或者改变梁的位置或形式，这样的调整都是通过同一个 BIM 模型进行修改，可以进行及时同步更新，反馈给其他相关的设计师，既可以节约时间成本，又避免了传统工作模式下的重复修改或返工。结构设计是工程项目的重要组成部分，安全性分析计算是结构设计的首要环节和重要问题，其决定着工程项目的可实现性。由于结构分析模型中包括了大量的结构分析所要求的各种信息，如材料的力学特性、单元截面特性、荷载、荷载组合、支座条件等信息且参数繁多，采用 BIM 模型可以避免在传统模式下结构专业与其他专业之间缺乏有效的信息沟通渠道、信息传递不流畅等问题。通常在项目初期，建筑与结构设计之间需要反复交互修改图纸，BIM 模型为结构专业和其他专业设计提供了沟通的桥梁，结构工程师将建筑专业的 BIM 模型链接到它自己的工作中，在此基础上进行结构设计使之达到结构方面的合理要求。MEP 专业设计一直是项目工程的难点，包括了电气照明、给排水、暖通等专业设计。在设计过程中既要考虑设备管线等预留足够的安装空间，又要考虑设备管线等的安装顺序，还要考虑设备管线运行、维修、替换等因素。因此，MEP 专业的设计方法通常情况下与建筑、结构等的设计不同，在进行 MEP 专业 BIM 建模时，需将结构模型链接到 MEP 模型中作为参考，通过 BIM 模型文件的链接，确保结构模型修改后，MEP 模型中的结构部分自动更新，从而能够在 MEP 模型中及时发现问题并进行修改。

（3）审查碰撞冲突和协调设计

传统的建筑工程设计过程中，各专业设计师围绕二维图纸，将图纸打印出来，通常需要反复召开协调会，采用人力的方式进行复核比对发现图纸中的冲突部分，然后分析并提出解决的方案。这种方式既费时又费力，且难免出现纰漏。基于 BIM 的设计过程中，计算机则可以自动高效可靠地瞬间完成核查繁多的碰撞冲突。当各专业的设计工作完成后，将各自设计的 BIM 模型链接到整个项目之中，用于核查所有专业设计工作同时进行时产生的冲突碰撞。由于设计的工作都是基于同一个建筑 BIM 模型展开的，在协调设计时，各专业都是借助 BIM 软件平台及时地和与之相关的专业进行协调和交流，从而能够快速核查碰撞，并提出解决方案。这种工作方式，在工程设计初期就能够有效地控制各专业之间的冲突部分。

（4）重复修改和优化设计

在碰撞检查和协调设计中发现的问题，要重新返回相关的 BIM 模型中进行各专业间的讨论协商并修改。经过这样的过程，各专业的设计师可以不断地优化和完善自己的 BIM 模型，并且能与整个项目的 BIM 模型保持一致。这种高效的工作方式，能使整个设计团队参与设计方案中，能充分体现他们的设计思路，发挥他们最大的作用，并且帮助项目团队在基于 BIM 多专业协作设计的基础上找到最优设计。

二、BIM 的技术特点

（一）可视化

可视化即"所见所得"的形式，对于建筑行业来说，可视化的真正运用在建筑业的作用是非常大的，在 BIM 建筑信息模型中，由于整个过程都是可视化的，所以，可视化的结果不仅可以用于效果图的展示及报表的生成，更重要的是，项目设计、建造、运营过程中的沟通、讨论、决策都可在可视化的状态下进行。

（二）协调性

BIM 的协调性服务就可以帮助处理这种问题，也就是说 BIM 建筑信息模型可在建筑物建造前期对各专业的碰撞问题进行协调，生成协调数据，提供出来。当然 BIM 的协调作用也并不是只能解决各专业间的碰撞问题，它还可以解决例如电梯井布置与其他设计布置及净空要求之协调、防火分区与其他设计布置之协调、地下排水布置与其他设计布置之协调等。

（三）模拟性

模拟性并不是只能模拟设计出的建筑物模型，还可以模拟不能够在真实世界中进行操作的事物。在设计模拟性阶段，BIM 可以对设计上需要进行模拟的一些东西进行模拟实验，例如节能模拟、紧急疏散模拟、日照模拟、热能传导模拟等；在招投标和施工阶段可以进行 4D 模拟（三维模型加项目的发展时间），也就是根据施工的组织设计模拟实际施工，从而确定合理的施工方案指导施工。同时还可以进行

5D 模拟（基于 3D 模型的造价控制），从而实现成本控制；后期运营阶段可以模拟日常紧急情况的处理方式的模拟，例如地震人员逃生模拟及消防人员疏散模拟等。

（四）优化性

事实上，整个设计、施工、运营的过程就是一个不断优化的过程，当然优化和 BIM 也不存在实质性的必然联系，但在 BIM 的基础上可以进行更好的优化。优化受三样东西的制约：信息、复杂程度和时间，没有准确的信息做不出合理的优化结果，BIM 模型提供了建筑物的实际存在的信息，包括几何信息、物理信息、规则信息，还提供了建筑物变化以后的实际存在。现代建筑物的复杂程度大多超过参与人员本身的能力极限，BIM 及与其配套的各种优化工具提供了对复杂项目进行优化的可能。复杂程度高到一定程度，参与人员本身的能力无法掌握所有的信息，必须借助一定的科学技术和设备的帮助。目前基于 BIM 的优化必须做到下面的工作。

1. 项目方案优化

把项目设计和投资回报分析结合起来，设计变化对投资回报的影响可以实时计算出来；这样业主对设计方案的选择就不会主要停留在对形状的评价上，而更多的可以使得业主知道哪种项目设计方案更有利于自身的需求。

2. 特殊项目的设计优化

例如裙楼、幕墙、屋顶、大空间到处可以看到异型设计，这些内容看起来占整个建筑的比例不大，但是占投资和工作量的比例和前者相比却往往要大得多，而且通常也是施工难度比较大和施工问题比较多的地方，对这些内容的设计施工方案进行优化，可以带来显著的工期和造价改进。

BIM 深化设计目标：①机电综合管线碰撞解决；②机电管线排布合理、美观、快捷，满足"鲁班奖"要求；③BIM 深化设计降低成本增效；④提高管线安装标高，增加走廊净空；⑤提高深化设计质量准确率至 98%。

（五）可出图性

BIM 是通过对建筑物进行了可视化展示、协调、模拟、优化以后，可以帮助业主绘制出如下图纸：①综合管线图（经过碰撞检查和设计修改，消除了相应错误以后）；②综合结构留洞图（预埋套管图）；③碰撞检查侦错报告和建议改进方案。

三、BIM 的关键技术

BIM 不只是一种信息化技术，它已经开始影响建筑施工企业的整个工作流程，并对企业的管理和生产起到变革作用。随着越来越多的行业从业者关注和实践 BIM 技术，BIM 必将发挥更大的价值，带来更多的效益，为整个建筑行业的跨越式发展奠定坚实的基础，其中 BIM 具有一些关键技术。

（一）基于 IFC 数据交换标准

建设工程项目是一个复杂的、综合的经营活动，它具有参与方多、生命周期长、软件产品杂等特点。而 BIM 要能够支持上百上千项目参与者和纷杂众多的软件产品一起协同工作，首先面对的就是建筑信息的交换和共享。而解决信息交换和共享问题的出路在于标准，有了统一的标准，也就有了系统之间交流的共同语言，基于这样的需求，才有了 Industry Foundation Class（IFC）标准。

IFC 数据模型是一个不受某一个或某一组供应商控制的中性和公开的标准，是一个由 BuildingSMART 开发用来帮助工程建设行业数据互用的基于数据模型的面向对象文件格式，是一个 BIM 普遍使用的格式。IFC 的提出为建筑行业提供了一个不依赖于任何具体软件系统的，适用于描述贯穿整个建筑项目生命周期内产品数据的中间数据标准，应用于建筑物生命周期中各个阶段内以及各阶段之间的信息交换和共享。

（二）三维图形支撑平台

三维图形支撑平台是支撑 BIM 建模以及基于 BIM 的相关产品的底层支撑平台。它在数据容量、显示速度、模型建造和编辑效率、渲染速度和质量等方面满足了 BIM 应用的各种支撑。

由于 BIM 建模软件也有多家产品，需要基于 IFC 数据标准，实现不同专业和业务模型之间的数据交换以及不同建模软件产品间的数据交换。

四、BIM 的关键价值

BIM 技术对产业链中投资方、设计方、建设方、运维方等参建各方具有非常多的价值，这里主要针对建筑施工企业在工程施工全过程中的关键价值进行一个具体描述。

（一）虚拟施工、方案优化

首先，运用三维建模和建筑信息模型（BIM）技术，建立用于进行虚拟施工和施工过程控制、成本控制的施工模型，结合虚拟现实技术，实现虚拟建造。模型能将工艺参数与影响施工的属性联系起来，以反映施工模型与设计模型之间的交互作用。施工模型要具有可重用性，因此必须建立施工产品主模型描述框架，随着产品开发和施工过程的推进，模型描述日益详细。通过 BIM 技术，保持模型的一致性及模型信息的可继承性，实现虚拟施工过程各阶段和各方面的有效集成。

其次，模型结合优化技术，身临其境般进行方案体验、论证和优化。基于 BIM

模型，对施工组织设计方案进行论证，就施工中的重要环节进行可视化模拟分析。按时间进度进行施工安装方案的模拟和优化。对于一些重要的施工环节或采用新施工工艺的关键部位、施工现场平面布置等施工指导措施进行模拟和分析，不断优化方案，以提高计划的可行性，直观地了解整个施工或安装环节的时间节点和工序，并清晰地把握在施工过程中的难点和要点，从而优化方案，以提高施工效率和施工方案的安全性。

（二）碰撞检查、减少返工

在传统施工中，建筑工程建筑专业、结构专业、设备及水暖电专业等各个专业分开设计，导致图纸中平立剖之间、建筑图和结构图之间、安装与土建之间及安装与安装之间的冲突问题数不胜数，随着建筑越来越复杂，这些问题会带来很多严重的后果。通过三维模型，在虚拟的三维环境下方便地发现设计中的碰撞冲突，在施工前快速、全面、准确地检查出设计图纸中的错误、遗漏及各专业间的碰撞等问题，减少由此产生的设计变更和工程洽商，更大大提高了施工现场的生产效率，从而减少施工中的返工，提高建筑质量，节约成本，缩短工期，降低风险。

（三）形象进度、4D 虚拟

建筑施工是一个高度动态和复杂的过程，当前建筑工程项目管理中经常用于表示进度计划的网络计划，由于专业性强，可视化程度低，无法清晰描述施工进度以及各种复杂的关系，难以形象表达工程施工的动态变化过程。通过将 BIM 与施工进度计划相链接，将空间信息与时间信息整合在一个可视的 4D（3D＋Time）模型中，可以直观、精确地反映整个建筑的施工过程和虚拟形象进度。4D 施工模拟技术可以在项目建造过程中合理制订施工计划、精确掌握施工进度、优化使用施工资源以及科学地进行场地布置，对整个工程的施工进度、资源和质量进行统一管理和控制，以缩短工期、降低成本、提高质量。此外，借助 4D 模型，承包工程企业在工程项目投标中将获得竞标优势，BIM 可以让业主直观地了解投标单位对投标项目主要施工的控制方法、施工安排是否均衡、总体计划是否基本合理等，从而对投标单位的施工经验和实力作出有效评估。

（四）精确算量、成本控制

工程量统计结合 4D 的进度控制，即所谓 BIM 在施工中的 5D 应用。施工中的预算超支现象十分普遍，缺乏可靠的基础数据支撑是造成超支的重要原因。BIM 是一个富含工程信息的数据库，可以真实地提供造价管理需要的工程量信息，借助这些信息，计算机可以快速对各种构件进行统计分析，进行混凝土算量和钢筋算量，这大大减少了烦琐的人工操作和潜在错误，非常容易实现工程量信息与设计方案的完全一致。通过 BIM 获得的准确的工程量统计可以用于成本测算，在预算范围内对不同设计方案的经济指标进行分析，不同设计方案工程造价的比较以及施工开始前的工程预算和施工过程中的结算。

（五）现场整合、协同工作

BIM 技术的应用更类似于一个管理过程，同时，它与以往的工程项目管理过程不同，它的应用范围涉及多方的协同。而且，各个参建方对于 BIM 模型存在不同的需求、管理、使用、控制、协同的方式和方法。在项目运行过程中，需要以 BIM 模型为中心，使各参建方在模型、资料、管理、运营上能够协同工作。

为了满足协同建设的需求、提高工作效率，需要建立统一的集成信息平台。通过统一的平台，各参建方或业主各个建设部门间的数据交互直接通过系统进行，减少沟通时间和环节，以解决各个参建方之间的信息传递与数据共享问题，实现系统集中部署、数据集中管理；能够进行海量数据的获取、归纳与分析，协助项目管理决策；形成沟通项目成员协同作业的平台，使各参建方能够进行沟通、决策、审批、渠道、项目跟踪、通信等。

基于 BIM 模型，在统一的平台下强化项目运营管控。围绕 BIM 模型进行分析、算量、造价，形成预算文件，并将模型导入系统平台，形成招标、进度、结算、变更的依据。BIM 模型集成进度计划，将进度管理的甘特图绑定在 BIM 模型上，按照进度计划，形成资金、招标、采购等的计划。按照实际进度填报，自动形成实际工程量的申报。在分包和采购招标阶段，围绕 BIM 模型，进行造价预算分析，基于辅助评标系统，形成标书文件。同时可以对投标文件进行分析、对比、指标抽取、造价知识存储等。按照招标签订合同，基于进度 BIM 模型申报资金计划，进行设计变更、工程变更、工程结算和项目成本管理。

（六）数字化加工、工厂化生产

建筑工业化是工厂预制和现场施工相结合的建造方式，这将是未来建筑产业发展的方向。BIM 结合数字化制造能够提高承包工程行业的生产效率，实现建筑施工流程的自动化。建筑中的许多构件可以异地加工，然后运到建筑施工现场，装配到建筑中（例如门窗、预制混凝土结构和钢结构等构件）。通过数字化加工，工人可以准确完成建筑物构件的预制，这些通过工厂精密机械技术制造出来的构件不仅降低了建造误差，并且大幅度提高了构件制造的生产率。这样一种综合项目交付方式可以大幅度降低建造成本，提高施工质量，缩短项目周期，同时减少资源浪费，并体现先进的施工管理。对于没有建模条件的建筑部位，还可以借助先进的三维激光扫描技术，快速获取原始建筑物或构件模型信息。

（七）可视化建造、集成化交付（IPD）

随着建筑信息模型 BIM 技术的逐渐成熟，以 BIM 技术为基础的新的建设项目综合交付方法 IPD（Integrated Product Development）是在工程建设行业为提升行业生产效率和科技水平，在理论研究和工程实践基础上总结出来的一种项目信息化技术手段和一套项目管理实施模式，它带来了新的项目管理模式的变更，最大程度地实现了建筑专业人员整合，实现了信息共享及跨职能、跨专业、跨企业团队的高效协作。

IPD 是以信息及知识整合为基础，是信息技术、协同技术与业务流程创新相互融合所产生的新的项目组织及管理模式，也是一种使 BIM 价值最大化的项目管理实施模式。反过来，BIM 是 IPD 模式能够实现高度协同的重要基础支撑，是支持 IPD 成功高效实施的技术手段。IPD 的核心是一个从项目一开始就建立的由项目主要利益相关方参与的一体化项目团队，这个团队对项目的整体成功负责。这样的一个团队至少包括业主、设计总包和施工总包三方，跟传统的接力棒形式的项目管理模式比较起来，团队变大变复杂了，因此，在任何时候都更需要一个合适的技术手段支持项目的表达、沟通、讨论、决策，这个手段就是 BIM。

BIM 能够作为工程项目信息的共享知识资源，从项目生命周期开始就为其奠定了可靠的决策基础，使不同参与者在项目生命周期的不同阶段进行协作，输入、提取、更新或者修改 BIM 信息。IPD 基于 BIM 构建了从设计、施工到运营的高度协作流程，通过采用该流程，建筑师、工程师、承包商和业主能够创建协调一致的数字设计信息与文档。IPD 作为一种新的项目交付方法论，通过改变项目参与者之间的合作关系，从协同的角度加强参与者之间的合作与创新，对协同的过程不断进行优化及持续性改进。

第三节 BIM 与相关技术的联系

一、BIM 与 GIS

（一）GIS 的概述

GIS 即地理信息系统（Geographic Information System 或 Geo-Information System，GIS），有时又称为"地学信息系统"。它是一种特定的十分重要的空间信息系统。它是在计算机硬、软件系统支持下，对整个或部分地球表层（包括大气层）空间中的有关地理分布数据进行采集、储存、管理、运算、分析、显示和描述的技术系统。

（二）GIS 技术的主要特点

GIS 地理信息是空间属性和描述属性的结合体，GIS 地理信息的素图性、信息源性、无比例性等构成了地理信息系统的基本特性。

从系统论和应用的角度出发，地理信息系统被分为四个子系统，即计算机硬件和系统软件、数据库系统、数据库管理系统、应用人员和组织机构。①计算机硬件和系统软件：这是开发、应用地理信息系统的基础。其中，硬件主要包括计算机、打印机、绘图仪、数字化仪、扫描仪，系统软件主要指操作系统。②数据库系统：系统的功能是完成对数据的存储，它又包括几何（图形）数据和属性数据库。几何和属性数据库也可以合二为一，即属性数据存在于几何数据中。③数据库管理系统：这是地理信息系统的核心。通过数据库管理系统，可以完成对地理数据的输入、处理、管理、分析和输出。④应用人员和组织机构：专业人员，特别是那些复合型人才（既懂专业又熟悉地理信息系统）是地理信息系统被成功应用的关键，而强有力的组织是系统运行的保障。

从数据处理的角度出发，地理信息系统又被分为数据输入子系统、数据存储与检索子系统、数据分析与处理子系统、数据输出子系统。①数据输入子系统：负责数据的采集、预处理和数据的转换。②数据存储与检索子系统：负责组织和管理数据库中的数据，以便于数据查询、更新与编辑处理。③数据分析与处理子系统：负责对数据库中的数据进行计算和分析、处理，如面积计算、储量计算、体积计算、缓冲区分析、空间叠置分析等。④数据输出子系统：以表格、图形、图像等方式将数据库中的内容和计算、分析结果输出到显示器、绘图纸或透明胶片上。

利用三维 GIS 的空间分析功能，建立城市轨交沿线的地形、地质、经济、交通、建（构）筑物等数学模型，形成各类专用地图，逼真地体现轨交线路外轮廓与周边建（构）筑物的间关系，在满足安全边界的前提下，对线路的所有比选方案进行比对分析，检验其能否充分发挥轨交建设所带来的开发潜力和社会效益及经济效益。

（三）GIS 与 BIM 结合的未来发展方向

1. 地形沉降变形跟踪

利用三维激光扫描仪和激光测距的原理，将周围地形地貌数据录入计算机中进行保存。当人们在某地进行相关项目建设时，即可调出需要的地形数据，通过地形数据了解项目所处地区历年来的地形变化，让项目的决策者决定是否进行项目的建设。同理，国土局也可以利用此项技术，为本地的地形进行测绘，对本地的规划设计等提供一个参考。

2．数字交通系统发展

由于 GIS 的整体性功能作用，对于覆盖整个城市的轨交网络中大量的空间信息（如各站的地理位置、轨道线路、风水机电设备、通信信号设备、触网及牵降变设备等各专业相关设备的数量、类别、地理位置分布等），均可掌握其静态和动态属性，监控各设备的安全运行状态，有效管理带有地理信息的复杂数据，制定路网中基于不同线路、区域和种类设备的作业标准，为轨交运营维护的辅助决策提供具有空间信息功能的依据。

3．数字地球的发展

通过 BIM 相关的技术，建立一个计算机模拟三维空间，录入所需要的构造物、设备等方面的数据信息，建立一个与现实地球相互平行的数字地球，然后将现实世界的一些时事与这一信息平台进行交互，达到方便人们生活的作用。

（四）结合 GIS 在设计阶段的利用

1．场地自然条件

地形条件：运用地形图、等高线图和相应的地形数据进行系统的说明，并且有一套严密清晰的表达语言。

气候条件：包括场地风象（风向、风速、气流图等）、日照（日照时数、日照百分率、太阳方位角等）、气温、降水。

地质条件：地形地貌、地质构造、水文地质、地震状况。

2．地形条件分析模拟

采用 AutoCAD Civil 3D 与 GIS 的结合，快速调用场地周边城市环境，并通过直观的可视化形式协助设计团队理解规划意图。根据生成的三维地形基础数据进行场地环境分析；通过对环境的模拟分析，再加上设计理念，自然生成适应于场地环境的建筑形体。

3．建筑光环境分析模拟

Radiance 光模拟软件系统采用了蒙特卡洛算法优化的反向光线追踪引擎，作为专业的天然建筑采光模拟和分析软件，它通过建立较准确的适合模拟室内采光的数字模型，设置大量的不同模拟参数，可以达到辅助设计或研究的目的。

4．场地风象分析模拟

计算流体力学（Computing Fluid Dynamic，CFD）中的有限容积法，可以对建筑内外空间的温度场、空气流场以及水蒸气的分布进行模拟，因此它不仅可以对建筑能耗进行模拟，还可以对建筑的舒适度、采暖、通风、制冷设备的容量及效率、气流状态等参量作出综合的评估。

（五）BIM 与 GIS 的数据交换

BIM 主要用于建筑内部的信息管理和三维可视化管理，BIM 模型能够在前期设计、建筑施工、运营等建筑全生命周期过程中通过模型的统一化、标准化，对各个专业进行协同，达到消除以往各专业各自为政的情况，并且统一的 BIM 模型和标准能将整个建筑建设过程完整记录，信息集中管理，这对于后期建筑资料管理和存档有极大的好处。另外，BIM 模型能对后期建筑智能化运营和智能建筑提供最基本的模型平台。GIS 管理区域空间，或者说管理宏观空间可以这样理解，BIM 是管理城市建筑物微观的个体，GIS 管理宏观包括土地、城市基础设施、交通设施、绿化等，当然也包括建筑，对建筑的管理往往是以体量的方式存在，更多的信息则是电子二维图纸。总之，GIS 管理建筑外的信息，BIM 管理建筑内的信息。IFC 标准数据文件有很好的平台无关性，它作为一种中性的数据文件具有良好的自描述能力，不会因为相关软件系统的废弃而造成信息流失。现在越来越多的 BIM 软件宣布支持 IFC 标准，提供 IFC 标准的数据交换接口，这些软件的不同 BIM 模型信息可以转换为 IFC 标准数据文件，这样形成同一数据模型的建筑产品，以 IFC 标准格式的数据流通。

二、BIM 与 VDC

（一）VDC 的概述

VDC（Virtual Design and Construction）的中文翻译叫作虚拟设计和施工。VDC 选取了项目建设过程中的三个核心建立 VDC 项目模型。

1. 产品

产品就是项目需要建设的东西，也就是工程项目的结果，例如完工的房子、公路、桥梁等。

2. 项目组织

项目组织是指有建设意图、项目设计、项目施工、项目运营过程中的一批人，至少包括业主、设计方、施工方和用户方这四个方面。

3. 工作原理

项目组织按照流程制造项目产品，其多方约束的情况就是让整个工程施工有更好的工程质量、更短的工程工期、更低的工程投资以实现工程项目产品的需求功能。而实现这个目标是在动态管理的情况下，四方之间的关系相互协调，最终取得最佳方案进行项目实施。道理其实很简单，就是在一个动态关联的工作模式下，不管哪个产品部位发生变化，相应的项目组织和流程也会发生变化以适应产品的变化，最终取得项目的最佳性价比。

（二）VDC 组成子项的三要素

VDC 每一个子项中的内容往往都采用功能、形式、表现三个要素进行表达和分析。

1. 功能

工程项目在实施过程中必须满足业主或者其他利益相关方的要求。

2. 形式

VDC 的形式是为满足上述施工功能所进行的选择和决策，例如，一个特定空间的选择，一个设计、施工和施工计划之间的合同关系选择等。

3. 表现

VDC 的表现是指产品、组织和流程根据上述选择、预测和实际观察到的性能表现。例如预测到的梁的挠度，承包商完成一个任务的实际工作时关键路径法计算的预计施工周期等。

（三）VDC 的三个应用层次

VDC 的应用层次又称为 VDC 的成熟度，代表 VDC 应用的深度和广度。

1. 可视化

这是 VDC 应用的第一个层次，根据前面介绍的子项和要素方法建立 3D 的产品模型，承担设计施工运营管理的组织模型以及参与方实施项目所遵守的流程模型，项目参与方在这个模型上协同工作，根据计划表现和实际表现的比较对模型进行调整，这种保持各模型之间的一致性可能是由人工实现的。

2. 一体化

这是 VDC 应用的第二个层次，这个阶段的产品、组织、流程模型和分析计算软件之间的数据交换由软件完成。

3. 自动化

到了 VDC 应用的第三个层次以后，很多设计、施工任务可以由系统自动完成，传统的"设计—施工"或"设计—招标—施工"方法将逐步转变为"设计—预制—安装"方法，现场施工时间大幅缩短。

三、BIM 与 RFID

（一）RFID 的概述

RFID 即无线射频识别技术，英文为 Radio Frequency Identification，是一种通

过无线射频方式进行非接触的双向数据通信的技术。其相关仪器的核心部件是读写器和电子标签，工作过程是通过读写器发射的无线电波，以获取电子标签内存储的信息，以此识别电子标签所代表的物品、人和器具的身份。RFID 技术广泛应用于人们的日常生活，例如超市的扫码器、门禁卡、上下班所有的打卡机等。射频识别系统的组成一般至少包括两个部分：电子标签，英文名称为 Tag；阅读器，英文名称为 Reader。

电子标签中一般保存有约定格式的电子数据，在实际应用中，电子标签附着在待识别物体的表面。阅读器又称为读出装置，可无接触地读取并识别电子标签中所保存的电子数据，从而达到自动识别物体的目的，以进一步通过计算机及计算机网络实现对物体识别信息的采集、处理及远程传送等管理功能。

（二）RFID 技术的优点

1. 非接触式阅读

RFID 标签可以透过非金属材料阅读，RFID 阅读机能透过泥浆、污垢、油漆涂料、油污、木材、水泥、塑料、水和蒸汽阅读标签，而且不需要与标签直接接触，因此这使得它成为肮脏、潮湿环境下的理想选择。

（1）数据存储容量大

RFID 标签的数据存储容量大，标签数据可更新，特别适合储存大量物质数据或在物品上所储存的数据需要经常改变的情况下使用。一维条码的容量是 50Bytes（50 字节，即计算机中 50 个英文字母所占的容量或者 25 个中文字所占容量），二维条码最大的容量可储存 2Bytes～3 000Bytes，RFID 最大的容量则有数百万字节。随着记忆载体的发展，数据容量也有不断扩大的趋势。未来物品所需要携带的资料会越来越大，对载体所能扩充容量的需求也会相应地增加。

（2）读写速度快

RFID 技术可识别高速运动物体并可同时识别多个标签，操作快捷方便，例如超市的商品扫描过程的识别速度非常快。

（3）体积小、易封装

射频电子标签能隐藏在大多数材料或者产品内，同时可使被标记的货品更加美观。电子标签外形因此显得多样化，又由于其具有超薄及大小不一的外形，使之能封装在纸张、塑料制品上，使用非常方便。

（4）无磨损，使用寿命长

由于无机械磨损，因而射频电子的标签使用寿命可以长达 10 年，读写次数达

10 万次之多。RFID 技术可以将所有的物品通过无线通信连接到网络上,这样人们就可以通过计算机网络管控物品了。

(5) 动态实时通信

标签以每秒 50～100 次的频率与解读器进行通信,所以只要有 RFID 标签所附着的物体出现在解读器的有效识别范围内,就可以对其位置进行动态监控和追踪。

(6) 安全性能高

由于 RFID 承载的是电子式信息,其数据内容可经由密码保护,使其内容不易被伪造及变造,具有较高的安全性。由于这一特性,RFID 往往被企业用于企业管理中。

2. BIM 数据模型与 RFID 通信技术

由于 RFID 的技术特点,可以将 RFID 技术应用于装配式工程施工中。下面就以建筑工程中的一些施工作为例子具体分析。

RFID 技术在装配式建筑施工管理中的应用不同于传统的建筑工程施工作业管理,装配式建筑的施工管理过程可以分为五个环节:制作、运输、入场、存储和吊装。如何及时准确地掌握施工过程中各种构件的制造、运输、到场等信息,很大程度上影响着整个工程的进度管理及施工工序,施工现场有效的构件信息,有利于现场的各构配件及部品体系的堆放,减少二次搬运。

(1) 构件制作阶段

在构件预制阶段,首先,由预制场的预制人员利用读写设备,将构件或产品的所有信息(如预制柱的尺寸、养护信息等)写到 RFID 芯片中,根据用户需求和当前编码方法,同时借鉴工程合同清单的编码规则,对构件进行编码。然后由制作人员将写有构件所有信息的 RFID 芯片植入构件或部品体系中,供以后各阶段工作人员读取、查阅相关信息。

(2) 构件运输阶段

在构件运输阶段,主要是将 RFID 芯片植入运输车辆上,随时收集车辆运输状况,寻求最短路程和最短时间线路,从而有效降低运输费用和加快工程进度。

(3) 构配件入场及存储管理阶段

门禁系统中的读卡器接收到运输车辆入场信息后应立即通知相关人员进行入场检验及现场验收,验收合格后按照规定运输至指定位置堆放,并将构配件的到场信息录入 RFID 芯片中,以便日后查阅构配件到场信息及使用情况。

(4) 构件吊装阶段

地面工作人员和施工机械操作人员各持阅读器和显示器,地面人员读取构件相关信息，其结果随即显示在显示器上，机械操作人员根据显示器上的信息按次序进行吊装，一步到位，省时省力。此外，利用 RFID 技术能够在小范围内实现精确定位的特性，可以快速定位，安排运输车辆，提高工作效率。

（三）BIM 和 RFID 在建筑工程施工过程管理中的集成应用

1. BIM 与 RFID 的结合对工程的影响

影响建设项目按时、按价、按质完成的因素，基本上分为两大类：一是由于设计规划过程没有考虑施工现场问题（如管线碰撞、可施工性差、工序冲突等）导致现场窝工、怠工。二是施工现场的实际进度和计划进度不一致，而传统手工填写报告的方式，管理人员无法得到现场的实时信息，信息的准确度也无法验证，问题的发现解决不及时，进而影响整体效率。

BIM 与 RFID 的配合可以很好地解决这些问题。针对第一类问题，在设计阶段，BIM 模型可以很好地对各专业工程师的设计方案进行协调，对方案的可实施性和施工进度进行模拟，解决施工碰撞等问题。对第二类问题，将 BIM 与 RFID 配合应用，使用 RFID 进行施工进度的信息采集工作，及时将信息传递给 BIM 模型，进而在 BIM 模型中表现实际和计划的偏差。如此，可以很好地解决施工管理的核心问题，实际跟踪和风险控制。

2. BIM 与 RFID 的结合对装配式建筑的影响

与传统的现浇建筑体系相比，这种建筑的优点是建造速度快，受气候条件制约小。因所有构件都是工厂制作，精度和质量好，节约劳动力并可提高建筑质量。多出的这个构件的生产制造阶段，也是 RFID 标签置入的阶段，因此生产制造阶段也要纳入装配式建筑寿命周期管理的范围内。

在现代信息管理系统中，BIM 与 RFID 分属两个系统——施工控制和材料监管。将 BIM 和 RFID 技术相结合，建立一个现代信息技术平台，即在 BIM 模型的数据库中添加两个属性——位置属性和进度属性，使人们在软件应用中得到构件在模型中的位置信息和进度信息。

（1）构件制作、运输阶段

以 BIM 模型建立的数据库作为数据基础，将 RFID 收集到的信息及时传递到基础数据库中，并通过定义好的位置属性和进度属性与模型相匹配。此外，通过 RFID 反馈的信息，精准预测构件是否能按计划进场，进行实际进度与计划进度对比分析，避免出现窝工或构配件的堆积以及场地和资金占用等情况。

（2）构件入场、现场管理阶段

构件入场时，RFID Reader 读取到的构件信息传递到数据库中，并与 BIM 模型中的位置属性和进度属性相匹配，保证信息的准确性；同时通过 BIM 模型中定义的构件的位置属性，可以明确显示各构件所处区域位置，在构件或材料存放时，做到构配件点对点堆放，避免二次搬运。

（3）构件吊装阶段

若只有 BIM 模型，单纯地靠人工输入吊装信息，不仅容易出错而且不利于信息的及时传递；若只有 RFID，只能在数据库中查看构件信息，通过二维图纸进行抽象想象，通过个人的主观判断，其结果可能不尽相同。BIM 与 RFID 的结合有利于信息的及时传递，从具体的三维视图中能够呈现及时的进度对比和二算对比。

四、BIM 与 AR、VR

（一）AR 的概述

AR 技术即增强现实技术（Augmented Reality technique），也被称为扩增现实（台湾）。把原本在现实世界的一定时间空间范围内很难体验到的实体信息（视觉信息、声音、味道、触觉等），通过科学技术模拟仿真后再叠加到现实世界被人类的感官所感知，从而达到超越现实的感官体验，这种技术叫作增强现实技术，简称AR 技术。

在增强现实的环境中，体验者可以在看到周围真实环境的同时，还可以看到计算机产生的增强信息。由于增强现实在虚拟现实与真实世界之间的沟壑上架起了一座桥梁，因此，增强现实的应用潜力是相当大的，它可以广泛应用于军事、医学、制造与维修等众多领域。

（二）AR 的主要技术特点

AR 技术的特点主要包含两方面：①AR 技术的优越性体现在实现虚拟事物与真实环境的结合，让真实世界和虚拟物体共存。②AR 技术实现了虚拟世界和真实世界的实时同步，满足用户在现实世界中真实地感受虚拟空间中模拟的事物，增强使用的趣味性和互动性。

（三）AR 的作用

AR 被称为增强现实，也被称之为混合现实。它通过电脑技术，将虚拟的信息应用到真实世界，真实的环境和虚拟的物体实时地叠加到同一个画面或空间同时存在。

增强现实提供了在一般情况下不同于人类可以感知的信息。它不仅展现了真实世界的信息，而且将虚拟的信息同时显示出来，两种信息相互补充、叠加。在视觉化的增强现实中，用户利用头盔显示器，把真实世界与电脑图形重合成在一起，便可以看到真实的世界围绕着它。

增强现实借助计算机图形技术和可视化技术产生现实环境中不存在的虚拟对象，并通过传感技术将虚拟对象准确"放置"在真实环境中，借助显示设备将虚拟对象与真实环境融为一体，并呈现给使用者一个真实的感官效果的新环境。

（四）VR 的概述

VR 即虚拟现实（Virtual Reality），其具体内涵是：综合利用计算机图形系统和各种现实及控制等接口设备，在计算机上生成的、可交互的三维环境中提供沉浸感觉的技术。其中，计算机生成的、可交互的三维环境称为虚拟环境（即 Virtual Environment，简称 VE）。

AR/VR BIM＋虚拟现实技术是一种可以创建和体验虚拟世界的计算机仿真系统。它利用计算机生成一种模拟环境，是一种多源信息融合的交互式三维动态视景和实体行为的系统仿真，使用户沉浸到该环境中。通俗地讲也就是经由计算机产生的对真实环境或体验的模拟，对体验者的感官体验，包括视觉、听觉、触觉、嗅觉、味觉甚至更多，让使用者如同身临其境一般，可以及时、没有限制地观察三度空间内的事物。

五、BIM 与绿色建筑

推进绿色建筑是发展节能省地型住宅和公共建筑的具体实践。发展绿色建筑必须牢固树立和认真落实科学发展观，必须从建筑全寿命周期的角度，全面审视建筑活动对生态环境和住区环境的影响，采取综合措施，实现建筑业的可持续发展。

（一）绿色建筑概述

绿色建筑是指在全寿命期内，最大限度地节约资源（节能、节地、节水、节材）、保护环境、减少污染，为人们提供健康、适用和高效的使用空间，与自然和谐共生的建筑。

所谓"绿色建筑"中的"绿色"，是代表一种概念或象征，指建筑对环境无害，能充分利用环境自然资源，并且在不破坏环境的基本生态平衡条件下建造的一种建筑，又可称为可持续发展建筑、生态建筑、回归大自然建筑、节能环保建筑等。

绿色建筑的室内布局十分合理，尽量减少使用合成材料，充分利用阳光，节省能源，为居住者创造一种接近自然的感觉。以人、建筑、自然环境的协调发展为目标，在利用天然条件和人工手段创造良好健康的居住环境的同时，尽可能控制和减少对自然环境的使用和破坏，充分体现向大自然的索取和回报之间的平衡。

绿色建筑的建造特点包括：对建筑的地理条件有明确的要求，土壤中不存在有毒、有害物质，地温适宜，地下水纯净，地磁适中。绿色建筑应尽量采用天然材料。建筑中采用的木材、树皮、竹材、石块、石灰、油漆等要经过检验处理，确保对人体无害。绿色建筑还要根据地理条件，设置太阳能采暖、热水、发电及风力发电装置，以充分利用环境提供的天然可再生能源。

绿色建筑的内涵：一是节约资源，包含了"四节"（节能、节地、节水、节材）。众所周知，在建筑的建造和使用过程中，需要消耗大量的自然资源，而资源的储量却是有限的，所以就要减少各种资源的浪费；二是保护环境和减少污染，强调的是减少环境污染，减少二氧化碳等温室气体的排放。据统计，与建筑有关的空气污染、光污染、电磁污染等占环境总体污染的 34%，所以保护环境也就成了绿色建筑的基本要求；三是满足人们的使用要求，为人们提供"健康""适用"和"高效"的使用空间。一切的建筑设施都是为了给人们提供更好的生活，绿色建筑同样也不例外。可以说，这三个词就是绿色建筑概念的缩影："健康"代表以人为本，满足人们的使用需求，节约不能以牺牲人的健康为代价；"适用"则代表节约资源，提倡一个适度原则；"高效"则代表资源能源的合理利用，同时减少二氧化碳等温室气体的排放和环境污染，这就要求实现绿色建筑技术的创新，提高绿色建筑的技术含量；四是与自然和谐共生，发展绿色建筑的最终目的就是实现人、建筑与自然的协调统一，这也是绿色建筑的价值理念。

（二）绿色建筑原则

绿色建筑的基本原则包括整体性原则、适宜性原则、系统性原则。

1. 整体性原则

绿色建筑设计时必须关注整体平衡，既减少对自然环境的消耗和对环境的负面影响，同时又须兼顾舒适健康的居住环境。

2. 适宜性原则

世界上没有两栋一模一样的建筑，不同建筑的地理位置、周边环境、使用功能、适用对象、建设时间等均不同，必须对具体建筑进行具体分析，并进行个案处理。

3. 系统性原则

绿色建筑是由多层次的单元或子系统组成的统一体，且它们之间互相作用、相互依存，是一个动态的系统。

绿色建筑设计师需从系统工程的角度进行考虑，对各要素进行系统分析与集成，以实现物质、能量、资金、技术的优化与统一。

（三）绿色建筑技术应遵循的原则

绿色建筑应坚持"可持续发展"的建筑理念，理性的设计思维方式和对科学程序的把握是提高绿色建筑环境效益、社会效益和经济效益的基本保证。

绿色建筑除满足传统建筑的一般要求外，还应遵循以下基本原则。

1. 关注建筑的全寿命周期

建筑从最初的规划设计到随后的施工建设、运营管理及最终的拆除，形成了一个全寿命周期。关注建筑的全寿命周期，意味着不仅在规划设计阶段充分考虑并利用环境因素，而且确保施工过程中对环境的影响最低，运营管理阶段能为人们提供健康、舒适、低耗、无害空间，拆除后又把对环境的危害降到最低，并使拆除材料尽可能再循环利用。

2. 适应自然条件，保护自然环境

①充分利用建筑场地周边的自然条件，尽量保留和合理利用现有适宜的地形、地貌、植被和自然水系。②在建筑的选址、朝向、布局、形态等方面，充分考虑当地气候特征和生态环境。③建筑风格与规模和周围环境保持协调，保持历史文化与景观的连续性。④尽可能减少对自然环境的负面影响，如减少有害气体和废弃物的排放，减少对生态环境的破坏。

3. 创建适用与健康的环境

①绿色建筑应优先考虑使用者的适度需求，努力创造优美和谐的环境。②保障使用的安全，降低环境污染，改善室内环境质量。③满足人们生理和心理的需求，同时为人们提高工作效率创造条件。

4. 加强资源节约与综合利用，减轻环境负荷

①通过优良的设计和管理，优化生产工艺，采用适用技术、材料和产品。②合理利用和优化资源配置，改变消费方式，减少对资源的占有和消耗。③因地制宜，最大限度利用本地材料与资源。④最大限度地提高资源的利用效率，积极促进资源的综合循环利用。⑤增强耐久性能及适应性，延长建筑物的整体使用寿命。⑥尽可能使用可再生的、清洁的资源和能源。

（四）BIM 对绿色建筑的影响

1. BIM 为绿色设计带来了便利

①真实的 BIM 数据和丰富的构件信息给各种绿色建筑分析软件以强大的数据支持，确保了结果的准确性。②BIM 的某些特性（如参数化、构件库等）使建筑设计及后续流程针对上述分析的结果，有非常及时和高效的反馈。③绿色建筑设计是

一个跨学科、跨阶段的综合性设计过程，而 BIM 模型则正好顺应此需求，实现了单一数据平台上各个工种的协调设计和数据集中。④BIM 的实施能将建筑的各项物理信息分析从设计后期显著提前，有助于建筑师在方案甚至概念设计阶段进行绿色建筑相关的决策。

可以说，当人们拥有一个信息含量足够丰富的建筑信息模型的时候，就可以运用它进行需要的分析，一个信息完整的 BIM 模型中就包含了绝大部分建筑性能分析所需的数据。

从流程上来说，用 BIM 软件将需要进行绿色建筑相关分析的数据导出为 GBXML 文件，然后使用专业的模拟、分析软件进行分析，最后再导入 BIM 软件进行数据整合或根据分析结果进行必要的设计决策。

2．建筑性能化分析

（1）室外风环境模拟分析

能够改善住宅区建筑周边人行区域的舒适性，通过调整规划方案建筑布局、景观绿化布置，改善住宅区流场分布、减小涡流和滞风现象，提高住宅区环境质量；分析大风情况下，哪些区域可能因狭管效应引发安全隐患等。

（2）自然采光模拟分析

分析相关设计方案的室内自然采光效果，通过调整建筑布局、饰面材料、围护结构的可见光透射比等，改善室内自然采光效果，并根据采光效果调整室内布局布置等。

（3）室内自然通风模拟分析

分析相关设计方案，通过调整通风口位置、尺寸、建筑布局等改善室内流场分布情况，并引导室内气流组织有效的通风换气，改善室内舒适情况。

（4）小区热环境模拟分析

模拟分析住宅区的热岛效应，采用合理优化建筑单体设计、群体布局和加强绿化等方式削弱热岛效应。

（5）建筑环境噪声模拟分析

计算机声环境模拟的优势在于，建立几何模型之后，能够在短时间内通过材质的变化、房间内部装修的变化预测建筑的声学质量以及对建筑声学改造方案进行可行性预测。

总之，结合 BIM 进行绿色设计已经是一个受到广泛关注和认可的系统性方案，也让绿色建筑事业进入了一个崭新的时代。

第三章　BIM 项目管理体系

第一节　BIM 项目管理概述

一、基于 BIM 项目管理的应用概述

（一）基于 BIM 的工程设计

作为一名建筑师，首先要真实地再现他们脑海中或精致，或宏伟，或灵动，或庄重的建筑造型。在使用 BIM 之前，建筑师很多时候会通过泡沫、纸盒做的手工模型展示头脑中的创意，相应调整方案的工作也在这样的情况下进行，由创意到手工模型的工作需要较长的时间，而且会反复进行。

对双重特性项目而言，只有采用三维建模的方式进行设计，才能避免许多二维设计后期才会发现的问题。也就是说，采用基于 BIM 技术的设计软件作为支撑，以预先导入的三维外观造型作为定位参考。

由于 BIM 具有真实的三维特性，它的可视化纠错能力直观、实际，对设计师很有帮助、这使施工过程中可能发生的问题会提前到设计阶段进行处理，减少了施工阶段的反复施工，不仅节约了成本，还缩短了建设周期。BIM 的建立有助于设计师对防火、疏散、声音、温度等相关分析研究。

BIM 便于设计人员和业主进行沟通。二维和一些效果图软件只能制作效果夸张的表面模型，缺乏直观逼真的效果；三维模型可以提供一个内部可视化的虚拟建筑物、并且是实际尺寸比例，业主可以通过计算机的虚拟建筑物，查看任意一个房间、走廊、门厅，了解其高度构造、梁柱布局，通过直观的视觉感受，确定建筑业态高度是否满意、窗户是否合理，在前期方案设计阶段通过沟通能够提前解决很多现实当中的问题。

（二）基于 BIM 的施工管理

基于 BIM 进行虚拟施工可以实现动态、集成和可视化的 4D 施工管理。将建筑

物及施工现场 3D 模型与施工进度相链接，并与施工资源和场地布置信息集成一体，建立 4D 施工信息模型，实现建设项目施工阶段工程进度、人力、材料、设备、成本和场地布置的动态集成管理及施工过程的可视化模拟，以提供合理的施工方案及人员、材料使用的合理配置，从而在最大范围内实现资源的合理运用。在计算机上执行建造过程，虚拟模型可在实际建造之前对工程项目的功能及可建造性等潜在问题进行预测，包括施工方法试验、施工过程模拟及施工方案优化等。

（三）基于 BIM 的建筑运营维护管理

综合运用 GIS 技术，将 BIM 与维护管理计划相链接，实现建筑物业管理与楼宇设备的实时监控相集成的智能化和可视化管理，及时定位问题来源。结合运营阶段的环境影响和灾害破坏、针对结构损伤、材料劣化及灾害破坏，进行建筑结构安全性、耐久性的分析与预测。

（四）基于 BIM 的全过程管理

BIM 的意义在于完善了整个建筑行业从上游到下游的各个管理系统和工作流程间的纵、横向沟通和多维性交流，实现了项目全生命周期的信息化管理。BIM 的核心是一个由计算机三维模型所形成的数据库，包含了贯穿设计、施工和运营管理等整个项目全生命周期的各个阶段，并且各种信息始终建立在一个三维模型数据库中。BIM 能够使建筑师、工程师、施工人员以及业主清楚全面地了解项目：建筑设计专业可以直接生成三维实体模型；结构专业则可取其中墙材料强度及墙上孔洞大小进行计算；设备专业可以据此进行建筑能量分析、声学分析、光学分析等；施工单位则可根据混凝土类型、配筋等信息进行水泥等材料的备料及下料；开发商则可取其中的造价、门窗类型、工程量等信息进行工程造价总预算、产品订货等。

BIM 在促进建筑专业人员整合、改善设计成效方面发挥的作用与日俱增，它将人员、系统和实践全部集成到一个流程中，使所有参与者充分发挥自己的智慧和才华，可在设计、制造和施工等所有阶段优化项目成效，为业主增加价值，减少浪费并最大限度地提高效率。

基于 BIM 的管理模式是创建信息、管理信息、共享信息的数字化方式，其具有很多优势，具体如下：①通过建立 BIM，能够在设计中最大限度地满足业主对设计成果的细节要求。业主可在线以任何一个角度观看设计产品的构造，甚至是小到一个插座的位置、规格、颜色，也可以在设计过程中在线提出修改意见，从而使精细化设计成为可能。②能够对投标书、进度审核预算书、结算书进行统一管理，并形成数据对比。③能够对施工合同、支付凭证、施工变更等工程附件进行统一管理，并对成本测算、招标投标、签证管理、支付等全过程造价进行管理。④基于 BIM 的 4D 虚拟建造技术能够提前发现在施工阶段可能出现的问题，并逐一修改，提前制定应对措施。⑤能够对突发事件进行快速应变和处理，快速准确掌握建筑物的运营情况，如对火灾等安全隐患进行及时处理，减少不必要的损失。⑥BIM 数据模型能够保证各项目的数据动态调整，方便追溯各个项目的现金流和资金状况。⑦根据各项目的形象进度进行筛选汇总，能够为领导层更充分地调配资源、进行决策提供有利条件。⑧能够在短时间内优化进度计划和施工方案，并说明存在的问题，提出相应的解决方案用于指导实际项目施工。⑨能够使标准操作流程可视化，随时查询物料及产品质量等信息。⑩工程基础数据（如量、价等数据）可以实现准确、透明及共享，能完全实现短周期、全过程对资金风险以及盈利目标的控制。

采用 BIM 可使整个工程项目在设计、施工和运营维护等阶段有效地实现制订资源计划、控制资金风险、节省能源、节约成本、降低污染及提高效率。应用 BIM 技术能改变传统的项目管理理念，引领建筑信息技术走向更高层次，从而提高建筑管理的集成化程度。

二、基于 BIM 项目管理的体系

（一）基于 BIM 项目管理的总目标

BIM 技术在项目中的应用众多，只有结合实际建立有切实意义的管理目标，才能有效提升技术实力，使 BIM 技术发挥其效能。

为完成 BIM 应用目标，各企业应紧随建筑行业技术发展步伐，结合自身在建筑领域全产业链的资源优势，确立 BIM 技术应用的战略思想。例如，某施工企业根据其"提升建筑整体建造水平，实现建筑全生命周期精细化动态管理，实现建筑生命周期各阶段参与方效益最大化"的 BIM 应用目标，确立了"以 BIM 技术解决技术问题为先导，通过 BIM 技术实现流程再造为核心，全面推行精细化管理，促进企业发展"的 BIM 技术应用战略思想。

（二）基于 BIM 项目管理系统结构的体系

1. 基于 BIM 项目管理系统的结构

BIM 团队中应包含各专业 BIM 工程师、软件开发工程师、管理咨询师、培训讲师等。项目级 BIM 团队的组建应遵循以下原则：①团队中包含进度管理组管理人员若干名，要求具备相关专业本科以上学历，具有类似工程施工的经验。②团队中包含建筑、结构、机电各专业管理人员若干名，要求具备相关专业本科以上学历，具有类似工程设计或施工经验。③团队中除配备建筑、结构、机电系统专业人员外，还需配备相关协调人员、系统维护管理员④在项目实施过程中，可以根据项目进展情况，考虑增加团队角色，如增设项目副总监、BIM 技术负责人等。

2. BIM 人员培训

在组建企业 BIM 团队前，建议企业挑选合适的技术人员及管理人员进行 BIM 技术培训，了解 BIM 的概念和相关技术以及 BIM 实施带来的资源管理、业务组织、流程变化等，从而使培训成员深入学习 BIM 在施工行业的实施方法和技术路线，提高建模成员的 BIM 软件操作能力，加深管理人员 BIM 施工管理理念，加快推动施工人员由单一型技术人才向复合型人才转变，进而将 BIM 技术与方法应用到企业所有业务活动中，构建企业的信息共享、业务协同平台，实现企业的知识管理和系统优化，提升企业的核心竞争力。BIM 人员培训应遵循以下原则：①应采取脱产集中学习方式，授课地点应安排在多媒体计算机房，为学员配备计算机，在集中授课时，配有助教，随时辅导学员上机操作。技术部负责制订培训计划，组织培训实施，跟踪检查并定期汇报培训情况，培训最后要进行考核，以确保培训的质量和效果；②应普及 BIM 的基础概念，从项目实例中剖析 BIM 的重要性，深度分析 BIM 的发展前景与趋势，多方位展示 BIM 在实际项目操作中与各个方面的联系，围绕市场主要 BIM 应用软件进行培训，同时要对学员进行测试，使他们将理论学习与项目实战相结合，并对学员的培训状况及时进行反馈。

BIM 在项目中的工作模式有很多种，总承包单位在工程施工前期可以选择在项目部组建自己的 BIM 团队，完成项目中一切 BIM 技术应用（建模、施工模拟、工程量统计等）；也可以选择将 BIM 技术应用委托给第三方单位，由第三方单位 BIM 团队负责 BIM 建立及应用，并与总承包单位各相关专业技术部门进行工作对接。总承包单位可根据需求，选择不同的 BIM 工作模式，并成立相应的项目级 BIM 团队。

（三）工作集拆分

为保证建模工作的有效协同和后期的数据分析，需对各专业的工作集划分、系统命名进行规范化管理，并将不同的系统、工作集分别赋予不同颜色加以区分，方便后期模型的深化调整。

由于每个项目需求不同，在一个项目中的有效工作集划分标准未必适用于另一个项目，故应尽量避免把工作集想象成传统的图层或者图层标准，划分标准并非一成不变。建议综合考虑项目的具体状况和人员状况，按照表的工作集拆分标准进行工作集拆分。为了确保硬件运行性能，工作集拆分的基本原则如下：对于大于50mB 的文件都应进行检查，考虑是否能进行进一步拆分。理论上，文件的大小不应超过 200mB。

三、基于 BIM 项目管理的意义

BIM 技术自出现以来就迅速覆盖建筑的各个领域。我国工程项目管理目前存在的不足需要信息化技术进行弥补，而 BIM 技术可以轻松地实现集成化管理。BIM 技术与项目管理的结合不仅符合政策导向，还是发展的必然趋势。引入 BIM 技术后，将从建设工程项目的组织、管理和手段等多个方面进行系统的变革，实现理想的建设工程信息积累，从根本上消除信息的流失和信息交流的障碍。

BIM 中含有大量与工程相关的信息，可为工程提供数据后台的大力支撑，可以使业主、设计院、顾问公司、施工总承包、专业分包、材料供应商等众多单位在同一个平台上实现数据共享，使沟通更为便捷、协作更为紧密、管理更为有效，从而弥补传统的项目管理模式的不足。

第二节　BIM 项目协同平台

一、基于 BIM 的管理平台

BIM 具有单一工程数据源，可解决分布式、异构工程数据之间的一致性和全局共享问题，支持建设项目生命周期中动态的工程信息创建、管理和共享。工程项目各参与方使用的是单一信息源，确保信息的准确性和一致性，实现项目各参与方之间的信息交流和共享，从根本上解决项目各参与方基于纸介质方式进行信息交流形成的"信息断层"的情况。

连接建筑项目生命周期与不同阶段数据、过程和资源的一个完善的信息模型是对工程对象的完整描述。建设项目的设计团队、施工单位、设施运营部门和业主等进行有效的协同工作，节省资源、降低成本以实现可持续发展；促进建筑生命周期管理，实现建筑生命周期各阶段的工程性能、质量、安全、进度和成本的集成化管理，对建设项目生命周期总成本、能源消耗、环境影响等进行分析、预测和控制。

（一）协同平台概述

协同（BIM 系统协调）即两个或两个以上的不同资源或者个体，协同一致地完

成某一目标的过程或能力。BIM 协同平台对 BIM 数据进行存储和管理,通过 BIM 将各专业各阶段的数据信息导入平台,通过互联网技术让项目参与各方实现工程数据共享,从而满足不同人群的需求。

一个高效的协同平台应有针对性地面对项目中各个参与方,它能展示的数据内容、形式及所实现的功能都是具有特定意义的。目前,对于国内的一般项目而言,BIM 协同平台服务于三方,即设计方、施工方、业主。设计方协同平台可以贯穿设计阶段的各个环节,通过统一的平台跨越专业间不同的设计工具、不同的设计方所带来的信息鸿沟,让设计各专业能够实现信息共享、资源共享、数据之间无阻碍的交流。通过 BIM 协同平台,施工方可以在平台上很清楚地看到可视化模型,通过对模型细部的观察判读设计的成果是否能够施工,同时对于构件信息可直接阅读,了解采购渠道与单价,进行施工成本预算;进行二次深化或碰撞检查,提前检测施工难点及冲突点,再进行施工模拟以减少返工现象,提高施工现场的管理水平,大大提高施工效率。业主也能够基于 BIM 协同平台从专业的角度对项目进行观察。

(二) 协同平台的功能

1. 信息存储功能

工程项目中各部门各专业设计人员协同工作的基础是信息模型的共享与转换,这也是 BIM 技术实现的核心基础。所以,基于 BIM 技术的协同平台应具备良好的存储功能。目前在建筑领域,大部分建筑信息模型的存储形式仍为文件存储,这样的存储形式对处理包含大量数据且改动频繁的建筑信息模型效率是十分低下的,更难以对多个项目的工程信息进行集中存储。而在当前信息技术的应用中,以数据库存储技术的发展最为成熟,应用最为广泛,并且数据库具有存储容量大、信息输入输出和查询效率高、易于共享等优点。所以,协同平台采用数据库对建筑信息模型进行存储,可以解决当前 BIM 技术发展中存在的一些问题。

2. 具有图形编辑平台

在基于 BIM 技术的协同平台上,各个专业的设计人员需要对 BIM 数据库中的建筑信息模型进行编辑、转换、共享等操作。这就需要在 BIM 数据库的基础上,构建图形编辑平台。图形编辑平台的构建可以对 BIM 数据库中的建筑信息模型进行更直观的显示,便于专业设计人员进行相应的操作。不仅如此,存储整个城市建筑信息模型的 BIM 数据库与地理信息系统、交通信息等相结合,利用图形编辑平台进行显示,可以实现真正意义上的数字城市。

3．兼容建筑专业应用软件

建筑业是一个包含多个专业的综合行业，如设计阶段，需要建筑师、结构工程师、暖通工程师、电气工程师、给水排水工程师等多个专业的设计人员进行协同工作，这就需要用到大量的建筑专业软件（如结构性能计算软件、光照计算软件等）。所以，在 BIM 协同平台中，需兼容专业应用软件以便于各专业设计人员对建筑性能进行设计和计算。

4．人员管理功能

由于在建筑全生命周期有多个专业设计人员的参与，如何能够有效地进行管理是至关重要的。通过此平台可以对各个专业的设计人员进行合理的权限分配，对各个专业的建筑功能软件进行有效的管理，对设计流程、信息传输的时间和内容进行合理的分配，从而实现项目人员高效管理和协作。

（三）项目各方的协同管理

项目在实施过程中参与方较多，且各自的职责不同，但各自的工作内容之间却联系紧密，故各参与方之间良好的沟通协调意义重大。项目各参与方之间的协同合作有利于各自任务内容的交接，避免工作重复或工作缺失而导致的项目整体进度延误甚至工程返工。一般基于 BIM 技术的各参与方协同应用主要包括基于协同平台的信息、职责管理和会议沟通协调等内容。

1．基于 BIM 协同平台的信息管理

协同平台具有较强的模型信息存储能力。项目各参与方通过数据接口将各自的模型信息数据输入协同平台进行集中管理，一旦某个部位发生变化，与之相关联的工程量、施工工艺、施工进度、工艺搭接、采购单等信息都会自动发生变化，且在协同平台上采用短信、微信、邮件、平台通知等方式统一告知各相关参与方，他们只需重新调取模型相关信息，便轻松完成了数据交互的工作。

2．基于 BIM 协同平台的职责管理

面对工程专业复杂、体量大、专业图样数量庞大的工程，利用 BIM 技术，将所有的工程相关信息集中到以模型为基础的协同平台上，依据图样如实进行精细化建模，并赋予工程管理所需的各类信息，确保出现变更后，模型及时更新。

为保证本工程施工过程中 BIM 的有效性，对各参与单位在不同施工阶段的职责进行划分，让每个参与者明白自己在不同阶段应该承担的职责和完成的任务，与各参与单位进行有效配合，共同完成 BIM 的实施。

3. 基于 BIM 协同平台的流程管理

在项目实施过程中，除了让每个项目参与者明晰各自的计划和任务外，还应了解整个项目模型建立的状况、协同人员的动态、提出的问题及表达建议的途径，从而使项目各参与方能够更好地安排工作进度，实现与其他参与方的高效对接，避免工期延误的情况。

4. 会议沟通协调

虽然基于协同平台可以使各参与方更好地了解各自相应的工作任务，但在项目管理实施过程中仍会存在各种需要沟通解决问题，故还需要各参与方定期组织会议进行直接沟通协调。由 BIM 专职负责人与项目总工每周定期召开 BIM 例会，会议将由甲方、监理、总包、分包、供应商等各相关单位共同参加。会议将生成相应的会议纪要，并根据需要延伸相应的图样会审、变更洽商或是深化图等施工资料，由专人负责落实。例会应协调以下内容：①进行模型交底，介绍模型的最新建立和维护情况。②通过模型展示，实现对各专业图样的会审，及时发现图样中的问题。③随着工程的进展，提前确定模型深化需求，并进行深化模型的任务派发、模型交付以及整合工作，对深化模型确认后出具二维图，指导现场施工。④结合施工需求进行技术重难点的 BIM 辅助解决，包括相关方案的论证，施工进度的 4D 模拟等，让各参与单位在会议上通过模型对项目有一个更为直观、准确的认识，并在图样会审、深化模型交底、方案论证的过程中，快速解决工程技术中的重难点。

(四) BIM 协同平台管理的意义

基于 BIM 技术创建三维可视化高仿真模型，各个专业设计的内容都以实际的形式存在于模型中。各参与方可根据模型数据进行相应的工作任务，且模型可视化程度高，便于各参与方之间的沟通协调，同时有利于项目实施人员之间的技术交底和任务交接等，大幅度减少了项目实施中信息沟通不畅导致的工程变更和工期延误等问题，很大程度上提高了项目实施管理效率，从而实现了项目的可视化、参数化、动态化协同管理。另外，基于 BIM 技术协同平台的利用，实现了各信息、人员的集成和协同，大大提高了项目管理的效率。

二、基于 BIM 的资源项目配置

(一) 软件配置

由于 BIM 工作覆盖面大、应用点多、任何单一的软件工具都无法全面支持，需要根据工程实施经验，拟定采用合适的软件作为项目的主要模型工具，并自主开发或购买成熟的 BIM 协同平台作为管理依托。

为了保证数据的可靠性，项目中所使用的 BIM 软件应确保正常工作，且甲方在工程结束后可继续使用，以保证 BIM 数据的统一、安全和可延续性。同时，根据公司实力可自主研发用于指导施工的实用性软件，如三维钢筋节点布置软件，其具有自动生成三维形体、自动避让钢骨柱翼缘、自动干涉检查、自动生成碰撞报告等多项功能；BIM 技术支吊架软件具有完善的产品族库、专业化的管道受力计算、便捷的预留孔洞等多项功能模块。在工作协同综合管理方面，通过自主研发的施工总包 BIM 协同平台，能够满足工程建设各阶段需求。

（二）硬件配置计划

BIM 带有庞大的信息数据，因此在 BIM 实施的硬件配置上也要有严格的要求，并在结合项目需求以及节约成本的基础上，根据不同的使用用途和方向，对硬件配置进行分级设置，即保证硬件设备在 BIM 实施过程中的正常运转，最大限度地控制成本。

在项目实施过程中，根据工程的实际情况搭建 BIM Server 系统，方便现场管理人员和 BIM 中心团队进行模型的共享和信息传递。通过在项目部和 BIM 中心均搭建服务器，以 BIM 中心的服务器作为主服务器，通过广域网将两台服务器进行互联，然后分别给项目部和 BIM 中心建立模型的计算机进行授权，就可以随时将自己修改的模型上传到服务器，实现模型的异地共享，确保模型的实时更新。

第三节 基于 BIM 的项目设计及施工管理

一、基于 BIM 的项目设计阶段应用管理

（一）BIM 技术基本概述

1. 适合 BIM 运用的项目类型

（1）住宅和常规商业建筑项目

此类建筑物造型比较规则，有以往成熟的项目设计图等资源可供参考，使用常规三维 BIM 设计工具即可完成，而且此类项目是组建并锻炼 BIM 团队的最佳选择。从建筑专业开始，先掌握最基本的 BIM 设计功能、施工图设计流程等，再由易到难逐步向复杂项目、多专业、多阶段及设计全程拓展，规避风险。

（2）体育场、剧院和文艺中心等复杂造型建筑项目

此类建筑物造型复杂，没有设计图等资源可以参考利用，传统 CAD 设计工具的平、立、剖面等无法表达其设计创意，现有的模型不够智能化，只能一次性表达

设计创意。为提高设计效率，设计人员应从概念设计或方案设计阶段入手，使用可编写程序脚本的高级三维 BIM 设计工具或基于 Revit Architecture 等 BIM 设计工具编写程序、定制工具插件等完成异型设计和设计优化，再在 Revit 系列中进行管线综合设计。

（3）工厂和医疗等建筑项目

此类建筑物造型较规则，但专业机电设备和管线系统复杂，管线综合是设计难点。可以在施工图设计阶段介入；特别是对于总承包项目，可以充分体现 BIM 设计的价值。

不同的项目设计师和业主关注的内容不同，这将决定项目中实施 BIM 的异型设计、施工图设计、管线综合设计、性能分析等。

2. BIM 设计模型

BIM 既是一种工具，又是一种管理模式，在建设项目采用 BIM 技术的根本目的是更好地管理项目。设计方完成施工图设计，然后向业主提交 BIM 设计模型，通过审查后交付施工阶段使用。为保证 BIM 工作质量，模型质量要求如下：①严格保证 BIM 与二维 CAD 图样所包含的信息一致。②根据约定的软件进行模型构建。③为限制文件大小，所有模型在提交时必须清除未使用项，删除所有导入文件和外部参照链接（机电模型不删除链接的建筑结构模型文件）。④与模型文件一同提交的说明文档中必须包括模型的原点坐标描述、模型建立所参照的 CAD 图样情况。⑤所提交的模型必须经过碰撞检查，无碰撞问题存在。

BIM 在使用过程中，由于设计变更、用途调整、深化设计协调等原因，将伴随大量的模型修改和更新工作。事实上，模型的更新和维护是保证 BIM 信息数据准确、有效的重要途径。模型更新应遵循以下规则：①已出具设计变更单或通过其他形式已确认修改内容的，需及时更新模型。②在相关模型基础上进行相应 BIM 应用的，应用前需根据实际情况更新模型。③模型发生重大修改的，需立即更新模型。④除此之外，模型应至少保证每 60 天更新一次。

3. BIM 实施模式

设计企业的 BIM 实施模式有 BIM 外包服务、BIM 项目合作设计、自建 BIM 团队三种模式。

（1）BIM 外包服务

将特定阶段的 BIM 设计业务外包给有实力的 BIM 服务商独立完成，设计企业在服务商的成果上进一步深化设计。在此过程中，BIM 服务商扮演着"辅助设计"的角色。

（2）BIM 项目合作设计

在项目设计的特定阶段，由设计方和 BIM 服务商合作完成设计。在此过程中，BIM 服务商更多起着技术培训、设计难题技术支持、局部参与设计的"协助设计"的作用，项目设计主要由设计师完成。通过多个项目、不同类型项目的 BIM 实施，达到在设计师中逐步推广普及 BIM 应用的目的。

（3）自建 BIM 团队

成立专职的 BIM 团队或部门，使用 BIM 技术服务于设计院内部所有需要的项目。该方式的重点是团队自身的建设与技术水平的提升，在运作前期，BIM 服务商的专业培训和技术支持至关重要。

（二）BIM 技术在项目设计阶段的应用分析

设计阶段是工程项目建设过程中非常重要的一个阶段，在这个阶段中将决策整个项目的实施方案，确定整个项目信息的组成，对工程招标、设备采购、施工管理、运维等后续阶段具有决定性影响。此阶段一般分为方案设计、初步设计和施工图设计三个阶段。

设计阶段的项目管理主要包含设计单位、业主单位等各参与方的组织、沟通和协调等管理工作。随着 BIM 技术在我国建筑领域的逐步发展和深入应用，设计阶段将率先普及 BIM 技术应用，基于 BIM 技术的设计阶段项目管理将是大势所趋。掌握 BIM 技术能更好地在设计阶段就进行精益化管理，降低项目成本，提高设计质量和整个工程项目的完成效能。

在设计阶段项目管理工作中，应用 BIM 技术的最终目的是提高项目设计自身的效率，提高设计质量，强化前期决策的及时性，减少后续施工期间的沟通障碍和返工，保障建设周期，降低项目总投资。本阶段的参与方有设计单位、业主单位、供货方和施工单位等，其中以设计单位和业主单位为主要参与方。

设计单位在此阶段利用 BIM 的协同技术，可提高专业内和专业间的设计协同质量，减少错漏碰缺，提高设计质量；利用 BIM 技术的参数化设计和性能模拟分析等各种功能，可提高建筑性能和设计质量，有助于及时优化设计方案，量化设计成果，实现绿色建筑设计；利用 BIM 技术的 3D 可视化技术，可提高和业主、供货方、施工等单位的沟通效率，帮助准确理解业主需求和开发意图，提前分析施工工艺和技术难度，降低图样修改率，逐步消除设计变更，有助于后期施工阶段的绿色施工；便于设计安全管理、设计合同管理和设计信息管理，更好地进行设计成本控制，设计进度控制和设计质量控制，更有效地进行与设计有关的组织和协调。

业主单位在此阶段通过组织 BIM 技术应用，可以提前发现概念设计、方案设计中潜在的风险和问题，便于及时进行方案调整和决策；利用 BIM 技术与设计、施工单位进行快捷沟通，可提高沟通效率，减少沟通成本；利用 BIM 技术进行过程管理，监督设计过程，控制项目投资、控制设计进度、控制设计质量，更方便地对设计合同及工程信息进行管理，有效地组织和协调设计、施工以及政府等相关方。

（三）基于 BIM 的设计阶段协同管理

1．三维设计

BIM 技术引入的参数化设计理念简化了设计本身的工作量，继承了初代三维设计的形体表现技术，将设计带入一个全新的领域。通过信息的集成，三维设计的三维模型具备更多的可供读取的信息，可以为后期的生产提供更大的支持。

BIM 由三维立体模型表述，从初始就是可视化的、协调的。基于 BIM 的三维设计能够精确地表达建筑的几何特征、直观形象地表现建筑建成后的样子，然后根据需要从模型中提取信息，将复杂的问题简单化。相对于二维设计，三维设计不存在几何表达障碍，对任意复杂的建筑造型均能准确表现。

通过进一步将非几何信息集成到三维构件中，建筑构件成为实体，三维模型升级为 BIM。BIM 不仅可以通过图形运算，并考虑专业出图规则自动获得二维图，提取其他的文档，还可以将模型用于建筑能耗分析、日照分析、结构分析、照明分析、声学分析、客流物流分析等方面。

2．BIM 协同设计

协同设计可使各专业设计人员协同工作。协同设计有两个技术分支：一个主要适用于大型公建、复杂结构的三维 BIM 协同；另一个主要适用于普通建筑及住宅的二维 CAD 协同。通过协同设计建立统一的设计标准，包括图层、颜色、线型、打印样式等。在此基础上，所有设计专业人员在统一的平台上进行设计，可以减少现行各专业之间沟通不畅或沟通不及时导致的错、漏、碰、缺。协同设计也对设计项目的规范化管理起到了重要的作用，包括进度管理、设计文件统一管理、人员负荷管理、审批流程管理、自动批量打印等。

协同设计工作由流程、协作和管理三类模块构成，设计、校审和管理等不同角色人员利用该平台中的相关功能完成各自的工作。

通过网络消息、视频会议等方式，设计人员之间可以跨越部门、地域甚至国界进行成果交流，开展方案评审或讨论设计变更。

通过建立网络资源库，设计者能获得统一的设计标准，通过网络管理软件的辅助，项目组成员以特定角色登录，可以保证成果的实时性及唯一性，并实现正确的设计流程管理。

BIM 技术与协同设计技术将成为互相依赖、密不可分的整体。协同是 BIM 的核心概念，同一构件元素只需输入一次，而且各工种共享元素数据从不同专业角度操作该构件元素。从这个意义上说、基于 BIM 的协同设计已经不再是简单的文件参照。协同设计又细分为 2D 协同设计与 3D 协同设计，这是设计软件本身具备的协同功能。

（1）2D 协同设计

2D 协同设计是以 AutoCAD 外部参照功能为基础的 dwg 文件之间的文件级协同，是一种文件定期更新的阶段性协同设计模式。

例如，将一个建筑设计的轴网、标高、外立面墙与门窗、内墙与门窗布局、核心筒、楼梯与坡道、卫浴家具构件等拆分为多个 dwg 文件，由几位设计师分别设计，设计过程中根据需要通过外部参照的方式将其链接组装为多个建筑平立面图，这时如果轴网文件发生变更，所有参照该文件的图样都可以自动更新。

（2）3D 协同设计

3D 协同设计在专业内和专业间的模式不同，具体内容如下所述。

①专业内 3D 协同设计

专业内 3D 协同设计是一种数据级的实时协同设计模式，即工作组成员在本地计算机上对同一个 3D 工程信息模型进行设计，每个人的设计内容都可以及时同步到文件服务器的项目中心文件中，甚至成员间还可以互相借用属于对方的某些建筑图元进行交叉设计，从而实现成员间的实时数据共享。

②专业间 3D 协同设计

当每个专业都有了 3D 工程信息模型文件时，即可通过外部链接的方式，在专业模型间进行管线综合设计。这个工作可以在设计过程中的每个关键时间点进行，因此专业间 3D 协同设计和 2D 协同设计同样是文件级的阶段性协同设计模式。

除上述两种模式外，不同 BIM 设计软件间的数据交互也属于协同设计的范畴。例如，在 Revit 系列、AutoCAD、Navisworks、3ds Max、SketchUp、Ecotect，PKPM 等工具间的数据交互，都可以通过专用的导入或导出工具、dwg/dxf/fbx/sat/ifc 等中间数据格式进行交互，不同工具的协同方式与数据交互方式略有不同。

协同作业是设计之外的各种设计文件与办公文档管理、人员权限管理、设计校审流程、计划任务、项目状态查询统计等与设计相关的管理功能以及设计方与业主、施工方、监理方、材料供应商、运营商等项目相关方进行文件交互、沟通交流等的协同管理系统。

3. 设计效果图及动画展示

BIM 系列软件具有强大的建模、渲染和动画功能，可将专业、抽象的二维建筑描述通俗化、直观化，使业主等非专业人员对项目功能性的判断更为明确和高效。若设计意图或使用功能发生改变，基于 BIM 技术就可以短时间内修改完毕，而且效果图和动画也能及时更新。另外，效果图和动画的制作功能是 BIM 技术的一个附加功能，其成本较专门的动画设计或效果图的制作大幅度降低，从而使企业在较少的投入下能获得更多的回报。例如，对于规划方案，基于 BIM 能够进行预演，方便业主和设计方进行场地分析、建筑性能预测和成本估算，对不合理或不健全的方案及时进行更新和补充。

利用 BIM 技术输出建筑的效果图，通过图片传媒表达建筑所需要的效果；通过 BIM 技术和虚拟现实技术模拟真实环境和建筑。效果图的主要功能是将平面的图样三维化，通过高仿真的制作，检查设计方案的细微瑕疵或进行项目方案修改的推敲。现在的建筑形式越来越复杂，利用 BIM 提供的三维模型，可以更好地将复杂多变的建筑物转化为动画的形式，使设计者的设计意图更直观、真实、详尽地展现出来，既能为建筑投资方提供直观的感受，又能为施工阶段提供很好的依据。

4. 设计各阶段 BIM 的实施

在建筑设计阶段实施 BIM 的最终结果是所有设计师将其应用到设计全程。但在目前尚不具备全程应用条件的情况下，局部项目、局部专业、局部过程的应用将成为未来过渡期内的一种常态。因此，根据具体项目设计需求、BIM 团队情况、设计周期等条件，可以选择在以下不同的设计阶段实施 BIM。

（1）概念设计阶段

在前期概念设计中使用 BIM，在完美表现设计创意的同时，可以进行各种面积分析、体形系数分析、商业地产收益分析、可视度分析、日照轨迹分析等。

（2）方案设计阶段

此阶段使用 BIM，特别是对复杂造型设计项目将起到重要的设计优化、方案对比和方案可行性分析作用。同时，建筑性能分析、能耗分析、采光分析、日照分析、疏散分析等都将对建筑设计起到重要的设计优化作用。

（3）施工图设计阶段

对复杂造型设计等用二维设计手段施工图无法表达的项目来说，BIM 则是最佳的解决方案。

当然在目前 BIM 人才紧缺、施工图设计任务重、时间紧的情况下，可以采用 BIM 与 AutoCAD 相结合的模式，前提是基于 BIM 成果用 AutoCAD 深化设计，以尽可能保证设计质量。

（4）专业管线综合阶段

对大型工厂、机场与地铁等交通枢纽、医疗体育剧院等公共项目的复杂专业管线设计来说，BIM 是彻底、高效解决这一难题的唯一途径。

（5）可视化设计阶段

效果图、动画、实时漫游、虚拟现实系统等项目展示手段也是 BIM 应用的一部分。

（四）基于 BIM 的设计阶段应用管理

方案设计阶段的 BIM 应用主要是利用 BIM 技术对项目的可行性进行验证，对下一步深化工作进行推导和方案细化。利用 BIM 软件对建筑项目所处的场地环境（如坡度、方向、高程、纵横断面、填挖方、等高线、流域等）进行必要的分析，作为方案设计的依据，进一步利用 BIM 软件建立建筑模型，输入场地环境相应的信息，进而对建筑物的物理环境（如气候、风速、地表热辐射、采光、通风等）、出入口、人车流动、结构、节能排放等方面进行模拟分析，选择最优的工程设计方案。BIM 方案设计阶段应用主要包括利用 BIM 技术进行概念设计、场地规划和方案比选。

1. 概念设计

概念设计是利用设计概念并以其为主线贯穿全部设计过程的设计方法。它是完整而全面的设计过程，通过设计概念将设计者的感性思维和瞬间思维上升到统一的理性思维，从而完成整个设计。概念设计阶段是整个设计阶段的开始，设计成果是否合理、是否满足业主要求对整个项目的后续阶段实施具有关键性作用。

基于 BIM 技术的高度可视化、协同性和参数化的特性，建筑师在概念设计阶段可实现在设计思路上的快速精确表达与各领域工程师无障碍信息交流、传递，从而实现了设计初期的质量、信息管理的可视化和协同化。在业主要求或设计思路改变时，基于参数化操作可快速实现设计成果的变更，从而大大提高了设计进度。

BIM 技术在概念设计中的应用主要体现在空间设计、饰面装饰、室内装饰设计等方面。

2．场地规划

场地规划是指为了达到某种需求，人们对土地进行长时间的、刻意的人工改造与利用。

3．方案比选

基于 BIM 技术的方案设计是利用 BIM 软件，通过制作或局部调整方式，形成多个备选的建筑设计方案模型，使建筑项目方案的沟通、讨论、决策在可视化的三维场景下进行，实现项目设计方案决策的直观和高效。BIM 系列软件具有强大的建模、渲染和动画技术，通过 BIM 可以将专业、抽象的二维建筑描述通俗化、三维直观化，业主等非专业人员对项目功能性的判断更为明确高效，决策更为准确。同时，基于 BIM 技术和虚拟现实技术对真实建筑及环境进行模拟，可出具高度仿真的效果图，设计者不仅可以完全按照自己的构思构建装饰"虚拟"的房间，还可以任意变换自己在房间中的位置观察设计的效果，直到满意为止。这样可使设计者的设计意图能够更加直观、真实、详尽地展现出来，既能为建筑的投资方提供直观的感受，又能为后面的施工提供很好的依据。

二、基于 BIM 的项目施工阶段应用管理

（一）施工阶段的 BIM 基础知识

项目施工阶段的任务是整个项目"怎么做"，是实现建筑物的物理描述的阶段。施工阶段的基本信息就是项目设计阶段创建的、描述即将建造的建筑物的信息，传统方式通过图纸进行体现，施工承包商在此基础上增加产品来源，深化设计、加工、安装过程、施工排序和施工计划等信息。

施工能够按时、按造价要求完成得益于设计图纸的完整性和准确性。但是，传统的纸质图纸会使施工设计图纸产生或多或少的错误、遗漏、协调性差以及其他质量问题，从而导致大量工程项目的施工过程超出规定工期、规定预算。

而信息丰富的三维数字模型不仅可以改善施工的设计图纸文档质量，还可以完善图纸的完整性、协调性。例如，数控加工、施工计划软件等三维建模软件可以使信息形式结构化、标准化，减少施工阶段的交互误差，确保施工可以在规定时间、规定预算内完成。

（二）BIM 技术在施工阶段的应用

1．工程量计算及报价

传统的招投标中由于投标时间比较紧张，要求投标方高效、灵巧、精确地完成

工程量计算，把更多时间运用在投标报价技巧上。这些工作单靠手工是很难按时、保质、保量完成的。而且随着现代建筑造型趋于复杂化，人工计算工程量的难度越来越大，快速、准确地形成工程量清单成为招投标阶段工作的难点和瓶颈。这些关键工作的完成也迫切需要信息化手段支撑，以进一步提高效率，提升准确度。

2. 预制加工管理

（1）构件加工详图

通过 BIM 模型对建筑构件的信息化表达，可在 BIM 模型上直接生成构件加工图，不仅能清楚地传达传统图纸的二维关系，还能清楚地表达复杂的空间剖面关系，将离散的二维图纸信息集中到一个模型当中，这样的模型能够更加紧密地实现与预制工厂的协同和对接，BIM 模型可以完成构件加工、制作图纸的深化设计。

（2）构件生产指导

BIM 建模是对建筑的真实反映。在生产加工过程中，BIM 信息化技术不仅可以直观地表达配筋的空间关系和各种参数情况，自动生成构件下料单、派工单、模具规格参数等生产表单，还可以形成 BIM 生产模拟动画、流程图、说明图等辅助培训的材料，有助于提高工人的生产效率和质量。

（3）通过 BIM 实现预制构件的数字化制造

借助工厂化、机械化的生产方式，采用集中、大型的生产设备，将 BIM 信息数据输入设备，就可以实现机械的自动化生产，这种数字化建造的方式可以大大提高工作效率和生产质量。比如，现在已经实现了钢筋网片的商品化生产，符合设计要求的钢筋在工厂自动下料、自动成型、自动焊接（绑扎），可形成标准化的钢筋网片。

钢结构数字化加工是通过产品工序化管理，将以批次为单位的图纸和模型信息、材料信息、进度信息转化为以工序为单位的数字化加工信息，借助先进的数据采集手段，以钢结构 BIM 模型作为信息交流的平台，通过施工过程信息的实时添加和补充完善，进行可视化的展现，实现钢结构数字化加工。钢结构工程的基本产品单元是钢构件，钢构件的生产加工具有全过程的可追溯性以及明确划分工序的流水作业特点。随着社会生产力的发展，钢结构制造厂通过新设备的引进，对已有设备的改造以及生产管理方式的变革等措施，具备了与生产力相适应的数字化加工条件和能力。在基于 BIM 技术的钢结构数字化加工过程中，从事生产制造的工程技术人员可以直接从 BIM 模型中获取数字化加工信息，同时将数字化加工的成果反馈到 BIM 模型中，提高数据处理的效率和质量。

（4）构件详细信息全过程查询

作为施工过程中的重要信息，检查和验收信息将被完整地保存在 BIM 模型中，相关单位可快捷地对任意构件进行信息查询和统计分析，在保证施工质量的同时，使质量信息在运维期有据可循。

3. 进度管理

工程建设项目的进度管理是指对工程项目各建设阶段的工作内容、工作程序、持续时间和逻辑关系制订计划，并将该计划付诸实践。也就是说，施工人员要在实施过程中经常检查实际进度是否按计划要求进行，对出现的偏差进行原因分析，采取补救措施或调整、修改原计划，直至工程竣工、交付使用。进度控制的最终目标是确保施工进度。工程建设监理进行的进度控制是指为使项目按计划要求的时间使用而开展有关的监督管理活动。

在实际工程项目进度管理过程中，虽然有详细的进度计划及网络图、横道图等技术作为支撑，但是"破网"事故仍时有发生，对整个项目的经济效益产生了直接影响。通过对事故进行调查，发现项目主要存在以下问题：建筑设计缺陷带来的进度管理问题；施工进度计划编制不合理造成的进度管理问题；现场人员的素质低下造成的进度管理问题；参与方沟通和衔接不畅导致的进度管理问题和施工环境影响进度管理问题等。

（1）施工进度计划编制

工程项目中进度计划和资源供应计划繁多，除了土建外，还有幕墙、机电、装饰、消防、暖通等分项进度、资源供应计划。为正确地安排各项进度和资源的配置，尽最大可能减少各分项工程间的相互影响，工程采用 BIM 技术建立 4D 模型，并结合其模型进度计划编制成初步进度计划，最后将初步进度计划与三维模型结合形成 4D 模型的进度与资源配置计划。施工进度计划编制的主要内容包括以下几点：依据模型确定方案，排定计划，划分流水段；BIM 施工进度编制用季度卡编制计划；将周和月结合在一起，假如后期需要任何时间段的计划，只需在这个计划中过滤一下就可自动生成。

（2）BIM 施工进度 4D 模拟

将 BIM 与施工进度计划相结合，将空间信息与时间信息整合在一个可视的 4D（3D＋Time）模型中，不仅可以直观、精确地反映整个建筑的施工过程，还能够实时追踪当前的进度状态，分析影响进度的因素，协调各专业，制定应对措施，以缩短工期、降低成本、提高质量。

目前常用的 4D BIM 施工管理系统或施工进度模拟软件很多。利用此类管理系统或软件进行施工进度模拟大致分为以下五步：①将 BIM 模型进行材质赋予。②制订 Project 计划。③将 Project 文件与 BIM 模型链接。④制定构件运动路径，并与时间链接。⑤设置动画视点并输出施工模拟动画。

（3）BIM 施工安全与冲突分析系统

时变结构和支撑体系的安全分析通过模型数据转换机制，自动由 4D 施工信息模型生成结构分析模型，进行施工期时变结构与支撑体系任意时间点的力学分析计算和安全性能评估。

施工过程进度/资源/成本的冲突分析可通过动态模拟展现各施工段的实际进度与计划的对比关系，实现进度偏差和冲突分析、预警；可指定任意日期，自动计算所需人力、材料、机械、成本，进行资源对比分析和预警；可根据清单计价和实际进度计算实际费用，分析任意时间点的成本及其影响关系。

基于施工现场 4D 时空模型和碰撞检测算法，可对构件与管线、设施与结构进行动态碰撞检测和分析。

（4）BIM 建筑施工优化系统

建立进度管理软件 P3/P6 数据模型与离散事件优化模型的数据交换，基于施工优化信息模型，实现了基于 BIM 和离散模拟的施工进度、资源和场地优化及过程模拟，具体包括以下两点：①基于 BIM 和离散事件模拟的施工优化通过对各项工序的模拟计算，得出工序工期、人力、机械、场地等资源的占用情况，对施工工期、资源配置以及场地布置进行优化、实现多个施工方案的比选。②基于过程优化的 4D 施工过程模拟将 4D 施工管理与施工优化进行数据集成，实现了基于过程优化的 4D 施工可视化模拟。

（5）三维技术交底及安装指导

在大型复杂工程施工技术交底时，工人往往难以理解技术要求。针对技术方案无法细化、不直观、交底不清晰的问题、有以下解决方案：改变传统的思路与做法（通过纸介质表达），转由借助三维技术呈现技术方案，使施工重点、难点部位可视化，提前预见问题，确保工程质量，加快工程进度。三维技术交底即通过三维模型让工人直观地了解自己的工作范围及技术要求，主要方法有两种：一是虚拟施工和实际工程照片对比；二是将整个三维模型进行打印输出，用于指导现场的分工，方便现场的施工管理人员拿图纸进行施工指导和现场管理。

对钢结构而言，关键节点的安装质量至关重要。若安装质量不合格，轻者将影响结构受力形式，重者将导致整个结构的破坏。三维 BIM 模型可以提供关键构件的空间关系及安装形式，方便技术交底与施工人员深入了解设计意图。

（6）云端管理

项目在 BIM 专项应用阶段，通过专业 BIM 软件公司的公有云或企业自己的私有云建立 BIM 信息共享平台，将其作为 BIM 团队数据管理、任务发布和图档信息管理的平台。项目采用私有云与公有云相结合的方式，使各专业模型在云端集成并进行模型版本管理等，同时将施工过程来往的各类文件存储在云端，直接在云端进行流通，极大地提升了信息的传输效率。

4. 质量管理

《质量管理体系基础和术语》（GB/T 19000－2016）中把质量定义为一组固有特征满足要求的程度。质量的主体不但包括产品，而且包括过程、活动的工作质量和质量管理体系运行的效果。工程项目质量管理是指在力求实现工程项目总目标的过程中，为满足项目的质量要求所开展的有关管理监督的活动。

在工程建设中，无论是勘察、设计、施工还是机电设备的安装，影响工程质量的因素主要有人、机、料、法、环五大方面，即人工、机械、材料、方法、环境，所以工程项目的质量管理主要是对这五个方面进行控制。

BIM 技术的引入不仅可以提供一种"可视化"的管理模式，还能够充分发掘传统技术的潜在能量，使其更充分、更有效地为工程项目质量管理工作服务。传统的二维管控质量的方法是将各专业平面图叠加，结合局部剖面图，设计、审核校对人员凭经验发现错误，难以全面控制。而三维参数化的质量控制则是利用三维模型，通过计算机自动实时检测管线碰撞，精确性高。

下面对 BIM 在工程项目质量管理中的关键应用点进行具体介绍。

（1）建模前期协同设计

在建模前期，建筑专业和结构专业的设计人员需要大致确定吊顶高度及结构梁高度；对于净高要求严格的区域，提前告知机电专业人员；各专业针对空间狭小、管线复杂的区域，协调出二维局部剖面图。建模前期协同设计的目的是在建模前期就解决部分潜在的管线碰撞问题，对潜在的质量问题进行预知。

（2）碰撞检测

在传统二维图纸设计中，总工程师在结构、水暖、电力等各专业设计图纸汇总后进行协调，施工中难免会出现很多冲突，不仅会造成建设投资的浪费，还会影响施工进度。在施工过程中，这些碰撞的解决方案往往受限于现场已完成的部分。研究表明，施工过程中相关各方有时需要付出非常大的代价弥补由设备管线碰撞引起的拆装、返工损失。

目前，BIM 技术在三维碰撞检查中的应用已经比较成熟，依靠其特有的直观性及精确性，在设计建模阶段就可一目了然地发现各种冲突与碰撞。在水暖、电建模阶段，利用 BIM 随时自动检测及解决管线设计初级碰撞问题，其效果相当于将校核部分工作提前进行，这样可大大提高成图质量。碰撞检测的实现主要依托虚拟碰撞软件，其实质为 BIM 可视化技术。施工设计人员在建造之前就可以对项目进行碰撞检查，不但能够彻底消除硬碰撞、软碰撞，优化工程设计，减少在建筑施工阶段可能存在的错误和返工的可能性，而且能够优化净空和管线排布方案。另外，施工人员还可以利用碰撞优化后的三维方案进行施工交底、施工模拟，提高施工质量。

碰撞检测可以分为专业间碰撞检测和管线综合的碰撞检测。专业间碰撞检测主要包括土建专业之间（如检查标高、剪力墙、柱等位置是否一致，梁与门是否冲突）、土建专业与机电专业之间（如检查设备管道与梁柱是否冲突）、机电各专业间（如检查管线末端与室内吊顶是否冲突）的软、硬碰撞点检查；管线综合的碰撞检测主要包括管道专业系统内部检查，暖通专业系统内部检查，电气专业系统内部检查以及管道、暖通、电气、结构专业之间的碰撞检查等。另外，管线空间布局问题（如机房过道狭小等）也是常见的碰撞内容之一。

在对项目进行碰撞检测时，要遵循以下检测优先级顺序：①土建碰撞检测；②设备内部各专业碰撞检测；③结构与给水排水、暖、电专业碰撞检测等；④解决各管线之间的交叉问题。其中，全专业碰撞检测的方法如下：完成各专业的精确三维模型建立后选定一个主文件，以该文件轴网坐标为基准，将其他专业模型链接到该主模型中，最终得到一个包括土建、管线、工艺设备等全专业的综合模型。该综合模型真正地为设计提供了模拟现场施工碰撞检查的平台，在此平台上完成仿真模式现场碰撞检查，根据检测报告及修改意见对设计方案合理评估并作出设计优化决策，然后再次进行碰撞检测，如此循环，直至解决所有的硬碰撞、软碰撞问题。

显而易见，常见碰撞内容复杂、种类较多，且碰撞点很多，甚至高达上万个，如何对碰撞点进行有效标识与识别？这就需要采用轻量化模型技术，把各专业三维模型数据以直观的模式存储于展示模型中。模型碰撞信息采用"碰撞点"和"标识签"进行有序标识，通过结构树形式的"标识签"可直接定位到碰撞位置。碰撞检测完毕后，在计算机上以该命名规则出具碰撞检测报告，方便快速地读出碰撞点的具体位置与碰撞信息。

在读取并定位碰撞点后，为了更加快速地给出针对碰撞检测中出现的"软""硬"碰撞点的解决方案，一般将碰撞问题分为以下五类：①需要业主协调各方共同解决的重大问题。②由设计方解决的问题。③由施工现场解决的问题。④因未定因素（如设备）而遗留的问题。⑤因需求变化而带来的新问题。

针对由设计方解决的问题，设计单位可以通过多次召集各专业主要骨干参加三维可视化协调会议的办法，把复杂的问题简单化，同时将责任明确到个人，从而顺利地完成管线综合设计、优化设计，得到业主的认可。针对其他问题，则可以通过三维模型截图、漫游文件等协助业主解决。另外，管线优化设计应遵循以下五项原则：①在非管线穿梁、碰柱、穿吊顶等必要的情况下，尽量不要改动。②只需调整管线安装方向即可避免的碰撞属于软碰撞，可以不修改，以减少设计人员的工作量。③需满足建筑业主要求，对没有碰撞但不满足净高要求的空间，也要进行优化设计。④在管线优化设计时应预留安装、检修空间。⑤管线避让原则：有压管避让无压管；小管线避让大管线；施工简单管避让施工复杂管；冷水管道避让热水管道；附件少的管道避让附件多的管道；临时管道避让永久管道。

（3）大体积混凝土温度监测

使用自动化监测管理软件进行大体积混凝土温度的监测，将测温数据通过无线传输自动汇总到分析平台上，通过对各个测温点的分析，形成动态监测管理系统。电子传感器按照测温点布置要求，直接自动将温度变化情况输出计算机，形成温度变化曲线图，随时可以远程动态监测大体积混凝土的温度变化情况。根据温度变化情况，随时加强养护，确保大体积混凝土的施工质量，确保在工程大体积基础底板混凝土浇筑后不出现由于温度变化剧烈引起的温度裂缝、降低温度应力的影响。

（4）施工工序管理

工序质量控制就是对工序活动条件即工序活动投入的质量、工序活动效果的质量及分项工程质量的控制。在利用 BIM 技术进行工序质量控制时，施工人员应重视以下四个方面的工作：①利用 BIM 技术能够更好地确定工序质量、控制工作计划。一方面要求对不同的工序活动制定专门的保证质量的技术措施，对物料投入及活动顺序进行专门规定；另一方面要规定质量控制工作流程和质量检验制度。②利用 BIM 技术主动控制工序活动条件的质量。工序活动条件主要指影响质量的五大因素，即人、材料、机械设备、方法和环境。③利用 BIM 技术能够及时检验工序活动效果的质量。主要是实行班组自检、互检、上下道工序交接检，特别是对隐蔽工程和分项（部）工程的质量检验。④利用 BIM 技术设置工序质量控制点（工序管理点），实行重点控制。工序质量控制点是针对影响质量的关键部位或薄弱环节确定的重点控制对象，正确设置控制点并严格实施是进行工序质量控制的重点。

（5）信息查询和搜集

BIM 技术具有高集成化的特点，其模型实质为一个庞大的数据库，在进行质量检查时可以随时调用模型，查看各个构件。例如，预埋件位置查询起到对整个工程逐一排查的作用，事后控制极为方便。

5．成本管理

成本管理是企业根据一定时期预先建立的成本管理目标，由成本控制主体在其职权范围内，在生产耗费发生之前和成本控制过程中，对各种影响成本的因素和条件采取的一系列预防和调节措施，以保证成本管理目标实现的管理行为。

成本管理的过程是运用系统工程的原理对企业在生产经营过程中发生的各种耗费进行计算、调节和监督的过程，也是一个发现薄弱环节、挖掘内部潜力、寻找一切可能降低成本途径的过程。科学地组织实施成本控制可以促进企业改善经营管理，转变经营机制，全面提高企业素质，使企业在市场竞争中不断发展和壮大。然而，工程成本控制一直是项目管理中的重点及难点，其主要难点有数据量大、牵涉部门和岗位众多、对应分解困难、消耗量和资金支付情况复杂等。

BIM 技术在工程项目成本控制中的应用具体如下所述。

（1）成本核算

BIM 是一个强大的工程信息数据库。进行 BIM 建模所完成的模型不仅包含二维图纸中所有的位置、长度等信息，还包含其他材料等信息，而这些的背后是强大的数据库支撑。因此，计算机通过识别模型中的不同构件及模型的几何物理信息（时间维度、空间维度等），对各种构件的数量进行汇总统计，这种基于 BIM 的算量方法将算量工作大幅简化，减少了人为原因造成的计算错误，减少了工作量，节约了时间。研究表明，工程量计算的时间在整个造价计算过程中占到了 50%～80%，而运用 BIM 算量方法能节约将近 90% 的时间，误差也可控制在 1% 的范围内。

（2）预算工程量动态查询与统计

在清单计价模式下，预算项目往往基于建筑构件进行资源的组织和计价，与建筑构件存在良好的对应关系，满足 BIM 信息模型以三维数字技术为基础的特征，因而应用 BIM 技术进行预算工程量统计具有很大的优势，使用 BIM 模型取代图纸不仅可以直接生成所需材料的名称、数量和尺寸等信息，而且这些信息始终与设计保持一致。在设计出现变更时，该变更将自动反映到所有相关的材料明细表中，而造价工程师使用的所有构件信息也会随之变化。

在基本信息模型的基础上增加工程预算信息，即形成了具有资源和成本信息的预算信息模型。预算信息模型包括建筑构件的清单项目类型、工程量清单、人力、材料、机械定额和费率等信息。通过此模型，系统能识别并自动提取建筑构件的清单类型和工程量（如体积、质量、面积、长度等）等信息，自动计算建筑构件的资源用量及成本，用以指导实际材料物资的采购。

系统根据计划进度和实际进度信息，可以动态计算任意工作分解结构节点任意时间段内每日计划工程量、计划工程量累计、每日实际工程量、实际工程量累计，帮助施工管理者实时掌握工程量的计划完工和实际完工情况。在分期结算过程中，每期实际工程量累计数据是结算的重要参考，系统动态计算实际工程量可以为施工阶段工程款结算提供数据支持。

另外，从 BIM 预算模型中提取相应部位的理论工程量，从进度模型中提取现场实际的人工、材料、机械工程量，通过将模型工程量、实际消耗量、合同工程量进行短周期三量对比分析，能够及时掌握项目进展，快速发现并解决问题，根据分析结果为施工企业制订精确的人、机、材计划，减少了资源、物流和仓储环节的浪费。因此，应用 BIM 技术可以掌握成本分布情况，进行动态成本管理。

（3）限额领料与进度款支付管理

BIM 的出现为限额领料提供了技术、数据支撑。基于 BIM 软件，在管理多专业和多系统数据时，能够采用系统分类和构件类型等方式对整个项目数据进行管理，为视图显示和材料统计提供规则。例如，给水排水、电气、暖通专业可以根据设备的型号、外观及各种参数分别显示设备，方便计算材料用量。

传统模式下工程进度款申请和支付结算工作比较烦琐，而利用 BIM 能够快速准确地统计出各类构件的数量，减少预算的工作量，且能形象、快速地完成工程量拆分和重新汇总，为工程进度款结算工作提供技术支持。

（4）以施工预算控制人力资源和物质资源的消耗

在开工以前，利用 BIM 软件建立模型，通过模型计算工程量，并按照企业定额或上级统一规定的施工预算，结合 BIM 模型编制整个工程项目的施工预算，作为指导和管理施工的依据。对生产班组的任务安排，必须签收施工任务单和限额领料单，并向生产班组进行技术交底。生产班组要根据实际完成的工程量和实耗人工、实耗材料做好原始记录，作为施工任务单和限额领料单结算的依据。任务完成后，根据回收的施工任务单和限额领料单进行结算，并按照结算内容支付报酬（包括奖金）。为了便于任务完成后进行施工任务单和限额领料单与施工预算的对比，要求在编制施工预算时对每一个分项工程工序名称进行编号，以便对号检索对比。

（5）设计优化与变更成本管理、造价信息实时追踪

BIM模型依靠强大的工程信息数据库实现了二维施工图与材料、造价等各模块的有效整合与关联变动，使实际变更和材料价格变动可以在BIM模型中实时更新。变更各环节之间的时间被缩短后，可以提高效率，更加及时准确地将数据提交给工程各参与方，以便各方做出有效的应对和调整。目前，BIM的建造模拟功能已经发展到了5D维度。5D模型集三维建筑模型、施工组织方案、成本及造价等于一体，能实现对成本费用的实时模拟和核算，并为后续建设阶段的管理工作所利用，解决了阶段割裂和专业割裂的问题。BIM通过信息化的终端和BIM数据后台使整个工程的造价相关信息顺畅地流通起来，从企业级的管理人员到每个数据的提供者都可以监测，使各种信息数据能够及时准确地调用、查询、核对。

6. 安装材料管理

传统材料管理模式就是企业或者项目部根据施工现场实际情况制定相应的材料管理制度和流程，这个流程主要是依靠施工现场的材料员、保管员、施工员完成的。施工现场的多样性、固定性和庞大性决定了施工现场材料管理具有周期长、种类繁多、保管方式复杂等特殊性。传统材料管理存在核算不准确、材料申报审核不严格、变更签证手续办理不及时等问题，造成了大量材料现场积压、占用大量资金、停工待料、工程成本上涨等问题。

基于BIM的安装材料管理通过建立安装材料BIM模型数据库，使项目部各岗位人员及企业不同部门都可以进行数据的查询和分析，为项目部材料管理和决策提供了数据支撑，具体有以下表现。

（1）安装材料BIM模型数据库

项目部拿到机电安装等各专业施工蓝图后，由BIM项目经理组织各专业机电BIM工程师进行三维建模，并将各专业模型组合到一起，形成安装材料BIM模型数据库。该数据库以创建的BIM机电模型和全过程造价数据为基础，把原来分散在安装各专业组中的工程信息模型汇总到一起，形成一个汇总的项目级基础数据库。

（2）安装材料分类控制

材料的合理分类是材料管理的一项重要基础工作、安装材料BIM模型数据库的最大优势是包含材料的全部属性信息。在进行数据建模时，各专业建模人员对施工所使用的各种材料属性，按其需用量的大小、占用资金多少及重要程度进行分

类，科学合理地控制。

（3）用料交底

与传统 CAD 相比，BIM 有可视化的显著特点。在设备、电气、管道、通风空调等安装专业三维建模并碰撞后，BIM 项目经理组织各专业 BIM 项目工程师进行综合优化，提前消除施工过程中各专业可能遇到的碰撞。项目核算员、材料员、施工员等管理人员应熟读施工图纸，理解 BIM 三维模型，明确设计思想，并按施工规范要求向施工班组进行技术交底，将 BIM 模型中用料意图灌输给班组，以 BIM 三维图、CAD 图纸或者表格下料单等书面形式做好用料交底，做到物尽其用，减少边角料的浪费，把材料消耗降到最低。

（4）限额发料

安装材料的精细化管理一直是项目管理的难题，运用 BIM 模型，结合施工程序及工程形象进度周密安排材料采购计划，不仅能保证工期与施工的连续性，还能用好用活流动资金、降低库存、减少材料二次搬运。同时，材料员根据工程实际进度，能方便地提取施工各阶段材料用量。在下达施工任务书中，项目经理要附上完成该项施工任务的限额领料单作为发料部门的控制依据，实行对各班组限额发料，防止错发、多发、漏发等无计划用料，从源头上做到材料的"有的放矢"，减少施工班组对材料的浪费。

（5）材料变更清单

工程设计变更和增加签证在项目施工中会经常发生。项目经理在接收工程变更通知书执行前，应有因变更造成材料积压的处理意见，原则上要由业主收购，如果处理不当就会造成材料积压，无端地增加材料成本。在动态维护工程中，BIM 模型可以及时地将变更图纸进行三维建模，并且将变更发生的材料、人工等费用准确、及时地计算出来，便于办理变更签证手续，保证工程变更签证的有效性。

第四章 BIM 项目管理的应用

第一节 BIM 项目进度管理

一、基于 BIM 的进度管理应用

BIM 是在三维模型的基础上发展起来的，其中包括对建设项目的设计与实施以及运营维护，贯穿建设项目的整个生命周期，是一个数据化模型，其可以实现数据信息的共享与传递，可以为参与项目建设部门提供建设所用的基础数据，该技术可以节约施工成本，科学地缩短工期。

（一）基于 BIM 的项目进度管理流程

1. BIM 技术在进度计划中的应用

（1）估算工序工期

BIM 技术实现了工作分解结构、任务进度和模型三者之间的连接，工作分解结构的项目编码与工作任务一一对应，指定工序即可查询其对应模型的信息。因此，可以利用 BIM 模型提供的工程量信息，再套用施工定额完成工序工期的估算。

（2）确定工序逻辑关系

BIM 技术可根据结构特征匹配施工规则初步确定工序间的逻辑关系，然后进行人工选择和修正，完成进度计划的编制。

（3）均衡资源分配

使用 BIM 技术编制进度计划时，可在工序工作信息卡中添加资源信息，使资源随工期与构件关联在一起，这样就可以生成资源报表，分析资源分配情况，避免出现资源分配不均、资源使用高峰或者低谷的现象。同时，项目人员还可制订资源使用计划，进而实现对项目的全面控制。

（4）帮助成本估算

因为 BIM 模型中各项工序需要的资源量、资源单价构件关联在一起，所以可利用系统生成的资源与费用分析表、费用控制报表、成本增值曲线等比较实际的费

用和预算费用监控项目资金支出。

（5）进度计划的三维表达

基于 BIM 的进度计划最大的优点就是可以利用施工进度的二维可视化模拟，让所有参与人员快速了解工程信息。项目方可在 BIM 平台中制作包含项目所有里程碑节点的视频文件，以较为直观、形象的方式向业主展示项目进展情况以及竣工后与周边环境的协调性，还可以通过三维模拟及相关信息查看功能向一线施工人员展示设计意图，明确各项工作的施工工艺及施工顺序。

2. BIM 技术在进度控制中的应用

（1）BIM 技术在进度信息采集中的应用

当前进度信息采集和施工监控主要靠人工方式进行，要了解施工进展情况，不仅需要耗费大量的时间和费用，还容易出错。BIM 技术可与物联网技术结合，通过引进自动化数据识别技术，快捷、精准地收集数据，并迅速将相关信息传送到 BIM 系统进行整体分析，从而实时监控项目进展情况。

（2）BIM 技术在进度计划分析中的应用

基于 BIM 技术的进度管理系统可以从不同层面提供多种方法全方位地分析项目进展情况。

①进度情况分析

进度情况分析有三种方法，即关键路径分析、里程碑控制点影响分析和进度模型对比分析。通过观察关键路径、里程碑计划并结合任务的实际完成时间，能够预测剩余的任务能否在规定的时间内完成，将采集的进度数据上传至 BIM 系统，以不同的颜色区别实际与计划进展情况，实现三维模型的对比，能够直观地看出存在的进度偏差。

②资源情况分析

项目进度计划能否顺利实施，在一定程度上取决于资源供应及分配情况，因此要综合考虑资源计划和获得每种资源的难易程度。基于 BIM 的进度管理体系可提供资源分析概况、资源分析明细表，分析在一段时间内资源的分配情况和使用情况。在施工过程中，管理人员根据系统提供的这些信息快速查看各专业工程量数据和成本信息，并以此为基础精确控制材料采购计划、进场计划，以保证资源和资金的利用效率最大化。

同时，管理人员还可根据这些信息资源分析、统计工程量，实现限额领料。利用基于 BIM 技术的项目管理平台，项目管理者能根据领料单上每项工作的名称，利用 BIM 系统快速拆分模型、汇总并输出所有工作的精确工程量，以实现限额领料。

③费用情况分析

进度与成本之间既相互联系又相互制约，在施工过程中必须不断控制进度，使其与成本之间能够协调发展。基于 BIM 技术的进度管理平台能够生成费用明细表、费用多出对比表评估当前成本和进度绩效的关系，也能以此预测未来的费用支出情况。

3．BIM 技术在进度精细化管理中的应用

BIM 技术的不断推广应用为工程项目精细化管理创造了条件，BIM 技术构建了标准化管理体系，对建设项目实行全员、全工序、全过程的管理，使所有项目管理要素都进入标准化、规范化管理的轨道，达到由经验管理转变为科学管理的目的。BIM 技术可以不断细化总目标，依据总体计划制定每月、每周的工作任务。利用 BIM 技术可清晰划分各部门在项目管理中的职责范围，将层层分解之后的目标落实到各具体负责人员，形成一个分工明确、职责分明的项目管理体系。BIM 技术的实时进度监控功能可帮助技术人员及时了解各项任务的执行情况，以方便考核制度的执行。

（二）其他应用

1．4D-BIM 的应用

在建设项目进度控制中，应用 BIM 技术主要是利用 4D-BIM 实现施工进度的控制与管理。该建模办法是以三维模型为基础，进行时间参数的关联，最终形成模型。4D-BIM 技术具有可视化特点，不仅可以将项目施工的进度计划清晰、直观地展示出来，还可以随时查询不同时间点三维进度的状态，根据项目计划进度数据、实际进度数据，进行可视化对比分析。4D-BIM 主要是在时间维度上对施工项目计划进度与实际施工进度做比较，只需要将具体的施工项目实际操作的时间、结束的时间输入 4D-BIM 系统中，该模型就会根据不同的颜色对比，展示该工程项目的实际进度。若该项工程出现施工延误的情况，模型则会立即呈现出来，以便项目管理者可以在第一时间发现并采取相应的调整办法，包括调整施工人员及资源，确保项目施工进度得到有效的控制。

2．4D-BIM 优化

由于每一个项目使用的劳动力、原材料以及机械设备等有所不同，对施工进度造成的影响也就不同。在进行 4D-BIM 优化时，以双代号网络计划作为基础，将各

项工作同紧前以及紧后工作构建一种衔接关系，也就是设置为仅在完成一项工作后，再开始另一项工作。项目工作进度可以通过工作班制、施工人数、机械设备的数量等进行调节，由此可以设置定额法进行项目时间的计算，严格地控制施工项目需要的时间，保证项目施工的进度。

人工或者机械设备的产量定额受到科技水平的影响，所以需要将其设置为定值。项目施工的总工期是根据关键路径法计算得出的，由各个项目施工所花费的时间成本构成。在进行总成本的计算时，需要将其直接的成本以及间接的成本进行合计，其中不考虑税率与资金所产生的时间价值。在 4D-BIM 生成工程量清单时，要将工程各个部分工作量设置为确定值。另外，在 4D-BIM 控制施工进度时，还需要保证物料供应及时，这样才不会给项目施工进度造成影响。

4D-BIM 施工管理系统进行施工进度模拟大致分为以下步骤：①将 BIM 进行材质赋予；②制订 Project 计划；③将 Project 文件与 BIM 链接；④制定构件运动路径，并与时间链接；⑤设置动画视点并输出施工模拟动画。

通过 4D 施工进度模拟，能够完成以下内容：基于 BIM 施工组织对工程重点和难点的部位进行分析，制定切实可行的对策；依据模型确定方案、排定计划、划分流水段；BIM 施工进度利用季度卡编制计划；将周和月结合在一起，假如后期需要任何时间段的计划，只需在这个计划中过滤一下即可自动生成；做到对现场的施工进度进行每日管理。

3. BIM 技术控制施工进度的办法

每一种技术或者理论都需要与其他技术、方法等相结合使用、使其可以相互合作，相互协调发挥其优势，利用其他技术或方法补充自己的不足之处，以此提供更优质的服务。BIM 技术的应用主要是在工程项目相关数据的基础上，构建建筑项目模型，利用数字信息仿真技术，将建筑物真实的数据模拟出来，在应用的过程中结合 BIM 技术、网络计划技术、工作分解结构等优势，有效地解决建设项目中目标优化问题，不仅可以提高建筑行业的信息水平，还可以节约资源，有效地控制项目施工的进度，进一步实现优化施工成本的目标，科学合理地缩短施工周期。

4. 基于 BIM 成本架构系统的构建

成本架构的建立是基于 BIM 技术、网络技术施工进度的成本控制所构建的施工进度——成本架构。在构建成本架构体系时，需要搜集并且整理项目的基础数据，不仅可以保障施工成本数据的准确性，还可以减少项目工程造价人员的工作量，再根据 4D-BIM 生成的项目工程量清单以及 WBS 确定的工程施工工艺，绘制网络计划图，建立相应的施工项目进度——成本优化的基本数学模型，配合网络计划技术做好计算求解，最后将求解得出的最终结果输入计算机中，利用 BIM 技术进行建设施工模拟，实现对项目工程的动态控制。

在使用这一架构系统时，只需将实际勘察的数据输入 BIM 软件中，构建相应的数据模型，再把建筑模型导入造价管理软件中，得出建筑项目的工程量，确定施工工艺、最后构建施工项目的成本优化模型。在进行模拟施工时，BIM 技术可以将在实际施工中可能会出现的问题清晰地展示出来，并做好预防措施。其中，BIM 虚拟施工软件的交互功能可以使施工人员参与进来，并掌握一些施工技能，提高施工效率，保证施工进度。

5. BIM 进度检查施工安全与冲突分析

①时变结构和支撑体系的安全分析通过模型数据转换机制，自动由 4D 施工信息模型生成结构分析模型，进行施工期时变结构与支撑体系任意时间点的力学分析计算和安全性能评估。②施工过程进度/资源/成本的冲突分析通过动态展现各施工段的实际进度与计划的对比关系，实现进度偏差和冲突分析及预警；指定任意日期，自动计算所需人力、材料、机械、成本，进行资源对比分析和预警；根据清单计价和实际进度计算实际费用，动态分析任意时间点的成本及其影响关系。③场地碰撞检测基于施工现场 4D 时间模型和碰撞检测算法，可对构件与管线、设施与结构进行动态碰撞检测和分析。

6. BIM 建筑施工优化系统

建立进度管理软件 P3/P6 数据模型与离散事件优化模型的数据交换，基于施工优化信息模型，实现基于 BIM 和离散事件模拟的施工进度、资源以及场地优化和过程的模拟。

基于 BIM 和离散事件模拟的施工优化通过对各项工序的模拟计算，得出工序工期、人力、机械、场地等资源的占用情况，对施工工期、资源配置以及场地布置进行优化，实现多个施工方案的比选。

基于过程优化的 4D 施工过程模拟将 4D 施工管理与施工优化进行数据集成，实现了基于过程优化的 4D 施工可视化模拟。

7. 三维技术交底及安装指导

我国工人文化水平普遍不高，在大型复杂工程施工技术交底时，工人往往难以理解技术要求。针对技术方案无法细化、不直观、交底不清晰的问题，解决方案是改变传统的思路与做法（通过纸介质表达），转由借助三维技术呈现技术方案，使施工重点、难点部位可视化，预见问题，确保工程质量，加快工程进度。三维技术交底即通过三维模型让工人直观地了解自己的工作范围及技术要求，主要方法有两种：一种是虚拟施工和实际工程照片对比；另一种是将整个三维模型进行打印输出，用于指导现场的施工，方便现场的施工管理人员拿图样进行施工指导和现场管理。

对钢结构而言，关键节点的安装质量至关重要。安装质量不合格，轻者将影响结构的受力形式，重者将导致整个结构的破坏。三维 BIM 可以提供关键构件的空间关系及安装形式，方便技术交底与施工人员深入了解设计意图。

二、基于 BIM 的进度管理的优势及发展前景

（一）基于 BIM 的进度管理的优势

1. 可视性强

通过 BIM 技术所建立的模型与传统模型最大的区别在于对建筑内部的表现力及描述详细度。因为在二维模式下，进度管理基本是靠图样与表格的方式，而基于 BIM 技术的模型是高度仿真的三维模型，项目参与各方可以通过任何视角对建筑内部及细部进行核查，大到外观、小到建筑构件甚至是某个构件的颜色、尺寸以及材质都可以一一进行观察与评估。这样不但可以提高项目的设计品质，让设计人员能够抽出时间更多地考虑项目性能方面的问题，而且可以减少施工团队因设计失误造成的返工及误工等现象。通过对原有的 BIM 加入时间维度之后，就可以根据所附加的施工进度之间的状况是否匹配，进度计划设定是否合理，工序与工法能否顺利进行以及其对工程进度的影响程度，这些都可以一一模拟出来，导成数据报表，进行量化分析，从而制定一套切实可行的施工方案，优化管理。

2. 信息量丰富

通过 BIM 的参数化特性，可以把模型中建筑构件的信息（如材质、尺寸、价格、数量等）纳入模型之中，让模型不仅可以看，还可以将 BIM 中与进度有关的数据信息与模型本身形成关联，不仅可以对施工进度进行实时动态的观察与管理，根据实际施工进度与演示过程做一一对比，寻找两者之间的不同点，作出及时调整还可以通过信息之间的关联演示，在施工阶段开始之前与业主和供货商进行沟通，让其了解项目的相关计划，从而保证施工过程中资金和材料的充分供应，避免资金和材料的不到位对施工进度产生的不利影响。

3. 协同作业

BIM 可以贯穿项目始终，也可以协同建筑各个专业。通过建立统一的协同工作平台，可以把各专业间的模型导入平台之中，让项目参与各方对项目整体以及本专

业和本阶段应该做什么、怎么做、做成什么样有一个了解。然后通过运用 BIM 软件让模型中的各个专业进行空间上的构件间的碰撞点排查，进而提高设计品质，减少错落碰缺，指导施工，减少返工，从而大幅消除影响施工进度的因素。

（二）基于 BIM 的进度管理的发展前景

某家科技公司自行研发了基于 GIS 和 BIM 的工程进度管理平台，该工程进度管理系统平台融合了""BIM＋GIS""等"互联网＋"技术，可适用于各类大型建筑群（综合体）、大型园区等项目工程的动态管理。该系统能够准确反映工程的全貌、建设进度、工程进度的 4D 模拟、剩余工作量与工程计划的差异等重要工程信息，可以为工程管理者提供可视化、数字化、即时的进度管理协同系统，而该系统平台目前处于国内领先水平。

基于"BIM＋GIS"的建筑工程进度管理系统平台应用于建筑工程和其他工程领域，是 BIM 技术和 GIS 技术先进性的体现，可以为工程管理提供一种全新的数字化、可视化、可量化的管理工具，推动工程管理从传统的微观管理方式向现代化、智能化、宏观化管理方式迈进，提升管理效率，提高工程管理的针对性、有效性。

在未来几年甚至更长远的时间内，随着 BIM 技术的广泛普及，与"BIM＋GIS"相关的系统可以广泛适用于智慧领域，所以该平台系统在中国拥有广阔的市场前景，将呈现高速增长态势。随着 BIM 技术和标准的不断完善成熟以及 BIM 与新技术的不断融合，人们有理由相信 BIM 技术会发挥更大的作用。经济和社会效益方面的具体表现分为以下几点：①基于 GIS 和 BIM 的工程进度管理平台提供数字化、可视化、可量化的管理工具，让项目的每个参与者都能够第一时间掌握项目的动态，及时做出准确的响应。②推动工程管理从传统的微观且分散性的管理方式向现代化、智能化、集约化的管理方式迈进，可以大幅提升管理效率。③实现信息的互联互通和数据的交互共享，多条线间、跨部门协作和动态化管理。

第二节　BIM 项目质量管理

一、基于 BIM 的项目质量管理的优势

我国的建筑行业作为国民经济发展的支柱，随着经济的快速发展，曾经一度过于关注工程项目的成本管理与进度管理，从而忽视了工程质量管理。同时，工程质量管理受到技术等多方面的限制，因而我国的工程质量管理水平不高。随着建筑行

业对工程项目质量管理的要求不断提高，在工程质量管理中引进先进技术十分必要。

目前，建筑设计专业分工比较细致，一个建筑物的设计需要由建筑、结构、安装等各个专业的工程师协同完成。将 BIM 应用于建筑设计中，计算机将承担各专业设计间的"协调综合"工作，使设计工作中的错漏碰缺问题得到有效控制。

业主既是工程高质量的最大受益者，也是工程质量的主要决策人。但是，受专业知识局限，业主同设计人员、监理人员、承包商之间的交流存在一定困难。当业主对工程质量要求不明确时，工程变更多，质量难以有效控制。BIM 为业主提供形象的三维设计，业主可以更明确地表达自已对工程质量的要求（如建筑物的色泽、材料、设备要求等），有利于各方开展质量控制工作。

由于采用 BIM 设计的图样是数字化的，计算机可以在检索、判别、数据整理等方面发挥优势。无论监理工程师还是承包商的项目管理人员，都不用拿着厚厚的图纸反复核对，只需通过一些简单的功能就可以快速地、准确地得到建筑物构件的特征信息（如钢筋的布置、设备预留孔洞的位置、构件尺寸等），在现场及时下达指令。而且，将建筑物从平面变为立体是一个资源耗费的过程，无论建筑物已建成，已经开始建设还是已经备料，发现问题后进行修改的成本都是高昂的。利用 BIM 模型和施工方案进行虚拟环境数据集成，对建设项目的可建设性进行仿真实验，可在事前发现质量问题。

总之，BIM 是工程项目管理信息化的重要手段。运用 BIM 技术辅助工程质量管理不仅可以提高各参建方之间的信息共享水平，还可以有效提高工程质量的管理水平。通过对工程质量验收规范的研究，提出基于 BIM 技术的工程质量管理流程，实现质量管理信息与 Revit、Navisworks 软件的信息关联和更新，同时使现场质量管理信息能及时、准确地反馈到模型中，实现工程质量的可视化、信息化控制，提高质量管理水平。

二、BIM 技术在质量管理中的应用

传统工程质量管理方法已满足不了当前工程施工质量管理的要求，将 BIM 技术引入工程项目质量管理，实现了拓宽质量管理的新方法，帮助解决现阶段存在的问题的目的，BIM 技术在质量管理中的应用具体有以下几方面。

（一）图纸会审

图纸会审不仅是施工质量预控的有效手段，还是进行施工质量管理时必需的内容，其目的是让施工单位在施工前了解图纸的设计特点、施工的特点和复杂度，并

且在施工之前发现图纸中的设计错误和问题，通过各方商洽，及时进行修改和优化，在施工前期进行一定程度的质量控制。

在图纸会审阶段，利用 BIM 技术可以将设计方案中的平、立、剖面图以及文字表述等 2D 图形形象直观地转化为 3D 模型，利用 BIM 模型可视化、虚拟施工过程及动画漫游进行图纸会审工作，可美观而方便地展示建成后的效果。

在图纸会审阶段，利用 BIM 技术的优势如下：①可以在三维模型中查看建筑的内部情况，发现净空设置、设备安装、维修预留空间等一些细节问题。②可以使一线施工人员更直观地了解复杂节点，有效提升质量检测相关人员的协调沟通效率，将隐患扼杀在摇篮里。③可以使用 BIM 相关软件进行碰撞试验，对项目的建筑构件进行检查，更加快速和直观地检查一些设计不合理的地方。

通过 BIM 技术的碰撞检查，在施工前从根本上预防了图纸的错误，大大提高了图纸质量和效率，从而减少了因碰撞所带来的重新返工造成的质量隐患。同时，设计方、业主、施工方等项目参与方在施工准备阶段就能参与项目中。模型的可视化使每个人都能看懂，加强了各参与方的前期协调沟通，很大程度上提高了质量控制的有效性，提升了工程质量。

基于 BIM 技术的各专业模型绘制是一个在计算机环境建造虚拟工程项目的过程。构造 BIM 模型的前提条件是充分熟悉和了解设计图纸、在进行模型绘制时才会发现一些可能在施工过程中暴露出来的问题。可见，融入 BIM 技术的图纸会审工作更容易发现图纸问题，显著提高了图纸会审工作的效率。

（二）设计变更

基于 BIM 技术的工程项目在项目变更时只需要对其模型的参数进行修改，通过三维模型可以直观地对工程变更前后的情况进行对比，有较强的可追溯性和准确性。整个项目模型信息相关联，不会存在漏改等人为因素导致的问题，使项目变更更加安全可控。

基于 BIM 技术的设计变更与传统模式下工程项目的设计变更比较，需注意以下几点：①基于 BIM 技术的项目进行设计变更时，根据需要变更的内容，在原有模型的基础上修改变更参数，生成相应变更后的模型。业主和监理对变更项进行审核时可以很直观地看到变更前和变更后模型的对比。②基于 BIM 技术的项目进行设计变更后，可以利用软件自动生成变更后的图纸并导出，及时将图纸用于指导施工现场。③基于 BIM 技术的项目进行变更时，软件会根据变更的参数，自动找出与之相关联的工程量的变化，给设计变更的审核过程提供全面的参考数据。④设计变更会在一定程度上给施工深化设计模型带来影响，也会对施工过程模型产生影响。由于目前我国政策不明确，BIM 技术的应用还不够成熟，因此 BIM 模型还没有在工程项目中作为正式的参考文件对施工质量进行管理。但是，在实际工程项目中，由于 BIM 技术使用方便且具有良好的可视性等特点，在变更报告中也会附上 BIM 模型的截图，便于各参与方直观地对变更事项进行审查，也提高了参与方之间的沟通效率。

（三）深化设计

基于 BIM 技术的施工图深化设计最后的成果可以是三维建筑信息模型，也可以是二维图纸，或者是三维建筑信息模型与二维图纸的结合。相比于传统的深化设计，基于 BIM 的施工图深化设计将二维的施工图纸深化成三维模型，并对各专业 BIM 模型进行优化、校核、集成等，最终在此 BIM 模型中得到各专业详细的施工图纸，以满足施工管理的各项需要，项目的不同参与方可以对 BIM 模型进行各种信息的插入、提取、更新和修改，从而达到各参与方、各专业间协同工作的目的。

基于 BIM 技术的施工图深化设计在施工过程质量控制中的应用取决于 BIM 模型的质量和 BIM 成果交付，模型的质量直接关系到施工过程的质量控制。深化设计过程中 BIM 模型和图纸的质量对项目实施开展具有极大的影响，BIM 模型的准确性和高度协调是各施工企业在施工过程中应用 BIM 技术的关键。基于 BIM 模型的正确性和全面性，各施工企业可以制订本企业的质量实施和保证计划。

与传统深化设计相比，基于 BIM 技术的施工图纸深化设计具有三维可视化、精确定位、合理布局、设备参数设计等特点。

（四）可视化技术交底

目前，施工单位的技术交底文件是以二维的施工蓝图为基础，用文字描述的方式表达工程特点、技术要求、操作方法、质量指标、施工措施等工程信息。在施工过程中，很多情况是需要靠施工人员的经验判断设计意图，效率低、浪费严重。在传统的技术交底文件中，增加 BIM 的可视化、虚拟施工及动画漫游等技术形成的文件或者视频，可以加快施工进度，提高施工质量。

1. 可视化技术简介

可视化技术也称三维信息表现技术，是应用计算机技术将真实的物体用虚拟的三维形体进行表达。随着计算机技术及 BIM 技术的发展，将可视化技术应用于工程建设领域，改善项目各参与方对施工过程的理解、对话、探索和交流，提高了用户的工作效率，改善了生产作业方式，基于 BIM 技术的可视化应用为建筑信息的集成与共享提供了平台，通过这个平台实现了对建筑施工过程的信息进行集成化管理，包括信息的提取、插入、更新和修改，改变了传统建筑业的管理方式。基于

BIM 技术的可视化施工能够解决传统施工过程中各阶段、各专业间信息不通畅、沟通不到位等问题，确保工程施工项目的工期、质量、成本得到保证，确保沟通协调有序进行。

BIM 的可视化技术能够使项目的管理者对项目施工过程进行全局的管理和控制，掌控好施工过程中各专业、各工种间的相互作用和影响，实现建筑信息的集成化管理。基于 BIM 技术的施工可视化，相比于传统质量管理，提高了施工图纸的质量，清晰地表达了建筑设计图纸意图，提高了施工单位的施工技术，加强了对物料和机械的质量管理，提高了预制安装构件的质量等。

2. BIM 的可视化技术在施工质量管理中的应用

（1）BIM 浏览器的应用

BIM 浏览器是基于 BIM 可视化技术的一款多维建筑信息模型浏览器。通过 BIM 浏览器，施工管理人员可以随时随地快速查询数据信息，操作也简单方便，可以实现按时间、区域多维度检索与统计数据。BIM 浏览器是一款集成多专业模型的查看管理软件，通过对多专业复杂模型的集成展现，让使用者仅通过浏览器便可以对 BIM 模型、工程图纸、工程数据、工程文件进行查看浏览，满足业主、施工方、设计方、政府相关部门、制造商关于模型信息的浏览、沟通、共享的需求。

基于移动端的 BIM 浏览器是支持移动端查看 BIM 模型及相关信息的 App 产品。BIM 移动端与互联网相结合的应用可成为施工现场施工质量管理与控制的一个重要手段。通过移动端的应用与施工现场进行对比，用手机或者 iPad 拍摄施工质量控制点的施工过程，采集现场质量数据，对有质量问题的地方进行记录、标注，然后关联到 BIM 模型中，建立施工质量问题资料，这样将确保施工质量信息的准确性。

（2）基于 BIM 技术的可视化现场管控

可视化现场管控是指在施工现场安装摄像头进行视频采集，并传送到项目管理中心进行处理，再通过网络传送到监管中心，并由管理系统集中管理。在处理和管理的过程中，将现场施工动态与虚拟施工过程及 BIM 信息模型进行对比分析，实现对施工过程的可视化动态管理。

（3）施工现场可视化布置

应用 BIM 的可视化技术结合施工现场调查、采集得来的资料，对工程项目进行三维立体施工规划，并保存施工现场所有信息。通过 BIM 的可视化技术及虚拟技术对施工现场的各种信息进行模拟，可以更轻松、准确地进行施工布置，发现并解决传统场地布置中难以发现的问题。

（五）碰撞检查

碰撞检查是指在施工前对图纸的检查，可以对工程项目的专业内、专业之间发生的冲突进行检查、审核与调整，最后得到优化模型。在建设工程项目中，碰撞的类型主要分为硬碰撞和软碰撞。其中，硬碰撞是指实体与实体之间关于空间位置的交叉与碰撞，在工程项目中经常出现，尤其是专业与专业之间的碰撞，主要是由专业与专业之间的不熟悉和缺乏沟通造成，软碰撞与硬碰撞不同，它是指实体与实体之间的距离不小于某一规定的值或范围，这是出于安全的考虑，对一些实体之间的距离规定一个下限，如在管道安装时，管道与管道之间需要有一定的间隙，以便于管道的安装和维修。

项目的实施过程是一个复杂的动态过程，随着 BIM 技术的不断发展，使用 BIM 技术在施工前进行碰撞检查，就可以在施工过程中减少因设计失误造成的返工、变更等问题，减少人力、物力以及时间的浪费，提高对施工质量的控制。BIM 技术应用到项目中的碰撞检查时，能够实现"一处改，处处改"的联动性效果，并且具有自动检查等功能，耗时短、错误率小，极大地提高了质量管理水平。

BIM 软件具有强大的编辑功能，能够将建筑工程项目的建筑、结构和机电等模型进行整合集成，并对集合模型进行综合检查，包括各专业的碰撞检查、预留洞口检查、净高检查、尺寸检查以及构件配筋缺失检查等。应用 BIM 相关软件进行碰撞检查，包括专业内的和专业之间的碰撞检查，并形成详细的碰撞检查报告和预留洞口报告，相关责任人可以根据 BIM 模型直观地审视方案的可行性、合理性，调整、优化方案。

与传统的碰撞检查相比，基于 BIM 技术的碰撞检查的优势体现在以下几方面：①BIM 技术可以将各专业 BIM 模型进行集成，有利于各专业自身以及各专业之间进行全面而彻底的碰撞检查。②应用 BIM 软件进行相关专业的建模，可以对各专业内所有的冲突进行检查，及时反馈给设计人员进行调整与修改，再重复上述的检查和反馈工作，重复几次，基本可以消除所有的碰撞问题，比传统方式节约了很多时间。③全方位的建筑、结构和机电等专业三维模型可以在任何需要的地方进行剖、切，形成所需要的大样图，既有利于人们对建筑物的理解和认识，也有利于人们对碰撞结果的认识。④BIM 三维模型是建筑信息模型，不仅可以生成传统的二维图纸和局部剖面等图形，还可以应用浏览、漫游等多种手段对模型进行可视化观察和管理，减少一些软碰撞问题的发生。⑤在 BIM 模型中可以对管线的定位标高给予明确的标注，并且可以直观地看出楼层的层高分布情况，轻松地发现二维图纸中难以发现的空间问题，间接地优化了设计，减少了碰撞的现象。

（六）质量信息传递

在项目实施过程中，传统模式下质量信息的传递方式通常采用书面形式或者口述的形式，传统沟通需要的时间较长而且比较烦琐。进行交接时采用点对点的方式，需要对大量的纸质资料进行交接，经常出现各参与方之间信息流失的问题。

BIM技术在质量信息传递方面的优势如下：①最大优点是建立了施工单位内部人员间的高效的沟通机制，实时对质量信息进行管理，大大改善了施工单位与其他参与方的沟通方式。例如，应用BIM工作集合和链接功能，建立项目中心文件或者BIM信息平台，利用该平台进行信息的上传、修改、发送及交流等。在施工过程中，利用网络能随时随地查看项目的质量信息，通过移动端整改并上传质量信息。②使用BIM技术的项目，改变了传统纸质媒介的交流方式，很大程度上降低了工程项目中各参与方协同工作的难度。各参与方通过BIM模型进行信息传递与沟通，以多对点的方式进行资源的共享，具有安全、快速等优点。从信息交流和传递方面来说，BIM最大限度地提高了工作效率和信息的准确性。③应用BIM技术的工程项目，全员参与质量管理和质量信息传递的过程，从一线工人到技术管理人员都有很强的质量意识，所有人通过BIM模型进行质量信息的传递，既快速又便捷。

（七）质量管理资料存储

传统项目质量管理的信息存储一般以纸质文件为主，整个项目包括设计图纸、质量管理信息等资料，数量庞大。传统项目质量管理信息存储方式不仅使用二维存储这种落后的管理方式，还存在资料分散和本地化管理等问题，不利于之后的分类、保存与查询。

基于BIM技术的工程项目的管理比较注重信息的实时性，也就是说在工程实施过程中，项目各方参与者把施工情况实时记录到BIM模型中，并且每条信息的录入人员需对录入的信息负责。在项目施工过程中，涉及每个过程的资料（如设计变更文件、工程协商材料、质量验收相关材料），都应该以数据的形式存储到相应位置并与BIM模型相关联。在工程竣工进行验收时，信息提供方需提供所有有效的文件。

1. BIM模型与工程资料的关联

通过对工程项目施工过程中各种工程文件的分析，将BIM模型与实际情况结合，根据资料与模型的关系，项目的工程资料可分为以下三种：①一份资料对应模型的多个部位。②多份资料对应模型的一个部位。③工程综合资料，不关联模型部位。

2. 运用 BIM 技术的优势

在整个工程项目中，施工质量管理是项目最重要的工作之一。运用 BIM 技术的工程项目较传统模式下的项目而言有以下优势：①BIM 技术具有能够模拟实际施工现场的功能，并且能存储和管理项目施工时所涉及的海量材料。②在进行现场质量审核时，BIM 技术可以作为校核依据。③BIM 技术可以将三维激光扫描等硬件设备与相应的软件工具相结合，能够很好地监控现场质量情况，一旦发现问题及时进行解决。

应用 BIM 技术的工程项目可以实现模型与资料的联动，当工程变更、模型更改时，相应的资料也会跟着变化，便于管理员查询；在进行质量校核时，使用 BIM 技术存储的施工信息作为校核依据可以非常方便地用于施工现场。

（八）质量检查对比

在施工质量控制中应用 BIM 技术，通过现场拍照片、目测或者实际测量获得质量信息，并将这些信息上传，关联到 BIM 模型进行对比检查；也可通过 BIM 技术对施工过程中的钢筋下料进行复核等，不需要携带厚厚的图纸，就可掌控施工现场的实际施工质量；也可以通过移动端的应用在现场直接进行对比、复核下料等，并收集信息。应用 BIM 技术进行质量对比时，根据质量问题的严重性，落实到具体的责任人进行整改，并进行记录存档及跟踪管理等工作。

（九）现场质量控制

建筑信息模型承载了项目的各种相关信息，一切用数据说话，数据是质量管理活动的基础。在施工质量控制的过程中，及时收集质量数据，并对其进行归类、整理、加工，获得建设质量信息，发现质量问题及原因，及时对施工工序进行改进。数据收集完成之后，要及时地统计、使用，以免数据丢失。

建立 BIM 模型，构建施工质量信息化系统框架，最重要的也是比较困难的就是将 BIM 模型与施工现场的质量数据与整改状况实时对接，确保项目完工时的质量信息与模型一致。BIM 技术的应用为质量信息的收集、整理和存储提供了技术保障。

现场施工阶段的质量控制是整个质量控制阶段最为重要的一环，因为这关乎整个工程质量的命脉。现场质量控制的主要目标是对在施工过程中建筑构件的持续循环的质量控制，最后达到质量控制的要求。

1. 现场采集

根据现场情况不同，现场采集有不同的方式。一般情况下有两种采集方法：①基础录入方式，采用 iPad、数码相机等拍照。②在现场情况较为复杂、质量信息量大、涉及对象较多的情况下，可使用全景扫描技术，并辅以视频影像。

上述这两种方法灵活配合，现场质量情况可从全局和局部进行采集。

2. 质量信息录入

实时跟踪、及时准确地将质量信息录入 BIM 模型是 BIM 质量管理应用的亮点。BIM 模型在对施工中的质量相关信息记录之后，要将记录的质量信息上传至数据库中，为原有模型再增添一项新的维度——质量信息维度。在质量信息中，具体内容、质量情况、处理情况、时间等条件缺一不可，还要加入现场收集的时间、天气、工程部位等实时信息，以形成完整的质量信息，与 BIM 模型中特定构件进行关联。

3. 质量检查对比

通过客户端进行现场实际和模型对比。

4. 质量偏差整改

项目人员发现质量误差时要及时整改，并把质量整改时间、整改结果等以图片和文档的形式录入 BIM 模型。

传统方式进行现场的质量管理和控制时，一般依照二维图纸的数据，对现场数据进行实际测量，通过比对检验质量是否合格。在项目中运用 BIM 技术后，可以将该技术与现代数码设备结合，进行现场实时监控，一旦发现施工现场有问题，实时上传和报告，实现数字化的管理。

基于 BIM 的质量管控对时间维度、空间维度和构件类别等的质量信息进行统计汇总，把从工程开工到竣工的全部质量信息存储在 BIM 系统的后台服务器中。BIM 质量管控可以随时调取不同时间、空间或构件的质量数据资料，保证工程基础的数据及时、准确，为决策者提供最真实、准确的支撑体系。首先，相关人员应获取现场相关的质量信息，获取的方法有现场拍摄照片，通过实际测量和靠观感的文字信息等；其次，将得到的反映质量状况的图片信息和文字信息等质量信息关联到 BIM 模型，在 BIM 平台中进行质量检查，把握现场实际工程质量；最后，相关人员根据 BIM 平台中的质量信息判断是否有质量偏差需要整改。

（十）4D 施工模拟

在工程项目施工前，进行专项施工方案的模拟以及优化能够起到重要的指导作用，合理的专项方案是项目规划具有可实施性和高细致程度的基础。随着社会的发展，现代工程项目中常常会用到一些新材料和新工艺。但是，工程项目的技术人员和施工人员并不知道该如何使用这些新型材料，传统模式的工程项目主要依靠二维图纸以及一些必要的文字编制工程项目的专项施工方案，却很难将新材料和新工艺的使用步骤和工序介绍清楚，施工人员和技术人员理解起来也非常困难。使用 BIM 技术的工程项目在进行专项施工方案的模拟时，会针对不同材料的特性，将施工步骤和需要注意的地方直观地表现出来，在此基础上配上必要的文字，不仅大大提高了施工人员和设计人员对项目中材料使用的理解程度，还使专项施工方案的实用性有所保障。

4D 施工模拟基本上是通过将已经编制好的进度计划和 3D 模型关联开展的，4D 模拟能进行的一个关键因素是进度计划要有详细的构件分解和相应对照的具体工序。为了使 4D 模拟能够成功，需要通过进度计划对作业进行详细的构件分解，如混凝土柱的建造工序包括模板安装、结扎钢筋、混凝土浇筑、拆除模板等工作。各个活动涉及的作业空间、工作时间等各种因素都需要综合考虑，目的是使编制出的符合逻辑次序的施工工艺和细分的活动在 4D 模拟中展示出来。4D 模拟过程是将构建好的施工模型和编制完成的进度计划进行交互，然后在三维软件中将模型的每一个构件按照一定工序进行施工模拟的过程。项目人员可以通过多种不同的方法、技术实现进度计划和施工模拟的链接。

应用 BIM 的虚拟建造技术，结合 PDCA 循环法对施工过程及施工方案进行不断的优化和调整，最后形成最优施工方案，应用该方案指导实际的施工过程，有利于减少施工过程中的变更和不必要的施工。

（十一）4D-5D 施工资源动态管理

在实际工程的施工中，施工资源的管理是一个十分复杂的过程，这是因为施工现场的情况是随施工作业的进行而不断改变的，任何一种工序都在实时地使用多种资源，所以施工资源的管理是实时动态的资源管理。为了克服资源管理的局限性，需应用计算机技术辅助进行项目资源的动态管理，从而提高管理的效率，降低管理员的劳动量。随着 BIM 技术的发展，应用 BIM 技术对施工过程的资源进行动态的管理是施工管理应用的一项重要内容。

施工资源动态管理包括资源使用计划管理和资源使用动态管理。其中，资源使用计划管理可以自动计算任意 WBS 节点的日、周、月各时间段施工资源的计划用量，合理调配和控制施工人员的安排、工程材料的采购以及大型机械的进场等工作；资源使用动态管理即资源的动态查询与分析，实现计划预算用量、实际预算用量以及实际消耗量的对比分析。

例如，在考虑机械设备在施工现场的布置时，人们不仅需要对现场空间的整体布局有所掌控，还要考量施工工序上的安排对机械设备的布置产生的影响。利用软件本身自带的大型机械设备，通过软件对现场的机械进行数字化模拟，对其占地面积与其设备高度进行模拟性分析。通常在传统的机械设备的现场布置中，施工人员缺乏对机械的高度考量，导致塔吊、履带吊等起重设备共同使用时受到影响。而在 BIM 技术的 3D 场地模拟下，施工人员可以通过对现场的模拟再造，以动画方式模拟设备吊装及机械挪场过程。

4D 施工资源信息模型是指运用 4D-BIM 技术，引入工程量清单计价方法，在三维建筑信息模型基础上关联 WBS、施工预算等信息，建立 4D 施工资源信息模型，并实现资源信息和预算信息的共享。在施工管理的过程中，项目人员将资源管理细化到 WBS 工序节点，并自动计算任意 WBS 节点的工程量以及这一阶段的人力、材料、机械消耗量和预算成本，可以实现 4D 施工资源的动态管理和实时监控，进而提高工程施工的质量。

5D 施工资源信息模型是建立在 4D 施工资源信息模型的基础上的实时成本（或者材料）信息。5D 施工资源的动态管理是为了实现施工过程的资源动态管理和成本实时监控，对施工过程中的工程量、资源、成本进行动态查询和统计分析，有助于全面地掌控项目的实施和保障资源的供给，同时保证了施工质量目标的实现。

（十二）协同管理机制

施工过程协同管理是指将施工作业过程中作业人员、技术人员和管理人员统筹起来，共同实现施工过程最初制定的目标。BIM 技术下的协同管理是指应用 BIM 技术将建设项目全生命周期所产生、需要的基本信息储存、整合至一个数据模型中，实现不同专业、不同人员的分工和协同，不同专业人员可以从同一构件的属性列表中获取各自所需的信息，也可以在核心模型上进行各自的设计工作并进行同步上传更新，BIM 的核心价值之一就是实现施工过程的协同管理。

基于 BIM 技术的项目协同管理是一个新兴的建筑工程项目协同管理体系，是近代工程项目施工生产的需求和发展的产物，满足共赢、互补、资源集成共享、有机融合和求同存异等原则。BIM 技术下协同管理的应用是指设计、采购、施工、运营阶段 BIM 应用的高度协作与深度整合，通过协同管理应用的技术和管理机制实现 BIM 的应用价值。

例如，在施工组织设计中，BIM 的施工组织设计是实现 BIM 质量控制的保证。质量控制部门要确保工程质量达到设计所要求的程度，每一类质量信息都汇集到 BIM 模型中，再由项目部对其进行统一的控制。传统的组织设计缺点明显，各个部门的分工不同造成沟通的不及时，容易发生施工质量事故，进而造成工期的延误。在 BIM 平台上，所有的流程和技术框架都是围绕唯一的 BIM 模型展开的。基于

BIM 的项目控制流程要求每个参与者、每个分包商、每个部门的信息最终必须上传至 BIM 模型，最后由项目的管理层汇总后分享给每个参与方。

将 BIM 技术下的协同管理机制应用于建筑工程施工过程中，协同项目的各参与方对项目进行建设，有利于设计成果更好地指导施工，有利于对人、材料、机械等资源进行有效控制，有利于施工过程的顺利进行等，进而保证工程的施工效果。

第三节　BIM 项目安全管理

一、基于 BIM 的项目安全管理优势

基于 BIM 的管理模式是创建信息、管理信息、共享信息的数字化方式，在工程安全管理方面具有很多优势。例如，基于 BIM 的项目管理，工程基础数据准确、透明、共享，能完全实现短周期、全过程对资金安全的控制；基于 BIM 技术，可以提供施工合同、支付凭证、施工变更等工程附件管理，并为成本测算、招投标、签证管理、支付等全过程造价进行管理；BIM 数据模型保证了各项目的数据动态调整，可以方便统计，追溯各个项目的现金流和资金状况；基于 BIM 的 4D 虚拟建造技术能提前发现在施工阶段可能出现的问题，并逐一修改，提前制定应对措施；采用 BIM 技术，可实现虚拟现实和资产、空间等管理，建筑系统分析等技术内容，从而便于运营维护阶段的管理应用；运用 BIM 技术，可以对火灾等安全隐患进行及时处理，从而减少损失，对突发事件进行快速应变和处理，快速准确掌握建筑物的运营情况。

BIM 技术的安全管理优势总结为以下几点：①危险洞口自动查找和自动布置防护栏杆。BIM 系统通过对各楼层的结构空间形体的自动计算分析，可以主动查找各个需要采取安全措施的洞口，提升预警能力，并自动布置安全防护栏杆；标明部位、位置；方便施工布置任务；自动计算防护工程量。②BIM 移动应用及时报告反映现场安全问题。通过智能终端与 BIM 系统结合的专门现场管理应用，现场人员一旦发现问题，即可拍照上传系统，向相关领导报告。照片有多个参数和定位功能，使照片数据更加有效。③视频系统与 BIM 系统的结合提升了可视化管理效果。与 BIM 系统关联，图像在建筑中的位置对应问题就解决了。

二、BIM 技术在项目安全管理中的应用

BIM 技术是 CAD 技术之后又一项在建筑行业领域广受关注的计算机应用技术，

随着 BIM 技术的推广，它将代替 CAD 技术在建筑工程中普及。BIM 技术逐渐取代了 CAD 技术，不仅可以将工程项目的规划、设计、施工等流程通过三维模型实现资源共享，还可以对整个建筑项目进行预算，预测工程项目实施过程中可能存在的问题及风险为工程设计解决方案提供了参考价值，减少了工程施工过程中可能产生的损失，同时优化了工程流程。由此可知，BIM 技术可以运用到工程项目的整个生命周期，即勘察、设计、运行、维护、改造、拆除等阶段。BIM 技术可以在工程项目的整个生命周期实现建立模型、共享信息及应用，保持各个施工单位的协调一致。

施工准备阶段安全控制：在施工准备阶段，利用 BIM 进行与实践相关的安全分析，能够降低施工安全事故发生的可能性。例如，4D 模拟与管理、安全表现参数的计算可以在施工准备阶段排除很多建筑安全风险；BIM 虚拟环境划分施工空间，排除安全隐患；基于 BIM 及相关信息技术的安全规划可以在施工前的虚拟环境中发现潜在的安全隐患并予以排除；采用 BIM 结合有限分析平台，进行力学计算，保障施工安全；通过模型发现施工过程中的重大危险源并实现水平洞口危险源自动识别。

施工过程仿真模拟：仿真分析技术能够模拟建筑结构在施工过程中不同时段的力学性能和变形状态，为结构安全施工提供保障。通常采用大型有限元软件实现结构的仿真分析，但对于复杂建筑物的模型建立需要耗费较多时间。在 BIM 的基础上开发相应的有限元软件接口，实现三维模型的传递，再附加材料属性、边界条件和荷载条件，结合先进的时变结构分析方法，便可以将 BIM、4D 技术和时变结构分析方法结合起来，实现基于 BIM 的施工过程结构安全分析，能有效捕捉施工过程中可能存在的危险状态，指导安全维护措施的编制和执行，防止发生安全事故。

模型试验：对于结构体系复杂、施工难度大的结构，结构施工方案的合理性与施工技术的安全可靠性都需要验证，因此利用 BIM 技术建立试验模型，对施工方案进行动态展示，从而为试验提供模型基础信息。

施工动态监测：近年来建筑安全事故不断发生，人们的防灾减灾意识也有很大提高，结构监测研究已成为国内外的前沿课题之一。对施工过程进行实时施工监测，特别是对重要部位和关键工序的监测可以使人们及时了解施工过程中结构的受力和运行状态。施工监测技术的先进合理与否对施工控制起着至关重要的作用，这也是施工过程信息化的一个重要内容。为了及时了解结构的工作状态，发现结构未知的损伤，建立工程结构的三维可视化动态监测系统就显得十分迫切。

防坠落管理：坠落危险源包括尚未建造的楼梯井和天窗等。通过在 BIM 中的危险源存在部位建立坠落防护栏杆构件模型，研究人员不仅能够清楚地识别多个坠落风险，还可以向承包商提供完整、详细的信息，包括安装或拆卸栏杆的地点和日期等。

塔式起重机安全管理：大型工程施工现场需布置多个塔式起重机同时作业，因塔式起重机旋转半径不足而造成的施工碰撞屡屡发生。确定塔式起重机回转半径后，在整体 BIM 施工模型中布置不同型号的塔式起重机，能够确保其同电源线和附近建筑物的安全距离，确定哪些员工在哪些时候会使用塔式起重机。在整体施工模型中，用不同颜色的色块标明塔式起重机的回转半径和影响区域，并进行碰撞检测生成塔式起重机回转半径计划内的任何非钢安装活动的安全分析报告。该报告可以用于项目定期安全会议，减少因施工人员和塔式起重机缺少交互而产生的意外风险。

灾害应急管理：随着建筑设计的日新月异，规范已经无法满足超高型、超大型或异型建筑空间的消防设计。利用 BIM 及相应灾害分析模拟软件可以在灾害发生前模拟灾害发生的过程，分析灾害发生的原因，制定避免灾害发生的措施以及发生灾害后人员疏散、救援支持的应急预案，减少损失并取得宝贵时间。BIM 能够模拟人员疏散时间、疏散距离、有毒气体扩散时间、建筑材料耐燃烧极限、消防作业面等，主要表现为 4D 模拟、3D 漫游和 3D 渲染能够标识各种危险，且 BIM 中生成的 3D 动画、渲染能够用来同工人沟通应急预案计划方案。应急预案包括五个子计划：施工人员的人口/出口、建筑设备和运送路线、临时设施和拖车位置、紧急车辆路线、恶劣天气的预防措施。利用 BIM 数字化模型进行物业沙盘模拟训练，提高保安人员对建筑的熟悉程度，在模拟灾害发生时，通过 BIM 数字模型指导大楼人员进行快速疏散；通过对事故现场人员感官的模拟，疏散方案更合理；通过 BIM 判断监控摄像头布置是否合理，与 BIM 虚拟摄像头关联，可随意打开任意视角的摄像头，克服传统监控系统的弊端。

灾害应急管理：另外，当灾害发生后，BIM 可以提供救援人员紧急状况点的完整信息，配合温感探头和监控系统发现温度异常区，获取建筑物及设备的状态信息，通过 BIM 和楼宇自动化系统的结合，使 BIM 能清晰地呈现出建筑物内部紧急状况的位置，甚至找到紧急状态点最合适的路线，救援人员可以由此做出正确的现场处置，提高应急行动的成效。

第四节 BIM 项目成本管理

一、基于 BIM 的项目成本管理简介

(一) 实现全员、全过程的成本管理

BIM 技术作为一个协同的信息数据库技术，包括设计、施工、运营等建设项目全生命周期完整的数据信息流。作为一种信息技术，BIM 以三维数字技术为基础，可以将施工过程中的相关工程数据模拟成模型，从而方便设计者进行建筑设计，方便施工者进行施工，方便运营者进行运营。

BIM 技术下的成本计划的编制就是以业主为主导，设计单位、施工单位、建设单位、监理单位和材料供应商共同组成的。通过前期建筑信息模型的搭建，各单位根据自身要求在模型搭建阶段沟通交流，能够提早发现并解决现场施工时可能会出现的问题，从而制定合理优化的进度计划，指导项目顺利进行，优化成本计划。

BIM 技术能够把工程项目设计、施工、运营、维护和拆除等各个环节的所有参与部门的数据都整合起来，从而实现对工程的精细化管理。这就要求 BIM 技术的信息具有关联性，而且在资源共享的过程中不会因为时间、空间上的差异而使资源出现偏差。

(二) 优化项目人、材、机成本管理

在工程造价控制环节中引入 BIM 理念，在 BIM 技术下建立三维模型，对时间成本进行实时监督、控制，可以使资金计划、人员安排以及设备管理等更加科学、合理。在三维模型下，设计人员能够提前计算出每个时间段的工作量，然后在核算的基础上对资金计划以及工作计划做出调整。通过 BIM 技术对施工进行的模拟，建设单位及供应商可以较为准确地熟悉材料供应的数量和时间，包括施工所用方案以及材料用量，以模型为基准开展的管理工作不会与实际情况相脱离，且材料供应计划更加准确，保证材料设备供应不影响工期并节省运输、仓储成本。同时，BIM 可以根据工程进展情况对建模形式做出优化，具有可协调性，使造价管理人员能够直观地观察到各项目建设所需资金，为实现精细化造价奠定了基础。

(三) 加快项目造价流程进度

在现阶段，Revit 直接算量运用得相对较少，还不成熟，但是各大造价软件运

营商均已开发了相关的 BIM 工程量计算模块，通过 Revit 模型导入，可以节省大量的图样翻模时间，相对于传统二维图导入造价软件翻模的方式，能够避免一些图样识别不了、识别错误的问题，大大提升了效率。在全 BIM 时代，从设计人员开始使用 BIM 直接进行设计，到各造价人员运用同一个平台的 BIM 应用模型提供的工程量数据进行概预结算，能够使造价人员从繁复的工程翻模、工程量计算等工作中解放出来，更多进行工程经济分析。

同时，从项目开始到项目结算阶段，有各个不同的造价部门和造价人员、由于各参与方都使用基于同一平台的 BIM，工程量计算及价格均统一，变更管理更为清晰，对于数据争议将会大幅减少。从项目开始的概算审批到项目最后的结算都能更快速、更准确地进行，优化流程、节省时间，为项目的顺利进行提供了支持。

二、基于 BIM 的成本管理优势

BIM 技术在处理实际工程成本核算中有着巨大的优势。建立 BIM 的 5D 施工资源信息模型（3D 实体、时间、工序）关系数据库，使实际成本数据及时进入 5D 关系数据库，成本汇总、统计、拆分对应瞬间可得。建立实际成本 BIM，周期性（月、季）按时调整维护好该模型，统计分析工作就很轻松，软件强大的统计分析能力可轻松满足人们的各种成本分析需求。基于 BIM 的实际成本核算方法较传统方法具有以下几大优势。

（一）快速

由于建立了基于 BIM 的 5D 实际成本数据库，汇总分析能力大大加强，速度加快，短周期成本分析不再困难，工作量减小、效率有所提高。

（二）准确

成本数据动态维护，准确性大大提高，通过总量统计的方法消除了累积误差。另外，通过实际成本 BIM，很容易检查出哪些项目还没有实际的成本数据，监督各成本实时盘点，提供实际数据。

（三）分析能力强

基于 BIM 的实际成本核算方法可以多维度（时间、空间、WBS）汇总分析更多种类、更多统计分析条件的成本报表。

（四）提升企业成本控制能力

将实际成本 BIM 通过互联网集中在企业总部服务器上。企业总部成本部门、财务部门就可共享每个工程项目的实际成本数据，实现了总部与项目部的信息对称，加强了总部成本管控能力。

总之，BIM 成本控制解决方案的核心内容是利用 BIM 软件技术、造价软件、项目管理软件创造一种适合我国现状的成本管理解决方案，整体解决方案包含了设计概算、施工预算、竣工决算、项目管理、运营管理等所有环节成本管理的模块，构成项目总成本控制体系。

三、BIM 在成本管理中的应用

BIM 技术中整合建筑、结构和设备水暖电等模型信息，能够彻底消除硬碰撞、软碰撞，检查和解决各专业的矛盾以及同专业间存在的冲突。减少额外的修正成本，避免成本的增加。另外，施工人员可以利用碰撞优化后的设计方案，进行施工交底、施工模拟，使业主能够更真实地了解设计方案，提高了与业主的沟通效率。

第五章 隧道工程养护管理

第一节 城市隧道养护工程管理

隧道养护工程包括隧道检测评估、维修方案设计等技术咨询类和隧道维修加固、隧道机电及设施设备维修、隧道环境改善等施工类工程。隧道养护工程管理是隧道养护工作极其重要的部分，必须设置专业技术和质量部门加强管理。

一、隧道养护计划管理

（一）隧道养护计划编制的原则

城市隧道养护计划编制的原则是"立足隧道安全运营，兼顾规范要求，科学编制"，每座隧道都应有中长期养护规划。规范要求需要严格执行，总体养护成本也应该控制。科学编制计划就是要求在满足规范的前提下，尽量减小养护成本和创造更多的社会效益。把握隧道使用寿命周期成本，要求隧道养护必须有前瞻性和预见性，要用科学的观念、手段、方法指导和推进城市隧道管养工作。

（二）隧道养护计划编制的范围

①规范规定必须开展的城市隧道检测评估工作。②按照规范要求必须开展的城市隧道维修工作。③特殊情况下发生的城市隧道检测评估和维修工作。④企业基于隧道安全运营养护成本最小化和其他因素开展的城市隧道维修工作。

隧道管养单位应该提前谋划，根据隧道建设情况、隧道交通流量、地理环境位置等隧道寿命的影响因素制订隧道管养中、长期计划，通过长远规划、防治结合，尽量减小总体养护成本和对交通的影响。

（三）城市隧道养护计划主要内容

城市隧道养护计划应主要包括项目名称、项目概况及必要性，项目主要工作内容、工程数量，项目实施主要工艺、方法，项目工程费用预算等。隧道维护维修计划应该由有经验的隧道管护人员进行编制，充分征求参建各方及有经验的施工单位的意见，形成主要实施方案并尽可能组织专家论证，查漏补缺，确保计划的可行性和实用性。

（四）隧道养护计划编制要求

按照规范和制度要求，必须开展的周期性工作计划，具体计划如下：①管养单位宜在每年年底做好第二年的年度养护计划，包括城市隧道检测计划、城市隧道维护维修计划、隧道行车环境改善等。②城市隧道检测计划：按照相关规范和本手册规定的检测任务，结合管理单位特殊需求进行编制。③城市隧道维护维修计划：根据当年隧道检测资料和养护建议，结合管理单位实际情况，提出维护维修计划，需要请专业设计单位进行维修方案设计的，要将设计任务一并纳入计划中。城市隧道维护维修应从保障功能、消除安全隐患（包括结构耐久性）、隧道行车环境三个不同的层面，结合使用寿命周期成本和社会交通影响等因素进行综合考虑。④城市隧道养护计划：应进行分类，以便于统计。如大的方面分为土建类、机电类、采购类和其他费用，土建类又包括涂装类、路面类、结构类等，机电类分强电类和弱电类，其他费用包括水费、电费等。⑤维护计划的编制应做到有据可查、有规可依，经过相关部门的审核后方可实施。⑥对于较大的专项维护项目，编制维护计划前应提前设计、论证专项维护方案，以便维护计划的准确性和资金申请。⑦根据计划的实施情况，因突然要求或突发事故而制订的计划，可于下半年进行调整。

二、建设程序管理

城市隧道养护工程建设程序管理是确保养护工程项目依法依规顺利实施的重要保证，必须由相关部门加强管理，城市隧道养护工程根据工程规模可分为大型维护项目和一般维护项目。

（一）大型维护项目

大型维护项目应参照相关法律法规规定的工程建设程序实施。建设程序主要包括以下步骤：①编制项目建议书。对建设项目的必要性和可行性进行初步研究，提出拟建项目的轮廓设想。②开展可行性研究和编制设计任务书。具体论证和评价项目在技术和经济上是否可行，并对不同方案进行分析比较；可行性研究报告作为设计任务书（也称计划任务书）的附件。设计任务书对是否实施该项目、采取什么方案、选择什么建设地点作出决策。③进行设计。从技术和经济上对拟建工程作出详尽规划。大中型项目一般采用两段设计，即初步设计与施工图设计。对于技术复杂的项目，可增加技术设计，按三个阶段进行。④安排计划。可行性研究和初步设计送请有条件的工程咨询机构评估，经认可后报计划部门，经过综合平衡，列入年度基本建设计划。⑤建设准备。包括水电接入、落实施工力量、组织物资订货和供应、办理施工许可以及其他各项准备工作。⑥组织施工。准备工作就绪后，提出开工报告，经过批准，即开工兴建；遵循施工程序，按照设计要求和施工技术验收规范进行施工安装。⑦生产准备。生产性建设项目开始施工后，及时组织专门力量，有计划、有步骤地开展生产准备工作。⑧验收投产。按照规定的标准和程序，对竣工工程进行验收，编制竣工验收报告和竣工决算，并办理固定资产交付生产使用的手续。对于小型建设项目，建设程序可以简化。⑨项目后评价。项目完工后对整个项目的造价、工期、质量、安全等指标进行分析评价或与类似项目进行对比。

（二）一般维护项目

①项目立项。根据检测评估报告，提出项目实施意见，报公司批准立项。②项目设计。对于需要进行专项设计的项目，要从技术和经济上对拟建工程作出详尽规划。小项目可直接采用施工图设计，大中型项目一般采用两段设计，即初步设计与施工图设计。对于技术复杂的项目，可增加技术设计，按三个阶段进行。③安排计划。对于完成设计的项目，根据施工图预算，报计划部门，经过综合平衡，列入年度基本建设计划。④建设准备。包括落实施工力量、组织物资订货和供应、办理施工许可以及其他各项准备工作。⑤组织施工。准备工作就绪后，提出开工报告，经过批准，即开工建设；遵循施工程序，按照设计要求和施工技术验收规范进行施工安装。⑥生产准备。生产性建设项目开始施工后，及时组织专门力量，有计划、有步骤地开展生产准备工作。⑦验收投产。按照规定的标准和程序，对竣工工程进行验收，编制竣工验收报告和竣工决算，并办理固定资产交付生产使用的手续。对于小型建设项目，建设程序可以简化。⑧项目后评价。项目完工后对整个项目的造价、工期、质量、安全等指标进行分析评价或与类似项目进行对比。

三、养护工程方案管理

对城市隧道检测评估报告中提出的隧道病害，隧道管理单位要按照规范要求及时进行养护维修。对于普遍、简单病害的处治，业主可视情况决定是否进行专项维修设计。

对业主决定主要请专业单位进行专项维修设计的，要做好以下管理工作：①根据设计单位要求提交相关隧道竣工、维修加固、检测评估等资料。②如所提交的资料不能满足设计要求，则需补充提交相关资料。补充资料的收集可由设计单位完成，也可外委其他专业机构完成。③在设计实施阶段，与设计单位保持密切沟通，以便充分交流双方意愿，确保设计工作效率。④设计文件审查。对设计单位提交的设计文件，要组织召开专家评审会，完整记录专家评审修改意见，督促设计单位修改完善。⑤对照专家评审修改意见，验收设计文件并存档。

对业主决定不需要请专业单位进行专项维修设计的，相关部门必须自行拟定维修方案，明确工程部位、工程内容、工程数量、施工措施、维修技术要求和交通组织方案等重要内容。

四、招投标管理

商务部门按照审批后的技术要求或图纸进行预算编制，严格执行国家法律法规和公司规定，通过公开招标、比选等形式确定竞标单位。城市隧道养护工程应在符合招投标的国家政策和管理单位制度的前提下，尽量围绕简化流程、缩短周期、保证质量、减少成本的指导思想开展工作。

（一）招投标管理相关部门及职责分工

①商务部门：负责年度维护计划内的维护项目招（竞）标工作。组织编写、起草招（竞）标项目的招标文件、招标控制价，办理相关手续和整个招投标的管理工作。②工程部门：负责招（竞）标维护项目设计方案、技术要求的编制及审核、项目前期相关手续等工作。③法务审计部门：负责审查招（竞）标项目的招标文件、招标控制价，负责养护单位信息库日常管理。④监督部门：党支部和纪检部门负责招（竞）标工作的全过程监督。

基于城市隧道养护项目的紧迫性和公开招投标程序的周期性特点，有关部门要精心组织项目招投标工作，确保工作效率。

（二）招标原则

①按照有关招投标的国家政策和公司制度规定，必须进行公开招投标的城市隧道养护项目，要依法依规开展项目招标、评标工作。②按照有关招投标的国家政策和公司制度规定，可以不进行公开招投标的城市隧道养护项目，尽量采取邀请招标或竞争性比选或直接委托的方式开展项目招投标工作，以提高养护工作效率。除应急抢险和零星项目外，其余项目宜采用竞争性比选方式。针对一些需要立即实施，否则就会存在安全隐患的应急抢险项目和零星管养项目，责任部门宜通过养护单位信息库抽取实施单位。

（三）招投标程序

1. 公开招标投标项目的基本程序

隧道管养项目一般采用资格后审的公开招标方式，招标投标的基本程序须满足国家现行相关法律法规。

2. 竞争性比选的基本程序

根据维护项目投资大小，邀请 3～5 家符合隧道管养要求的承包商，对其发出邀请参加投标，同一合同段不得少于 3 家。竞争性比选的基本程序如下：①招标人编制并审定竞争性比选文件和限价。②委托有资质的咨询单位编制及审核限价报告。③招标人发出邀请函。④投标人递交投标文件，招标人进行公开开标。⑤评标小组评标，评标小组编写评标报告、推荐中标候选人。⑥招标人确定中标人，向中标人发出中标通知书。⑦招标人与中标人订立合同。

（四）招投标管理的记录和档案

按照有关规定，应对单位招标活动进行档案管理。工程招标投标档案资料应建立专门的工作案卷，包括招标记录、招标预算、招标文件、评标标准、投标文件、评标委员会名单、评标报告、合同文本、质疑答疑、投诉处理及其他有关文件、资料。

（五）养护单位信息库管理

1. 养护单位信息库的建立

鉴于大部分维护项目工程量较小，存在大量设施应急抢险情况，为了更好保证隧道设施安全，隧道管养单位可根据具体情况建立养护单位信息库，分为设施维护工程、采购、服务、零星维护项目及应急抢险前期处置四大类。法审部门会同工程部门等相关部处进行入库资格评审，并按报名单位主要资质进行分类。

2. 养护单位入库基本资格要求

①具有独立承担民事责任的能力。②具有良好的商业信誉和健全的财务会计制度。③具有履行合同所必需的设备和专业技术能力。④有依法缴纳税收和社会保障资金的良好记录。⑤没有被相关行政主管部门暂停投标资格，若入库后，发现入库单位有被暂停投标资格，将取消其作为单位信息库中的备选人资格。⑥报名截止日前两年内，人民法院判定犯行贿罪的，在其相关文件规定的期限内不得作为入库单位。若入库后，经查询发现入库单位或法定代表人有行贿犯罪事实的，将取消其作为单位信息库中的备选人资格。⑦报名单位的经营范围和资质满足邀请函及养护单

位信息库缺失专业的要求。

3. 养护单位信息库的管理

为落实招标比选程序，工程部门或公司相关部门按照职责分工根据项目规模、难度等确定施工单位或其他合作单位的资质要求，并报商务部门、法审部门复核，报工程部门分管领导和相关业务分管领导审批执行。设施维护工程类项目由工程部门会同商务部门等相关部处进行抽取，其他项目由承办部处会同商务部门等相关部处进行抽取。

养护单位的抽取：①根据设施维护工程类项目费用大小，由承办部处、经营部门等相关部处在法审部门的监督下抽取 3～5 家单位进行竞争性比选，根据竞争性比选结果确定合作单位及合同价格。②如库内设施维护工程类备选单位不满足抽取数量要求，由承办部处和工程部门推荐业绩和能力与项目要求相符合，诚信经营的备选单位，并报公司决策后参与抽取或竞争性比选。

特殊情况下，不能采取竞争性比选或直接抽取的方式确定合作单位时，由承办部处报公司确定合作单位。合同费用应采用谈判方式确定，但不得高于可供参考的标准，费用谈判应形成谈判会议纪要作为决策依据。

养护单位后评价。对养护单位信息库采取动态管理机制，法审部门会同相关部门定期或不定期对库内单位进行审查考核。项目承办部处根据养护单位在工程实施及质保阶段的真实表现，客观公正地填写项目养护单位综合评分表，并交工程部门及法审部门复核。每年末汇总算出各养护单位的平均分，平均分在 80 分（不含）以下的为不合格，移出养护单位信息库。

五、过程管理

（一）施工技术管理

1. 对业主单位层面的城市隧道养护工程施工技术管理

①相关部门要组织相关人员认真仔细熟悉设计文件及相关技术标准、规范、规程，深入了解设计意图和熟悉实现方法，了解施工工艺、质量控制措施和质量检验、检测方法、指标等，便于顺利开展相关工作。②组织开展设计技术交底工作。要组织业主单位、设计单位、施工单位、监理单位等参建各方开展设计技术交底工作，设计单位应详细阐述设计文件重要内容，对其他参建各方提出的问题，要详细解答；对未尽事宜，要通过补充设计文件或会议纪要等方式予以明示。③收集竣工文件，存档。

2. 对施工单位层面的城市隧道养护工程施工技术管理

(1) 督促承包人编制施工方案

承包人进场前要编制项目施工组织设计，必要时还应编制交通组织方案，经承包人审查签字完善后上报。施工方案主要内容有工程概况、实施原因、施工技术要求及指标、施工工序及工艺、材料技术指标、质量标准及要求、工程量、工期要求、工程档案要求、安全文明施工要求、安全技术措施是否完整、可行及方案计算书和验算依据是否符合有关标准规范、施工的基本条件是否满足现场实际情况等内容，同时包含技术方案的合理性、科学性、经济性、可行性及新材料、新设备、新工艺、新技术的运用等内容。

(2) 施工方案审批

对承包人上报的施工方案，业主单位或监理单位（如果有）要组织审查，满足要求后应及时签批，便于后续工作实施。

①一般性施工方案由公司技术方案审查小组负责审批，组员由城市隧道养管部门、技术管理部门的相关工程技术人员等组成。②专项施工方案由公司相关部门组织专家评审会进行审批，公司技术方案审查小组参与审查。专家组由有资格且具有隧道建设及养护经验的专家担任。③施工方案的审批流程及内容如下：初审由方案起草单位技术负责人负责审核；复审由公司技术方案审查小组（一般性施工方案）或专家评审会（针对专项方案）。④施工方案经施工单位技术负责人、项目总监理工程师、隧道管养单位项目负责人签字后，方可组织实施。

(3) 负责组织对施工单位进行项目安全技术交底

主要内容如下：①项目的施工作业特点和危险点。②整个施工过程中各分部分项工程、特殊和隐蔽工程以及采用新工艺、新技术、新设备、新材料及易发生安全事故的部位。③针对危险点的具体预防措施。④应注意的安全事项。⑤相应的安全操作规程和标准。⑥发生事故后应及时采取的避难和急救措施。

(二) 城市隧道养护质量管理

1. 质量管理的机制和人员

①隧道维护维修质量管理应该由专门的机构或部门进行管理，人员应该有丰富的隧道养护管理经验或隧道施工经验。②对于实行监理的工程，建设单位应当委托具有相应资质等级的工程监理单位进行监理，也可以委托具有工程监理相应资质等级且与被监理工程的施工承包单位没有隶属关系或其他利害关系的该工程的设计单位进行监理。同时，业主单位应对现场进行必要的检查、巡查和监督，确保质量管

理体系到位。③业主单位养护质量管理人员或监理人员要督促承包人成立项目部和质量管理机构，检查机构成员构成情况是否满足合同要求，检查质量管理制度是否健全。

2. 施工前质量管理

①对所有的合同和技术文件、报告进行详细的审阅，如图纸是否完备，有无错漏空缺，各个设计文件之间有无矛盾之处，技术标准是否齐全等。除合同以外，应该重点审查的技术文件主要包括以下内容：第一，审核施工方案、施工组织设计和技术措施；第二，审核有关材料、半成品的质量检验报告；第三，审核设计变更、图纸修改和技术核定书；第四，审核有关应用新工艺、新材料、新技术、新结构的技术鉴定书。②配备检测实验手段、设备和仪器，审查合同中关于检验的方法、标准、次数和取样的规定。③做好设计技术交底，明确工程各个部分的质量要求。④准备好监理、质量管理表格。⑤审核开工报告，并经现场核实、签批。

3. 施工中质量管理

工序质量控制：①确定工程质量控制的流程。②主动控制工序活动条件，主要指影响工序质量的因素。③及时检查工序质量，提出对后续工作的要求和措施。

设置质量控制要点：①对技术要求高、施工难度大的某个工序或环节，设置技术和监理的重点，重点控制操作人员、材料、设备、施工工艺等。②针对质量通病或容易产生不合格产品的工序，提前制订有效的措施，重点控制。③对新工艺、新材料、新技术也需要特别引起重视。

严格质量检查：①作业人员检查，包括操作者的自检、班组内互检、各个工序之间的交接检查。②施工员的检查和质检员的巡视检查。③监理和政府质检部门的检查，具体包括以下内容：装饰材料、半成品、构配件、设备的质量检查，并检查相应的合格证、质量保证书和试验报告；分项工程施工前的预检；施工操作质量检查、隐蔽工程的质量检查；分项分部工程的质检验收；单位工程的质检验收；成品保护质量检查。

（三）安全环保管理

1. 安全管理机制及人员

①隧道维护维修安全管理应该由专门的机构或部门进行管理，人员应该有丰富的隧道养护安全管理经验。②对于实行监理的工程，建设单位应当委托具有相应资质等级的工程监理单位进行监理；同时，业主单位应对现场进行必要的检查、巡查和监督，确保安全管理体系到位。③业主单位养护安全管理人员或监理人员要督促

承包人成立项目部和安全管理机构，检查机构成员构成情况是否满足合同要求，检查安全管理制度是否健全。

2．施工安全技术交底

①城市隧道管养项目负责人在生产作业前对直接生产作业人员进行该作业的安全操作规程和注意事项的培训，并通过书面文件方式予以确认。②建设项目中，施工单位应落实三级交底制度，向有关人员进行安全技术交底。③安全技术交底工作完毕后，所有参加交底的人员必须履行签字手续并记录存档。

3．施工安全检查

（1）安全检查的内容与分类

定期安全检查是指公司明文规定的，有固定的检查时间、检查人员、检查方法、检查依据等的安全检查，主要检查内容包括以下方面：单位（含分包单位）具备安全生产条件、持有安全生产许可证、职业健康安全管理体系运行情况；安全生产监管组织机构设置、专职安监人员配备情况；安全生产责任制、安全生产各项规章制度建立和实施情况；"三类人员"（企业主要负责人、项目负责人、专职安监人员）取得安全生产考核合格证书和作业人员安全教育、特种作业人员持证上岗情况；安全生产费用规范提取和使用情况；在建工程项目办理施工许可、安全生产报监手续、作业人员意外伤害保险和施工人员个人劳动保护用品使用管理情况；危险性较大的工程专项施工方案编制、审核、论证、审批、交底、实施及该工程验收情况；公司及上级单位的安全管理规章制度、标准化图册贯彻执行情况；维护工程安全生产事故隐患（包括基坑支护、脚手架、模板支架、安全防护、临时用电、大型设备、起重吊装、小型机具、施工消防等）以及施工现场违章指挥、违规作业及违反劳动纪律情况；施工安全日志和城市隧道管理与养护施工安全监督巡查记录填写情况，安全生产监督检查情况，对检查发现的施工现场安全生产事故隐患的整改情况；建立安全生产应急体系与能力保障、编制应急预案和演练情况；及时、如实报告生产安全事故和事故查处情况。

不定期安全检查是指不固定检查时间，由各职能部门和各级管理人员按照公司安全生产责任制要求，在其工作职责范围内，根据生产需要随时开展的安全检查。

季节性安全检查是指针对气候特点（如雨季、夏季、冬季、风季等）可能给施工生产带来危害而组织的安全检查，具体分为春季、夏季、秋季、冬季、雨季和风季安全检查。春季和雨季安全检查以防雷、防坠落、防触电、防坍塌为重点，夏季安全检查以防暑降温、防坠落、防触电、防台风、防洪涝为重点，秋季安全检查以防火、防爆、安全防护设施为重点，冬季安全检查以防冻、防滑、防坠落、防煤气中毒为重点，风季安全检查以防火、防坠落、防倒塌为重点。

安全综合检查是指由单位、项目主要负责人定期组织相关职能部门共同开展的综合性安全检查。

专业性安全检查是指各级职能部门分别针对安全防护设施、机械设备、临时施工用电、危险化学品、消防保卫、后勤卫生、交通和安全教育培训等开展的专项安全检查。

（2）施工单位项目安全检查

①项目部每周定期组织开展一次安全综合检查，由项目经理带队，项目生产经理、总工程师、安监负责人、责任工程师、分包单位负责人等主要管理人员参加，对项目生产、办公、生活区域进行拉网式安全综合检查。②项目经理要坚持到施工现场进行带班生产，组织协调工程项目的质量安全生产活动。项目经理部应建立现场负责人带班管理办法，确定排班计划并进行现场公示，带班管理应有带班记录和交接班记录。项目的带班管理办法应符合公司、工程局及总公司等相关管理规定。带班项目负责人因其他事务需离开施工现场时，应向项目建设单位请假，经批准后方可离开。离开期间应委托项目其他负责人负责其外出时的日常工作，办理交接手续并记录。③项目安监负责人负责组织项目部和分包单位有关人员进行每日安全监督检查。④项目专职安全员负责每日对本责任作业场所进行安全监督检查。施工作业班组兼职安全员负责每日对本班组的作业场所进行安全监督检查。⑤项目部要安排专人负责对大型机械设备、附着升降脚手架、深基坑、地下暗挖、高大模板、大型吊装、拆除、爆破、高大脚手架等危险性较大的项目进行旁站监督，及时发现并消除事故隐患，项目安监部门对出现的重大安全隐患和紧急情况有权下达局部停工整改令。

4. 安全验收管理

①项目部要建立安全防护用具、设施设备验收管理制度。②项目自有、租赁、分包单位自带以及现场实施的安全防护用具、设施和设备必须严格执行验收制度。安全防护用具、设施设备未经验收或验收不合格，严禁使用。③经专家论证的超过一定规模的危险性较大工程，由项目部组织具体验收工作，上级单位相关部门参与验收。

5. 危险作业管理

①项目部要建立危险作业审批核准制度，主要指高空、涉电、动火等危险作

业。危险作业不具备安全生产条件时，严禁施工。②项目进行危险作业时，工区或作业面工程师（责任工程师）要向项目部安监部门提出作业申请，经批准后方可实施。项目安监部门对危险作业活动连续监控，作业完成后进行考核。③作业面工程师在工序开始至少前1天提出申请，填写危险作业申请→项目安全总监（主管）审核其防范措施→批准→巡查→考核→归档。④项目安全总监（主管）审核危险作业，核准施工条件包括方案编制及审核审批论证情况、技术交底、安全技术交底、实体防护、作业人员职业健康劳保防护用品配备情况、安全物资验收情况、施工机具设备安全装置及验收情况、特种作业人员配置及持证情况、警戒区设置及标识标牌、监护人配备情况、作业区周边环境、相关单位相关资质。

6. 安全生产事故隐患治理与整改反馈

①安全生产事故隐患是指违反安全生产法律、法规、规章、标准、规程和安全生产管理制度的规定，或因其他因素在施工生产活动中存在可能导致事故发生的危险状态、人的不安全行为和管理上的缺陷。②检查人员对存在安全生产事故隐患的单位下达安全隐患整改通知书或安全隐患局部停工整改令。③受检单位应建立安全生产事故隐患台账，定人、定时间、定措施进行整改。④安全生产事故隐患治理要求：隐患公示→问责处罚→挂牌督办→跟踪治理→逐项销号→举一反三。⑤受检单位对隐患治理整改情况要及时反馈，复查督办工作由上级单位分管安全生产的领导负责，安监部门承办。⑥根据安全生产监督检查的结果，必要时在一定范围通报，按照规定对有关单位和人员给予奖罚。

7. 职业健康管理

①承包人应按照法律规定安排现场施工人员的劳动和休息时间，保障劳动者的休息时间，并支付合理的报酬和费用。承包人应依法为其履行合同所雇用的人员办理必要的证件、许可、保险和注册等。承包人应督促其分包人为分包人所雇用的人员办理必要的证件、许可、保险和注册等。②承包人应按照法律规定保障现场施工人员的劳动安全，并提供劳动保护，并应按照国家有关劳动保护的规定，采取有效地防止粉尘、降低噪声、控制有害气体和保障高温、高寒、高空作业安全等劳动保护措施。承包人雇佣人员在施工中受到伤害的，承包人应立即采取有效措施进行抢救和治疗。③承包人应按法律规定安排工作时间，保证其雇佣人员享有休息和休假的权利。因工程施工的特殊需要占用休假日或延长工作时间的，应不超过法律规定的限度，并按法律规定给予补休或付酬。④承包人应为其履行合同所雇用的人员提供必要的膳宿条件和生活环境。承包人应采取有效措施预防传染病，保证施工人员

的健康，并定期对施工现场、施工人员生活基地和工程进行防疫、卫生的专业检查、处理。在远离城镇的施工场地，还应配备必要的伤病防治和急救的医务人员与医疗设施。

8. 环境保护

①在维护项目施工过程中，应敦促施工单位在施工组织设计中列明环境保护的具体措施。在合同履行期间，承包人应采取合理措施保护施工现场环境。对施工作业过程中可能引起的扬尘、大气、水、噪声以及固体废物污染采取具体可行的防范措施。②敦促应当承担因承包人原因引起的环境污染侵权损害赔偿责任。因上述环境污染引起纠纷而导致暂停施工的，由此增加的费用和（或）延误的工期由承包人承担。

（四）进度管理

①进度管理作为工程控制的关键点，是参建各方都必须努力实现的。②在项目立项阶段和技术要求阶段，隧道管养单位要充分论证进度目标是否合理；在实施阶段，工程技术部门要严格按照进度方案检查考核，宜按项目长短进行周、月、季度检查。当进度目标有偏差时，应及时采取措施进行修正。③施工单位作为进度管理的关键一方，应充分考虑项目的实施难度，合理调配工、料、机资源，合理安排工期。

（五）合同及变更管理

①合同的签订应严格按照国家相关法律法规和招投标程序进行。②合同是参建各方履行权利和义务的依据，参建各方应熟知合同内容，本着诚实守信、合作共赢的原则严格执行。③隧道管养单位商务部门应做好合同分析和解释，在交底阶段和实施阶段对有争议的内容进行解答。工程部门和施工单位应严格按照合同进行分解、落实。④出现变更时，应按照国家法律法规和公司相关规定进行变更程序。一般由施工单位或设计单位提出变更方案和概算，经建设单位和监理单位（如果有）审核后，再进行变更实施。

六、竣工验收管理

（一）验收的依据

验收的依据主要包括上级主管部门对该项目批准的各种文件：①可行性研究报告、初步设计文件及批复文件。②施工图设计文件及设计变更洽商记录。③国家颁布的各种标准和现行的施工质量验收规范。④工程承包合同文件。⑤技术设备说明书。⑥关于工程竣工验收的其他规定。

(二) 维护项目的验收条件

维护项目的验收条件指完成了工程设计和合同约定的各项内容。①施工单位对竣工工程质量进行了自检，确认工程质量符合有关法律法规和工程建设强制性标准，符合设计文件及合同要求，并提出工程竣工报告。该报告应经总监理工程师（针对有委托监理的项目）或城市隧道管养单位项目负责人（针对无委托监理的项目）、项目经理和施工单位有关负责人审核签字。②有完整的技术档案和施工管理资料。③建设行政主管部门及委托的工程质量监督机构等有关部门责令整改的问题全部整改完毕（如涉及则必须有）。④对于委托监理的工程项目，具有完整的监理资料、监理单位提出的工程质量评估报告。该报告应经总监理工程师和监理单位有关负责人审核签字。未委托监理的工程项目，工程质量评估报告由城市隧道管养单位完成。⑤对勘察、设计单位的勘察、设计文件及施工过程中由设计单位签署的设计变更通知书进行检查，并提出质量检查报告。该报告应经该项目勘察、设计负责人和各自单位有关负责人审核签字（如涉及则必须有）。⑥有规划、消防、环保等部门出具的验收认可文件（如涉及则必须有）。⑦有城市隧道管养单位与施工单位签署的工程质量保修书。⑧有工程使用的主要材料、构配件和设备的进场试验报告（如涉及则必须有），以及工程质量检测和功能性试验资料（如涉及则必须有）。⑨法律法规规定的其他条件。

(三) 验收职责和程序

由城市隧道管养单位负责组织竣工验收小组，验收组组长由城市隧道管养单位法人代表或其委托的负责人担任，验收组成员由城市隧道管养单位上级主管部门或质量监督部门、城市隧道管养单位项目负责人、城市隧道管养单位项目现场管理人员及勘察、设计、施工、监理单位的技术负责人或质量负责人组成，城市隧道管养单位也可邀请有关专家参加验收小组。

验收委员会或验收组负责审查工程建设的各个环节，听取各有关单位的工作报告，审阅工程档案资料并实地察验建筑工程和设备安装情况，并对工程设计、施工和设备质量等方面作出全面地评价。不合格的工程不予验收；对遗留问题提出具体解决意见，限期落实完成。

工程完工并对存在的质量问题整改完毕后，施工单位向城市隧道管养单位提交竣工报告，申请竣工验收。对于实行监理的工程，工程竣工报告需经总监理工程师签署意见。

城市隧道管养单位收到工程竣工验收报告后，对符合竣工验收要求的工程组建验收小组，制订验收方案。对于重大工程和技术复杂的工程，根据需要可邀请有关专家参加验收小组。

城市隧道管养单位应当在工程竣工验收 7 个工作日前将验收的时间、地点及验收组名单书面通知负责监督该工程的工程质量监督机构（针对报建项目或专项项目）。

城市隧道管养单位组织工程竣工验收会，验收组人员签署工程竣工验收意见。

（四）验收的其他规定

工程竣工验收合格后，城市隧道管养单位应及时提出工程验收报告。竣工验收报告应包含工程概况、城市隧道管养单位执行基本建设程序的情况、对该工程各参建单位的评价、施工许可证（如有则必须提供）、施工图设计文件审查意见（如有则必须提供）以及工程竣工验收时间、程序、内容和组织形式及其工程竣工验收意见等内容。

城市隧道管养单位应当自建设工程竣工验收合格之日起 15 日内向工程所在地的县级以上地方人民政府建设主管部门备案（针对新建项目、报建项目、专项项目）。

城市隧道养护工程管理人员要加强养护维修工程在缺陷责任期内的质量检查。如发现存在质量缺陷应及时报告；如属于施工单位的责任应及时通知相关人员进行维修处治。

七、城市隧道养护工程档案管理

（一）竣工资料归档要求

①递件单位提供的工程资料（工程技术文件、来文、图纸、资料）由资料员统一接收。②带回或通过其他途径收到的工程文件，一律交资料员，并应登记。③对接收的工程资料，必须进行数量和外观质量检查，发现问题应及时通知寄发单位补发。④对接收的工程资料，应及时建立工程资料接收总登记台账和分类台账。⑤对各单位提供的不符合规定的档案资料文件，资料室有权退回归档单位。归档单位应按资料室的有关要求进行整改，直至提交符合规定要求的归档资料。⑥凡因工程文件材料归档不完整、不符合有关归档规定者，不能进行工程决算、工程款支付。各项工程款的付款必须由资料室对竣工资料签收合格后支付。⑦工程档案在工程项目

竣工验收后一个半月内由施工单位向建设单位提交完整、准确、并经各参建方有关负责人签章的工程技术档案资料。⑧凡归档的文件材料，如不符合有关规定和标准，资料员有权不接收。

（二）技术资料档案管理

①及时将收集的资料、图纸等整理分类、编写目录，装订成册。在保管过程中，严格遵守档案接收、查阅、出借、归还的登记制度。②归档的资料要完整、系统、准确。③资料按类别存放，在相应的档案盒贴上标签。④做好资料的"防火、防盗、防潮、防尘"工作，档案柜必须加锁。⑤保存的工程资料每半年清理核对一次，如有遗失、损毁，要查明原因，及时处理。

第二节　城市隧道病害养护维修常见工艺

一、衬砌裂缝表面封闭

裂缝表面封闭法适用于缝宽小于 0.2mm 的裂缝处治。

（一）主要材料、设备或工具

材料：裂缝封闭胶、丙酮或酒精、棉纱。

设备或工具：钢丝刷、毛刷、锤子、钢钎、铲刀。

（二）施工工艺

①用钢丝刷沿裂缝走向清理混凝土表面，宽度为 30mm～50mm，使混凝土表面保持清洁；混凝土表面质量不良、缝两侧有较多细微龟裂的部位，清理宽度为 80mm～100mm。②如果裂缝两侧有疏松的混凝土块或砂粒，用锤子和钢钎凿除两侧疏松的混凝土块和砂粒，露出坚实的混凝土表面。③使用略潮湿的抹布清除表面灰尘，并彻底晾干，用丙酮去除表面的油污。如缝内潮湿，要等其充分干燥，必要时可用热风机烘干。④裂缝表面处理后，用小铲刀将树脂封闭胶抹到裂缝上，厚度为 1.5mm～2mm，宽度为 20mm～30mm。抹胶时应防止产生小孔和气泡，要刮平整，保证封闭可靠。

二、裂缝压力灌注法

压力灌注法适用于缝宽不小于 0.2mm 的裂缝处治。用特制橡胶管的收缩压力，自动地控制注浆。其核心是裂缝全封闭、恒压力（3.4 kg/cm²），慢速注浆。它的原理是利用缓慢均匀的压力，通过浆液将微裂缝中的空气压入混凝土的毛细孔中，并由混凝土的自然作用排出，克服裂缝中的气阻现象，使灌注的胶液达到微细裂缝的末端，从而确保修补质量。

（一）主要材料、设备或工具

材料：裂缝灌注胶、裂缝封闭胶、丙酮或酒精、棉纱。

设备或工具：角磨机、空压机、锤子、钢钎、铲刀、注胶座、注胶器（DD 管注胶器或 BLT、钢丝刷、拌胶器）。

（二）施工工艺

1．表面处理

①用钢丝刷或角磨机沿裂缝走向清理（打磨）宽为 30mm～50mm 范围内的混凝土表面，混凝土表面质量不良、缝两侧有较多细微龟裂的部位，应清理至 80mm～100mm 宽。如果裂缝两侧有疏松的混凝土块和砂粒，应用锤子和钢钎凿除，露出坚实的混凝土表面。②用略潮湿的抹布清除表面的浮尘并彻底晾干；混凝土表面的油污要用抹布蘸丙酮擦净。如果缝内潮湿，要等其充分干燥，必要时可用热风机烘干。

2．黏结注胶座

注胶座应选混凝土表面平整处，避开剥落部位设置，用胶黏剂将灌浆嘴密实牢固地固定在裂纹中心线上，间距为 200mm～400mm。裂缝分岔处的交叉点应设注胶座；贯通缝，可在一侧布置注胶座，另一侧完全封闭；缝宽度较大且内部通畅时，可以按每米 2 个注胶座的密度来布置。

用抹刀取少许拌制好的封闭胶，刮在注胶座底而周边，将注入孔对正裂缝中心，稍加力按压，使胶从底面的小孔中挤出。注意注入孔不要被胶堵塞，粘好后不要再移动注胶座。

3．密封裂缝

沿裂缝走向 30mm～50mm 宽的范围内用抹刀刮抹封口胶，厚度 2mm 左右，尽量一次完成，避免反复涂抹。缝两侧有较多细微龟裂的部位，应抹至 80mm～100mm 宽；混凝土剥落处要用修补胶填充密实。

4．封口胶的固化和试漏

密封完成后，让封口胶自然固化，注意固化过程中防止其接触水。固化时间：12h（20℃）、6h（30℃）。

灌注胶黏剂前，逐一加压检查注胶座的连通和裂缝封闭效果即试漏。试漏前沿裂缝涂一层肥皂水，从灌胶嘴压入压缩空气，凡漏气处，继续修补密封直至不漏气为止。

5. 连接注胶器

将注胶器的连接端安装在注胶座上，把卡口部分的两扣卡紧，用力不要过猛，以免损坏注胶座的颈部，注意使橡胶密封圈处于正常位置。同一条裂缝上的注胶器一起安装好，螺纹配合处用生料带缠绕密封。

6. 灌注

①拌胶。将灌注胶的两种成分按规定配比混合搅拌均匀。②将胶液注入注胶器。将搅拌后的胶液倒入黄油枪中，把黄油枪供料管的接头接在注胶器的注入端，开始将胶液灌入注胶器。当注胶器外径膨胀并充满限制套时，停止向注胶器灌注胶液，取下供料管接头，为下一个注胶器注入胶液，按注胶顺序把全部注胶器灌满胶液。③裂缝灌注。当注胶器外径膨胀并充满限制套时，注胶器开始自动向裂缝注胶。水平走向的裂缝从一端开始逐个注入，倾斜或垂直走向的裂缝要从较低一端开始向上推进。如注胶器膨胀后收缩较快，说明该处裂缝深，缝内空间大，要向注胶器补灌胶液，直到能保持膨胀状态。在全部注胶器保持膨胀状态下，保持恒压灌注15min 以上。④清洗注胶器。在胶液达到固化临界点前拆卸注胶器，用丙酮反复清洗，一边清洗一边活动阀门和活塞等部件，将残余的胶溶解。最后用清水漂洗干净，晾干后组装，以备再用。

7. 灌注胶固化

让灌注胶自行固化，固化时间为 10h～24h，气温越高，速度越快。

8. 凿除注胶器，后期处理

固化后敲掉注胶器和注胶座，如有必要，用砂轮机把封口胶打磨平整。

三、衬砌混凝土蜂窝、麻面处治

(一) 主要材料、设备或工具

①材料：水泥、细砂、中砂、丙酮、棉纱。②设备或工具：钢丝刷、刮刀、搅拌器。

(二) 施工工艺

1. 麻面处理

混凝土表面的麻面，对结构无大影响，通常不作处理。如需处理，方法如下：

①用丙酮或酒精将该麻面处洗净，修补前用水充分润湿结合面，并擦去多余的水，使表面呈饱和面干状态。②修补用的水泥品种与原混凝土一致，砂子为细砂，粒径最大不宜超过 1mm。水泥砂浆的配合比为 1∶2 或 1∶2.5，可人工在小桶中拌匀，随拌随用，必要时掺拌白水泥调色。③按照漆工刮腻子的方法，将砂浆用刮刀大力压入麻点，随即刮平。④修补完成后，用养护膜覆盖洒水保湿养护。

2. 蜂窝处理

小蜂窝可按麻面方法修补，大蜂窝采用如下方法修补：①将蜂窝软弱部分凿除，用钢丝刷、丙酮将结合面清洗干净，修补前用水充分润湿结合面，并擦去多余的水，使表面呈饱和面干状态。②修补的水泥品种必须与原混凝土一致，砂子用中粗砂。③水泥砂浆的配比为 1∶3～1∶2，并搅拌均匀。有防水要求时，在水泥浆中掺入水泥用量 1%～3% 的防水剂，起到促凝和提高防水性能的目的。④按照抹灰工的操作方法，用抹子大力将砂浆压入蜂窝内，刮平，在棱角部位用靠尺将棱角取直。⑤修补完成后，用塑料薄膜进行保湿养护。

（三）检查验收

混凝土麻面、蜂窝修补完成后表面应平整，无裂缝、脱层、起鼓、脱落等，修补处表面与原结构表面色泽应基本一致，3m 直尺测得的平整度应不超过 5mm。

四、混凝土局部破损修补

（一）主要材料、设备或工具

①材料：环氧砂浆（或聚合物砂浆）、界面剂、渗透型阻锈剂。②设备或工具：角磨机、钢丝刷、钢钎、毛刷、滚筒、棉纱、丙酮、搅拌器、搅拌桶、刮刀、托灰板。

（二）施工工艺

1. 基面处理

①对于混凝土出现破损部位，采用人工凿除法将该处松散、破损、污损的混凝土清除干净，并使部分骨料露出表面，得到粗糙面以提高黏结性能。②对于缺陷深度不小于 10cm、面积不小于 10cm×10cm 时，表面要凿成方波形和锯齿状，且凿至坚实层，判断的标准是以能够看见混凝土粗骨料为宜。

2. 钢筋除锈处理

新老混凝土结合面清理完毕后，如有钢筋外露，应对外露钢筋进行除锈处理，用钢丝刷清理钢筋表面至表面清洁、无锈迹；用毛刷在钢筋表面刷涂一层阻锈剂，不得有漏刷。在阻锈剂指触干燥后，开始修补缺损混凝土。

3. 黏结面清洗

浇筑新混凝土前，去掉黏结面上所有损坏、松动和附着的骨料、灰浆、油脂等杂物，并用丙酮清洗黏结面。根据界面剂类型，对于树脂基质材料界面剂，修补前应确保基面无水膜，尽可能保证黏结面干燥；对于聚合物改性水泥基材料界面剂，修补前应充分润湿基面，并擦去多余水，使基面保持饱和面干状态。

4. 涂刷界面剂

界面剂能显著提高黏结强度，将配制好的界面剂用滚筒、刷子及刮刀均匀地涂抹在混凝土结合面上，其厚度一般为 1mm 左右。注意界面剂在使用过程中，要不停地搅拌，以保持均匀。界面剂涂抹完毕后，应在其晾干之前修补破损混凝土。

5. 分层修补

将修补材料按厂家推荐配比搅拌至色泽均匀一致。每次配量较少时，可用托灰板、抹刀人工拌和；配量较大时，用搅拌器在容器中拌和，并确保容器边缘、底部完全搅拌均匀。

修补材料搅拌后，应立即送到施工现场铺开，分层、均匀地将破损面修补平整、密实，尽可能在短的时间内全部用完，使反应热尽快散发。浇筑时，应严格控制每层的浇筑厚度。顶面或侧面修补时，通常每层厚 50mm～100mm。若浇筑厚度过大，储热过多，将会出现不良后果。仰面修补时，深度小于 3cm 的，按一层修补；修补深度大于 3cm 的，应按不大于 3cm 厚度分层修补。

每次拌制的修补料，从制拌开始到修补结束，时间不得超过 30min，超时不得继续使用。对于环氧类修补材料，修补前应采取措施使修补位置保持干燥；对于聚合物水泥基质类修补材料，修补时应保持基面含水量处于饱和面干状态。混凝土缺损修补后，外观宜成规整的矩形。

6. 混凝土表面涂刷阻锈剂

混凝土表面缺损修补后，在混凝土表面涂刷渗透型钢筋阻锈剂 2～3 遍，涂刷范围为缺损尺寸放大 20cm。多层涂刷时，应在上一层涂膜已干燥后才开始涂刷下一层。

7. 养护

环氧混凝土采用常温养护硬化法进行养护；聚合物砂浆应覆盖洒水养护。

五、沥青混凝土的养护维修

（一）主要材料、设备或工具

①主要材料：沥青混凝土、沥青黏结剂、灌缝材料、防水材料、砂石料等。②施工设备：压路机、摊铺机、钻孔设备、吹风机等。

（二）施工工艺

横向裂缝和纵向裂缝按裂缝宽度分为两类，采取不同方法进行处治。微、小裂缝指裂缝宽度小于 3mm 的裂缝；宽大裂缝指裂缝宽度大于 3mm 的裂缝。

1. 微、小裂缝处治及实施流程

（1）处治方案

可采用直接灌缝的方式进行修补。

（2）实施流程

①钻孔。采用钻机沿着裂缝走向，以一定的间隔在裂缝上钻孔。②清扫。采用毛刷或吹风机等对裂缝和钻孔进行清理，裂缝上无灰尘、油脂及其他污染物，钻孔内无粉尘。③灌缝。向孔洞内浇灌灌缝料，并在裂缝上沿裂缝多次灌填灌缝料。当灌缝料不再继续下渗后，在裂缝上撒布一层细集料。④开放交通。根据灌缝料强度形成的时间确定灌缝料养护时间，养护时间内需要封闭交通。

（3）注意事项

①材料必须具有较好的流动性；②裂缝表面和钻孔要保持清洁，以便灌缝料渗入裂缝内部；③灌缝料施工必须在可操作时间内完成。

2. 宽大裂缝处治方案及实施流程

（1）处治方案

先进行扩缝，再填补密封料。

（2）实施流程

宽大裂缝需要进行开槽处理，清除边缘出现的破损部分，对支缝直接进行灌缝处理。实施流程如下：①开槽。开槽机的锯片应调整到适当高度，确保切入深度在 1.5cm～2cm 以内。开槽时必须沿着裂缝的走向进行切缝，槽口应保持规则形状。②清槽。开槽扩缝后应进行清缝处理，最好使用鼓风机并配合钢丝刷把槽口内的灰尘和松散的碎料清理干净，以提高黏结力。③烘槽。必要时须用火焰枪对槽口进行烘烤，烘烤时注意对温度的控制，一般不得超过 70℃。④备料。将需要的填补料进行加热，使其软化具有一定的流动性，便于在施工过程中自动流淌，填平边界的空隙。⑤灌缝。填补料灌入时应控制好灌缝机的走向，在灌好第一遍5min后再进行一次找平灌缝，并使裂缝表面形成T形密封层。注意控制填补料的高度，如在气温相对较高的季节，填补料应略高于路面（高出0.5mm～1mm），气温低的季节应略低于路面（低于0.5mm～1mm）。⑥开放交通。施工结束后开放交通的时间一般为30min后，但如果在填补料表面撒砂或石料，可防止开放交通后车轮带走灌缝料，大约10min便可开放交通。

（3）注意事项

①切割深度要根据裂缝实际深度进行调整，一般要比裂缝深度大；②保证施工面清洁，保证灌缝料与旧路面结合良好；③禁止在路面潮湿或温度低于4℃的环境下施工，否则将会降低灌缝料的黏合力，易造成脱落，影响施工质量。

3．坑槽处治方案及实施流程

（1）处治方案

采用挖补的工艺进行修补，即挖除已出现病害的铺装，再填补新拌和的沥青混合料。

（2）实施流程

①病害评估

就原路面出现的相关病害进行调查，分析其成因，制订相应的维修方案。根据破坏面积、严重程度以及交通情况，选择较为便捷的处治方式，避免对正常交通造成过大的干扰。

②破坏区域挖除

根据病害特点及破坏区域，对破坏面进行挖除。挖除面在破坏面的基础上，应向外延伸15cm～20cm。挖除面以采用正方形和长方形为宜，避免出现圆弧形等不规则形状。

根据清除面大小，宜采用人工凿除工艺进行清除。当清除而较大，为了提高效率，宜先采用小型切割机对原路面进行一定深度的切割，再采用人工方式进行凿除。挖除深度视破坏程度而定，宜浅不宜深。在下部保持结构整体稳定性的情况下，可以不予清除。如果面积很小，为了便于修补控制，可以一次清除。

③界面清理与黏结层处理

将界面废除的铺装材料清理干净后，采用（热）吹风机吹干，将灰尘吹干净。如基面为钢板，应采用砂纸将钢板基面打磨干净，同样需要采用吹风机将界面吹干净。在界面清理干净后，及时滚涂黏结材料，对材料的用量须控制在设计范围，过多过少对修补结构的性能影响都非常大。对垂直界面，应专人采用小型滚筒或刷子进行刷涂，确保新老界面被黏结材料有效覆盖。

④修补材料生产

浇注式沥青混凝土采用浇注式拌和、运输一体化设备进行拌和。在维修过程中，各档集料按照矿料配比通过计重设备称量后投入拌缸中，然后通过柴油燃烧加热。基质沥青事先存入沥青储存罐中储存，通过矿料加热时产生的热气进行循环加热至融化，当集料温度加热至 230℃～240℃时，投入事先称量好的矿粉，再次进行搅拌均匀。当矿料温度升至 200℃～220℃时，开始按设计油石比添加基质沥青，同时从进料口投放直投式改性剂。搅拌经约 2h 时，需通过取样观测其流动状态和拌和温度。

浇注式沥青混合料在一体化设备中拌和完成后，即可运至施工现场进行施工。

⑤修补施工

为了保证黏结效果和封水性，可提前在坑槽周边粘贴封条或涂刷乳化沥青，然后进行浇注式沥青混合料摊铺。下面层摊铺完成后，及时撒布 10mm～15mm 碎石，洒布量为修补面积的 60%～90%。待其冷却后，滚涂环氧树脂黏结剂，用量为 (0.4±0.05) kg/m，再进行上面层高弹改性沥青 SMA-10 施工。上面层高弹改性沥青视实际修补的需求量，可以采用一体化设备生产，也可以采用大型拌合楼生产。

⑥注意事项

挖补范围宜大不宜小，将薄弱面都包括在处治范围内；界面应绝对干燥、干净，不允许有杂物、灰尘、水污等残留；提出的处治方案应全面、综合考虑多方因素；界面黏结材料应控制在最佳用量及有效操作时间；浇注式沥青混凝土应保证其流动性及表面碎石的有效嵌入率；冷拌碾压类材料除了保证集料的干燥之外，应配备充足的压实机械，压实是实现其设计性能的关键；新旧连接面是重点处治对象，应保证界面黏附足够的黏结剂，再铺筑新材料，新旧接缝位置能够保持很好的完整性；处治工序和工艺不宜过于复杂，养护时间宜短，最大限度地降低隧道维修对交通流带来的干扰。

六、衬砌背后脱空及衬砌不密实处治

(一) 主要材料、设备或工具

①材料：水泥、水、环氧树脂等。②设备或工具：操作平台、钻孔设备、压浆

机、压力表、搅拌机、角磨机、钢丝刷、毛刷、托灰板等。

（二）施工工艺

1. 脱空处治

对于较小脱空缺陷、衬砌厚度满足设计值的区段，可不采取处治措施。

对于其他类型脱空缺陷，采取钻孔灌注水泥浆处治。在脱空位置打设注浆孔，在打孔过程中，根据检测报告提供的衬砌厚度，采取限深措施，保证不损坏防水板。注浆采用水泥浆液。主要工艺如下。

（1）钻孔施工

①钻孔前验证脱空范围，根据脱空大小范围设置孔眼注浆参数，在拱腰、拱顶横向均分三个点进行钻孔，并设置排气孔。排气孔设在脱空部分的中间，如有干扰，可适当调整位置。排气孔内应安装 Φ10mm 钢管并固定牢固，上口略低于防水板，以便于检查注浆饱满度。②在标记钻孔处用风枪进行钻孔，根据检测衬砌实际长度进行钻孔，要边钻边进行测量，防止超钻破坏防水板。钻眼到达实际衬砌厚度处停止钻孔，检测衬砌背后是否脱空和防水板是否破损。如钻孔深度达到实测厚度仍未钻透时，应边钻边测量且要做好记录。③钻孔完毕后，用毛刷将孔清理干净后安装注浆管，注浆管采用环氧树脂锚固于混凝土内，深度不低于10cm。

（2）注浆施工

①注浆前先检查管路和机械状况，确认正常后做压浆实验，确定合理的注浆参数，指导施工。②注浆液建议采用 1∶1 水泥净浆，注浆压力应控制在0.2MPa～0.5MPa。浆液采用搅拌机进行拌制，注浆过程中随时检查孔口、邻孔有无串浆现象。如发生串浆，应立即停止注浆或采用间歇式注浆封堵串浆口，直至下排孔浆液注满为止，方可采用快硬水泥砂浆或锚固剂封堵。注浆过程中压力如突然升高，可能发生堵管，应停机检查。③下排孔浆液注满时，采用中间孔继续注浆，其余两孔封堵好。注浆时观察上面排气孔，直到浆液注满为止，方可停止注浆，并及时封堵注浆口和排气孔。

2. 混凝土不密实处治

（1）钻孔施工

在不密实区域边缘线外 50cm 范围内进行钻孔，注浆孔深度按 h−10cm（h 为二次衬砌厚度）控制。孔间距为 50cm，按梅花形布置，然后安设注浆管。注浆管采用环氧树脂锚固在混凝土内的长度不低于10cm，外露5cm。

（2）注浆

注浆液可采用 PO425 水泥，1∶1 水泥浆液，采用搅拌机进行二次搅拌，注浆压力宜控制在 1.0MPa～1.5MPa，注浆施工时应从中心向两侧顺序进行。

（3）施工注意事项

①钻孔前，精确测定钻孔的平面位置、实际施工厚度等。②施工中应严格控制钻机偏移及卡钻。③施工中应做好钻孔记录，做到边钻边量测，及时掌握钻孔深度，杜绝防水板钻破。④注浆过程中，应防止浆液外渗，并做好脱空面积处治的记录。⑤衬砌钻孔处一定要采用高标号防渗水混凝土进行封堵密实。⑥注浆过程中需采取措施对路面及灯具、风机等进行保护，防治污染。

（三）检查验收

浆液凝固后再对注浆区进行钻孔取芯，观察注浆充填情况。如注浆区浆液未饱满时须重新钻孔注浆。

七、隧道衬砌渗漏水、泛碱处治

（一）主要材料、设备或工具

①材料：PVC 管、不锈钢引水槽、聚合物防水涂料、无机防火矿物涂料、水性无机封漏剂。②设备或工具：移动脚手架、潜孔钻、电风镐、切割机、角磨机、空压机、锤子、钢钎、铲刀。

（二）施工工艺

1. 泛碱处治

对于泛碱区域，用清洁水将泛碱清除干净；对不溶于水的物质（如碳酸钙等），可用钢刷或砂纸擦磨掉，也可用 1∶10（盐酸∶水）的稀盐酸清洗，即清洗前用水湿润表面，再用盐酸清洗 10s～20s 后及时用大量清水清洗表面。

2. 渗水处治

根据渗漏水的情况，渗漏水处治可分为钻孔引排水＋面状浸渗、滴漏水注浆封堵＋埋设引水槽引排水等方式进行整治。

（1）钻孔引排水

按一定间距或渗漏水点位置在隧道边墙设置泄水孔，钻孔时注意不要钻穿防水板，孔口设置 UPVC 管顺接，将水引入排水沟（泄水孔大小及排水管管径根据水量大小确定）。

（2）面状浸渗、滴漏水注浆封堵

对于面型浸渗、滴漏或局部涌流水部位，每隔 20cm～50cm 设置 Φ20mm 钻孔，孔深控制在衬砌厚度的一半左右，局部段落应根据现场渗漏水的情况加深钻孔，然后采用水性无机堵漏材料进行注浆封堵，再在衬砌表面做聚合物韧性防水层

4 遍。其施工工艺流程为：基面检查与确定→边墙脚钻孔→渗水面布孔及钻孔→埋设孔口管→灌浆→闭浆→拆除阻塞设备→检验→养护。

以上工作之前必须将混凝土表面清理干净，并留不小于 100mm 的工作面。用电动角磨机将混凝土基面打磨干净，不能有油污、粉尘、松散混凝土，做防水前将基面充分湿润，灌浆前，采用高压清洁水将混凝土缝隙冲洗干净。上述工作完成后恢复防火装饰层。

（3）埋设引水槽引排水

对于隧道施工缝、水量较大的涌水裂缝，可设置引水槽将水引至隧道边墙脚，再通过排水管将水引入路侧水沟。施工时，对水量特别大的个别位置可根据现场实际情况加大不锈钢引水槽。

引水槽先用膨胀螺栓固定，再用堵漏剂将边缝封堵不漏水，再外做聚合物柔性防水层（二布七涂，布采用聚酯纤维布）。二布七涂的具体工艺如下：①基层处理。②涂刷聚合物防水涂料一层，防水层干燥后进行下一道施工工序。③涂刷防水涂料一层随即铺黏聚酯纤维布，再涂刷一层防水涂料干燥后进行下一道施工工序。④涂刷防水涂料二遍。⑤涂聚合物韧性防水层二遍。

不锈钢引水槽上封口和中间部位设置检查维修口，平时用聚合物柔性防水涂料封闭。

八、隧道仰拱开裂、沉降、厚度不足

（一）主要材料、设备

①主要材料：水泥、压浆剂、水、镀锌钢管、土工布。②主要设备或工具：钻机、压浆机、高压水枪。

（二）施工工艺

对仰拱开裂沉降区域，采用注浆加固处理，主要施工工艺如下。

1. 钻孔

采用风动凿岩机钻孔，孔径 40mm，孔距可为 1.5m×1.5m，梅花形布置，孔位距施工缝 0.5m～1m，孔深为打入基岩 10cm～20cm，注浆采用二次注浆。

2. 清孔

每个孔钻完后都必须采用高压水清孔，冲出孔内碎渣。清孔完成后要逐个验孔，检查孔深、是否堵塞等，并形成验孔记录表。对于不合格的孔，要补打直至合格为止。

3. 埋设注浆管及封孔

孔内埋设 Φ20mm 镀锌钢管作为注浆管，钢管下部用土工布缠裹后塞入注浆孔，上部车丝，埋设时露出仰拱面 2cm，然后采用锚固剂封孔，封孔深度不小于 40cm。

4. 注浆

采用 BW−150 型注浆机注浆，水泥采用 42.5 级普通硅酸盐水泥，水胶比为 0.8∶1～1∶1。为了保证注浆连续进行，注浆前应认真检查注浆机的状态是否良好、配件是否齐全，检查制浆的原材料是否齐备、质量是否合格。检查完毕后，按以下顺序注浆：①注浆机的高压注浆管与注浆孔内预埋注浆管采用丝扣连接，做压水试验检测管道是否密封，密封后方可注浆。②采用搅浆机制浆，严格控制水胶比。③开始注浆。初始压力为 0.5MPa～0.8MPa，注浆一定时间后相邻注浆孔内会冒水，此时持续注浆，相邻注浆孔内会冒水泥浆；当所冒浆液浓度与注浆浆液相当后，用止浆帽将冒浆孔封闭，并持续注浆，此时注浆压力为 1MPa 左右，此为浆液扩散阶段；当隔一排的注浆孔冒浆时，注浆机压力会进一步上升，此时停止注浆，用止浆帽封闭该孔。④必须逐孔注浆，重复上述步骤继续注浆。

5. 取芯验证

注浆完成至少 7 天后，采用地质钻机对注浆效果进行取芯验证，取芯深度为取出完整基岩。如岩体及仰拱混凝土固结、密实，说明注浆效果较好、已达到整治目的；反之，则按上述步骤再次补注浆，直到满足要求。

6. 质量控制要点

①孔深必须满足要求，要穿透仰拱混凝土，并打入基岩最少 10cm。②钻完孔后要立即清孔，孔内有残渣会影响浆液扩散效果。③锚固剂封孔深度必须大于 40cm，否则压力过大时，容易顶出注浆管或喷出浆液造成危险。④浆液浓度应根据实际情况适当调整，如地下水丰富时应适当调浓浆液。注浆时，若浆液扩散较远也应调浓浆液，扩散半径以不超过 2 排孔为宜。⑤注浆压力不宜过大，不能超过 1MPa。若浆液扩散半径过大，会影响固结效果，也容易造成仰拱开裂、隆起，形成新的病害。⑥必须采用二次注浆，由于水泥收缩等原因一次很难注满，第二次注浆既是补注浆，也能起到初步验证的效果。⑦注浆时，即使串孔也要逐孔注浆，保证效果。⑧注浆时要注意观察，防止浆液从施工缝、排水管等漏出造成堵塞，形成新的病害。

九、隧道风机安装

风机广泛应用于高速公路隧道和城市快速道路中。正常情况下，风机能控制隧道环境中有害气体的浓度；隧道发生火灾时，风机能有效控制风向、风速，排除有害气体，消除消防安全风险。

风机作为隧道内大型机电设施，若隧道内风机损坏需更换时，其安装过程必须有严格的质量控制和安全控制，保证设备安装质量良好。

（一）风机到货验收

①开箱后，检查风机的型号与规格是否与订货相符。②风机外观检查：检查有无明显损伤，有无零部件损坏、锈蚀情况。③清点设备所有零部件、工具、附件、备件、附属材料以及出厂合格证等技术文件，不得有缺漏项。④检查风叶叶轮的转动灵活程度，叶轮严禁与壳体碰擦，其间隙一般不超过叶轮直径的 0.5％。⑤做好开箱检查记录。

（二）风机预埋件与风机连接线焊接

①检查预埋件数量、位置是否满足设计及安装要求。其预埋件的偏差不大于风机安装的运行偏差，即中心线平面位移小于 10mm，标高误差允许范围为 ±10min。②划线工在预埋件上定测好风机连接件应该焊接的位置并划线，电焊工按划好的线将连接件焊接在预埋件上，各工种应持证上岗。固定焊接采用直流焊接，选用 E4315 焊条，用 Φ3.2 焊条打底，焊接电流控制在 80A～100A；用 Φ4 焊条填充、盖面，焊接电流控制在 120A～150A；焊缝检查按一级焊缝检查标准执行。③焊缝防腐处理要求：清洁焊缝位置，先刷二遍防腐漆，再刷二遍黑色环氧树脂漆，漆层厚度不小于 60μm。

（三）预埋件荷载试验

委托具有相关检测资质的第三方检测单位对焊接好的预埋件进行检测。此项检测的主要目的是检测预埋件是否能承受风机以及连接件 15 倍以上的重量，确保预埋件能满足风机的运营要求。

（四）风机安装

①风机安装采用 2 个 2t 手拉倒链，一端固定在吊钩上，另一端固定在风机起吊钩上。风机捆扎点的索具应用软索具，以避免损坏设备漆层。②拉动倒链，缓慢起吊风机。起吊过程中必须保证风机平稳起吊，到达连接件位置后，调整风机位置，安装上风机与连接件之间的螺栓并紧固。每个连接螺栓应加一套平垫片、一套弹簧垫片及一个紧固螺母，以防止风机运行振动导致螺母松动。紧固后的螺栓丝扣外露部分应在 2～3 个螺距。

（五）运行调试

接通电源，检查风机是否正常开启，转动有无异响，运转时电流是否在额定值内。

第六章　隧道施工安全管理

第一节　隧道施工人员安全教育

一、安全教育

(一) 安全生产的方针

施工安全生产必须坚持"安全第一、预防为主"的方针。"安全第一"是原则和目标，是从保护和发展生产力的角度明确了生产与安全的关系，肯定了安全在建设工程生产活动中的重要地位。

"安全第一"的方针，就是要求所有参与工程建设的人员，包括管理者和从业人员以及对工程建设活动进行监督管理的人员都必须树立安全的观念，不能为了经济的发展而牺牲安全。当安全与生产发生矛盾时，必须先解决安全问题，在保证先解决安全的前提下从事生产活动。

"预防为主"的手段和途径是指在生产活动中，根据生产活动的特点，对不同的生产要素采取相应的管理措施，有效地控制不安全因素的发展和扩大，把可能发生的事故消灭在萌芽状态，以保证生产活动中人的安全与健康。对于施工活动而言，"预防为主"就是必须预先分析危险点、危险源、危险场地等，预测和评估危害程度，发现和掌握危险出现的规律，制订事故应急预案，采取相应的措施，将危险消灭在转化为事故之前。

总之，"安全第一、预防为主、综合治理"的方针体现了国家在建设工程安全生产过程中坚持树立"以人为本"，保护劳动者权利、保护社会生产力、促进社会全面进步的指导思想，这也是建设工程安全生产的基本方针。

(二) 几种通用作业的安全要求

1. 用电安全基本要求

车间内的电气设备不要随便乱动，发生故障不能带病运转，应立即请电工检修。

经常接触使用的配电箱、闸刀开关、按钮开关、插座以及导线等，必须保持完好。

需要移动电气设备时，必须先切断电源，导线不得在地面上拖来拖去，以免磨损，导线被压时不要硬拉，防止拉断。

打扫卫生、擦拭电气设备时，严禁用水冲洗或用湿抹布擦拭，以防发生触电事故。

停电检修时，应将带电部分遮拦起来，悬挂安全警示标志牌。

2. 防火安全要求

（1）燃烧的原理

火种＋可燃物＋助燃物＝火。

（2）可能诱发火灾的情况

①电气设备超负荷、短路、接触不良以及雷击、静电火花等，可能使可燃气体或可燃物燃烧。②靠近火炉或烟道的木板、积聚在蒸汽管道上的可燃粉尘、纤维等。③某些物质接触可能引起自燃。

（3）扑救火灾的原则

①边报警，边扑救。②先控制，后灭火。③先救人，后救物。④防中毒，防窒息。⑤听指挥，莫惊慌。

3. 煤气使用安全要求

①不得私自安装、移动和改装煤气设备。②不得在煤气管道附近堆放易燃易爆物品。③严格遵守先点火后开气的"火等气"的操作步骤。④发现煤气泄漏，应立即关闭煤气阀门并开窗通风，不要吸烟、开灯或关灯、打手机、启动电器设备。⑤定期检查煤气管道接目的橡胶软管，发现松动、压扁、老化等要及时更换。⑥下班前要进行安全检查，关闭阀门。⑦做好预防滑倒及摔倒的安全措施。⑧液体溢出，应迅速擦干净。⑨保持地面清洁和干燥。⑩在瓷砖等光滑地面上应小心行走。⑪要走动，不要跑动。

4. 人员防护用品

（1）安全帽

进入施工场地的施工人员必须戴符合国家标准的合格安全帽。

项目部统一要求：所有管理人员佩戴白色安全帽，工人佩戴黄色的安全帽，特种工种佩戴蓝色安全帽。

（2）安全眼镜

进行可能对眼部有伤害的工作时，如敲凿地面，施工人员必须佩戴安全防护眼镜，防护眼镜的材质要求耐冲击而不易碎，必须有侧面防护。

（3）安全鞋

进入施工场地的施工人员必须穿安全鞋，禁止穿拖鞋上岗。

安全鞋的主要要求：①应装有防砸内包头。②鞋底防穿刺。③鞋底应有防滑齿或防滑花纹。

（4）工作服

进入现场的施工人员必须穿着统一配发的工作服。

（5）安全带

进行高空作业必须带符合国家标准的双绳安全带，必须束腰绑腿。

正确使用安全带的方法：①使用前检查安全带各部分是否安好无损。②两根保险绳使用中分别高挂，避免相互钩挂。③移动中应保证有一根保险绳高挂在安全可靠的物体上。④使用后将安全带束起，存放在干燥、通风处。

（6）防护面罩

进行特殊工种作业时应佩戴相应的防护面罩。①无齿切割、打磨时必须佩戴全面型护目罩。②进行焊接时必须佩戴头戴式焊接防护面罩。

（7）耳塞

进行锤凿、切割等具有较大噪音的工作时，操作人及周边人员必须佩戴耳塞。

（8）手套

①进行电焊、气割时必须佩戴专业手套。②操作某些电动工具时应佩戴高压绝缘手套，如电动打夯机、电动振动棒等。③进行搬运、拆除等容易伤及手部的工作时应佩戴橡胶涂层手套。

（9）口罩

对于某些灰尘较多或具有刺激性气味的工作（如喷锚）必须佩戴口罩。

5. 高空作业

凡在坠落高度基准面 2m 以上（包含 2m）有可能坠落的高处进行作业，都称为高空作业。

（1）使用梯子进行高空作业

使用梯子进行高空作业时应注意：①使用前先检查。②上下梯子时，手上不要拿任何物体，要使用绳索吊运物体。③在梯子上工作时要面对梯子，并使用双绳安全带。④任何时候只能一人在梯子上工作。⑤电焊施工中接近任何电线或电器维修时，不可使用金属梯。

（2）使用脚手架的高空作业

脚手架安全措施：①搭设脚手架时基础必须坚实。②钢管底部使用木板或铁板作为垫木。③脚手架立管要垂直，横管要水平，各自间距必须符合规范要求。④所使用的钢管不能有裂缝，弯曲变形。⑤脚手架工作平台必须有齐腰高的两道护栏，必须满铺跳板，必须有踢脚板。⑥脚手架必须有上下爬梯，不能捆绑木梯使用。⑦脚手架上工作人员必须佩戴双绳安全带。⑧可移动式脚手架必须有制动装置，移动时所有人员必须下来。

6．动火作业

（1）无齿切割

使用电动无齿切割机或手持式切割机进行切割作业时，必须注意以下几方面：①检查设备是否处于良好的工作状态，各部分是否完好无损。②工作时要清理工作区域的易燃物品。③要设置一定数量的合格灭火器。④操作人员必须佩戴全面型防护面罩，戴手套及耳塞。⑤工作时防火员必须在场。⑥工作完毕后，要仔细检查工作区域，确认无隐患后方可离去。

（2）电焊

进行焊接作业时，必须注意以下几方面：①检查焊机是否处于良好的工作状态，焊机的所有外露带电部分必须有完好的隔离防护装置，焊机的接线柱、极板和接线端应有防护罩，电源线、焊把线、地线接头处不能有裸露现象，电焊机必须安设保护性接地。焊把必须完好，地线必须使用专用钳子。②工作区域必须进行围护，易燃物品必须清理。③设置一定数量的合格灭火器。④操作人员必须持证上岗，必须戴头戴式焊接面罩，戴专用焊接手套。⑤工作地点潮湿时，地面应铺有橡胶板或其他绝缘性材料。⑥工作时防火员必须在场。⑦焊接完毕后要仔细检查工作区域，确认无隐患后方可离去。

（3）气割

进行气割作业时，必须注意以下几方面：①工作时氧气、乙炔气瓶必须直立放置并固定在稳定的物体上，同时两个气瓶要分开 5m 左右放置并远离其他动火作业，移动气瓶时必须使用专用小车。②乙炔气瓶必须有回火装置。③表盘必须处于正常的工作状态。④管子不能有破损，连接处要使用专用卡箍，不能用铁丝或其他东西捆绑。⑤工作前清理工作区域内的易燃物品，并对工作区域进行围护。⑥设置一定数量合格的灭火器。⑦操作人员必须持证上岗，必须佩戴专用防护眼镜、专用工作手套。⑧工作时防火员必须在场。⑨工作完毕后，必须仔细检查工作区域，确认无隐患后方可离去。

7．施工临时用电

（1）配电箱

①总配电箱应设置在靠近电源的地点，分配电箱应设置在用电设备或负载相对集中的地方。②配电箱必须防雨、防尘，箱门必须配锁。③配电箱内的电气设备必须完好可靠，不准使用破损、不合格的电器，空气开关及漏电保护器必须按规范进行安装和使用。④配电箱必须有接地线，必须实行"一机一闸一箱一漏"制，严禁同一个开关电器直接控制两台及两台以上的用电设备。⑤所有配电箱必须每月进行检查和维修，检查和维修人员必须是专业电工。

（2）临时线

施工现场所使用的临时线缆必须完好，不能有破皮、裸露现象，所有线缆必须架空，架空高度 2m 以上。

8．安全色

安全色是表示安全信息含义的颜色，表示禁止、警告、指令、提示等，安全色规定为：红、蓝、黄、绿四种颜色。

（1）红色

红色表示禁止、停止，主要用于禁止标志，停止信号。

（2）蓝色

蓝色表示指令必须遵守的规定，主要用于指令标志，如必须佩戴个人防护用具。

（3）黄色

黄色表示警告、注意，主要用于警告标志。

（4）绿色

绿色表示提示安全状态，主要用于提示标志、安全通道等。

9．红色警示带

用红色警示带进行围护的区域表示该区域危险，禁止进入或穿越（主要用于爆破作业区域隔离）。

10．黄色警示带

用黄色警示带进行围护的区域表示该区域危险，提示注意安全。

11. 施工现场防火

①施工现场明火作业需经工区批准，做好防护措施并派专人看火（监护）后，方可操作。②每日作业完毕或焊工离开现场时，必须确认用火已熄灭，周围无隐患，电闸已拉下，门已锁好，确认无误后方可离开。③焊、割作业不准与油漆、防水、木料加工等易燃、易爆作业同时上下交叉作业。④高处焊接下方设专人监护，中间应有防护隔板。⑤进入施工现场作业区，特别是在易燃、易爆物周围严禁吸烟。⑥施工现场电气发生火情时，应先切断电源，再用沙土、二氧化碳、"1211"或干粉灭火器进行灭火。不要用水及泡沫灭火器进行灭火，以防止发生触电事故。⑦施工现场放置消防器材处，应设明显标志，夜间设红色警示灯，消防器材需垫高放置，周围 3m 内不得存放任何物品。⑧当现场有火险发生时，不要惊慌，应立即取出灭火器或接通水源进行扑救。当火势较大，现场无力扑救时，应立即拨打 119 报警，讲清火情发生的地点、情况、报告人及单位等。

12. 钻眼规定

钻眼前，应首先检查工作面是否处于安全状态，灯光照明是否良好，支护、顶板及两帮是否牢固，有无松动的岩石，如有松动的岩石应及时支护或清除；检查加固操作平台，确定钻眼作业不变形不垮塌。

钻孔台车、风钻、电钻钻眼前应对设备工具作下列检查，不合格的须立即修理或更换。其中风钻的检查工作包括以下几点：①机身、螺栓、卡套、弹簧、支架是否牢固。②管路是否良好，连接是否牢固。③钻杆有无不直、带伤以及钎孔是否有堵塞塌孔现象。④使用支架的风钻钻眼时，应将支架安置稳妥。站在渣堆上钻眼时，应注意石碴的稳定，防止操作中滑塌伤人。⑤严禁在残眼中继续钻眼。⑥不应在工作面拆卸修理风钻。⑦进洞施工人员必须佩戴安全帽、防护手套、穿工作服；电工和电钻工还应穿绝缘鞋和戴绝缘手套。

13. 装渣作业规定

①装渣前及过程中，要随时注意围岩的稳定情况，发现有松动征兆时必须处理后装渣。②装载机工作时严禁在其范围内有人员通过。③装渣过程中发现有残留的炸药雷管，应立即处理。④辅助人员应随时留心机械的运行情况，防止挤碰。

14. 运渣规定

①运渣为机动车牵引运输，非值班司机不得驾驶。②司机不得擅离岗位，当离开时，应切断电源，拉紧车闸，开亮车灯。

15．支护规定

①在渣堆上作业时，应避免踩踏活动的岩块。②在梯架上作业时，安置应稳妥，应有专人监护。③清除开挖面上的松动岩体。④施工期间，应对支护的状态进行检查，发现变形或损坏时立即修整加固。⑤洞内水平坑道与辅助坑道（横洞平行导坑）连接处，应加强支护或及早进行永久衬砌。⑥当发现已喷锚区段的围岩有较大变形或锚杆失效时，应立即会同技术人员分析研究并采取有效措施。⑦当发现围岩有变化时，立即采取应急措施，或通知施工人员暂时撤离危险地段。⑧在不良地质隧道中喷锚支护应有钢架支撑备品，以便应急需要。⑨把喷层的异常裂缝作为主要安全检查内容之一，经常进行观察与检查，并作为施工危险信号引起警惕，尤其是全断面开挖的拱圈、拱顶部分不得因高、难而省略检查。⑩支撑抽换、拆除时应"先顶后拆"，先设辅助支撑将横梁托稳后再进行，以防围岩松动坍塌。⑪喷锚地段的危石应及时处理完毕，脚手架、防护栏杆、照明设施应符合安全要求。工作中应严格执行下列规定：喷射混凝土时，喷射手应佩戴防护面罩、防水披肩、防护眼镜、防护口罩、乳胶手套。喷射机械必须定机、定人、定岗，认真执行安全操作规程，坚持交接班，并做好书面记录。向锚杆孔压注砂浆，压力应不大于 0.2MPa，注浆管喷嘴，严禁对人放置，在未打开风阀前不得搬运或关启封盖。钢支撑支护时，应按高空作业计划。根据作业环境和作业程度，对构件倒塌、歪曲、落石掉块、人员坠落、表层岩坍落、混凝土硬化不充分产生剥落和由于不正确姿势作业造成跌落和坠落等，要有超前的预防措施。

16．仰拱规定

仰拱施工时，仰拱距离掌子面安全距离不得超过：Ⅲ级不应大于 70m，Ⅳ级、Ⅴ级不应大于 35m。仰拱开挖后，必须设置明显的警示标识。

17．混凝土班组规定

①离地面 2m 以上浇灌时，不准站在搭头上操作，如无可靠的安全设备时，必须戴好安全带，并扣好保险钩。②使用振动机前应先检查电源电压，输电必须安装漏电开关，保护电源线路是否良好。③电源线不得有接头，机械运转应正常。振动机移动时不能硬拉电线，更不能在钢筋和其他锐利物上拖拉，防止割破、拉断电线而造成触电伤亡事故。④使用振动机的工人应手戴绝缘手套，脚穿绝缘橡胶鞋。⑤严禁酒后上班。⑥严禁安全帽放在一边不佩戴。⑦所有的工人都不得从高处向下扔掷模板、工具等物体。⑧严禁操作人员在酒后进入施工现场作业。

18. 钢筋班组规定

①钢材、半成品等应按规格、品种分别堆放整齐。制作场地要平整，操作台要稳固，照明灯具必须加网罩。②拉直钢筋，卡头要卡牢，地锚要结实牢固，拉筋沿线 2m 区域内禁止行人通过。人工绞磨拉直，禁止用胸、肚接触推杆；并缓慢松解，不得一次松开。③展开圆盘钢筋要一头卡牢，防止回弹，切断时要先用脚踩牢。④在高空、深坑绑扎钢筋和安装骨架，须搭设脚手架和马道。⑤焊接钢筋时，焊机应设在干燥的地方；焊机要有防护罩并放置平稳牢固，电源通过漏电保护器，导线绝缘良好。⑥电焊时应戴防护眼镜和手套，并站在胶木板或木板上。电焊前应先清除易燃易爆物品，停工时，确认无火源后，方准离开现场。⑦钢筋切断机应机械运转正常，方准断料。手与刀口距离不得少于 15cm。电源通过漏电保护器，导线绝缘良好。⑧电机外壳必须做好接地，一机一闸，严禁把闸刀放在地面上，应挂在 1.5m 高的地方，并有防雨棚。⑨严禁操作人员在酒后进入施工现场作业。⑩每个工人进入施工现场都必须头戴安全帽。

19. 电工

①电工作业必须经专业安全技术培训，考试合格，持《特种作业操作证》方准上岗独立操作。非电工严禁进行电气作业。②电工作业时，必须穿绝缘鞋、戴绝缘手套，酒后不准操作。③所有绝缘、检测工具应妥善保管，严禁他用，并应定期检查、校验。保证正确可靠接地或接零。所有接地或接零处，必须保证可靠电气连接。保护线 PE 必须采用绿/黄双色线，严格与相线、工作零线相区别，不得混用。④在施工现场专用的中性点直接接地的电力系统中，必须采用 TN－S 接零保护。⑤电气设备不带电的金属外壳、框架、部件、管道、金属操作台和移动式碘钨灯的金属柱等均应做保护接零。⑥定期和不定期对临时用电线路的接地、设备绝缘和漏电保护开关进行检测、维修，发现隐患及时消除，并建立检测维修记录。⑦工程竣工后，拆除临时用电线路时，应按顺序先切断电源后拆除。不得留有隐患。⑧施工现场照明应采用高光效、长寿命的照明光源。工作场所不得只装设局部照明，对于需要大面积的照明场所，应采用高压汞灯、高压钠灯或碘钨灯，灯头与易燃物的净距离不小于 0.3m。流动性碘钨灯采用金属支架安装时，支架应稳固，灯具与金属支架之间必须用不小于 0.2m 的绝缘材料隔离。⑨室内照明灯具距地面不得低于 2.4m。每路照明支线上灯具和插座数不宜超过 25 个，额定电流不得大于 15A，并用熔断器或自动开关保护。⑩一般施工场所宜选用额定电压为 220V 的照明灯具，不得使用带开关的灯头，应选用螺口灯头。相线接在与中心触头相连的一端，零线

接在与螺纹口相连的一端。灯头的绝缘外壳不得有损伤和漏电，照明灯具的金属外壳必须做保护接零。单项回路的照明开关箱内必须装设漏电保护开关。⑪照明线路不得拴在金属脚手架、塔吊和龙门架上，严禁在地面上乱拉、乱拖。灯具需要安装在金属脚手架、塔吊和龙门架上时，线路和灯具必须用绝缘物与其隔离开，且距离工作面高度在 3m 以上。控制闸刀开关应配有熔断器和防雨措施。⑫施工现场的照明灯具应采用分组控制或单灯控制。⑬架空线路的干线架设（380/220V）应采用铁横担、瓷瓶水平架设，挡距不大于 35m，线间距离不小于 0.3m。⑭架空线路必须采用绝缘导线。架空绝缘铜芯导线截面积不小于 10mm²，在跨越管道的挡距内，铜芯导线截面积不小于 16mm²，导线不得有接头。⑮架空线路距地面一般不低于 4m，过路线的最下一层不低于 6m。多层排列时，上、下层的间距不小于 0.6m。高压线在上方，低压线在下方。⑯电缆干线应采用埋地或架空敷设，严禁沿地面明敷设，并应避免机械损伤和介质腐蚀。⑰有接头的电缆不准埋在地下，接头处应露出地面，并配有电缆接线盒（箱）。电缆接线盒（箱）应防雨、防尘、防机械损伤，并远离易燃、易爆、易腐蚀场所。⑱电缆穿越构造物、道路、易受机械损伤的场所及引出地面从 2m 高度至地下 0.2m 处，必须加设防护套管。

20．电焊工班组规定

①必须遵守焊、割设备一般安全规定及电焊机安全操作规程。②电焊机外壳必须接地良好，其电源的装拆工作应由电工进行。③电焊机要设单独的开关，开关应放在防雨的闸箱内，拉合时应戴手套侧向操作。④焊钳与把线必须绝缘良好，连接牢固，更换焊条应戴手套，在潮湿地点工作，应站在绝缘胶板或木板上。⑤严禁在带电和带压力的容器上或管道上施焊，焊接带电的设备必须先切断电源。⑥焊接贮存过易燃、易爆、有毒物品的容器或管道，必须清除干净，并将所有孔口打开。⑦焊接预热工件时，应有石棉布或挡板等隔热措施。⑧把线、地线禁止与钢丝绳接触，更不得用钢丝绳索或机电设备代替零线，所有地线接头必须连接牢固。⑨更换场地移动把线时，应切断电源并不得手持把线爬梯登高。⑩清除焊渣或采用电弧气刨清根时，应戴好防护眼镜或面罩，防止铁渣飞溅伤人。⑪多台焊机在一起集中施焊时，焊接平台或焊件必须接地，并应有隔光板。⑫雷雨时，应停止露天焊接作业。⑬施焊场地周围应清除易燃易爆物品，或进行覆盖、隔离。⑭必须在易燃易爆气体或液体扩散区施焊时，应经有关部门检验许可后，方可施焊。⑮工作结束应切断焊机电源，并检查工作地点，确认无起火危险后，方可离开。

21. 气焊班组规定

①施焊地有易燃、易爆物，必须清除、覆盖、隔离。②乙炔瓶、氧气瓶应有防震圈，旋紧安全帽，防止暴晒。③乙炔发生器必须设有防止回火的安全装置，保险链。④高、中压乙炔发生器应可靠接地，压力表及安全阀应定期检查。⑤乙炔发生器不得放置在电线正下方，与氧气瓶不得同放一处，距易燃、易爆物和明火的距离不得少于 10m。⑥不得持连接胶管的焊枪爬高。⑦点火时，焊枪口不准对人，正在燃烧的焊枪不得施放在物件或地面上。⑧严禁在带压的容器或管道上焊割，带电设备应先切断电源。⑨在储存易燃、易爆及有毒品的容器或管道上焊接时，应先清除干净，并将所有的孔口打开。⑩工作完毕后，应将气瓶气阀关好，拧上安全罩，并将胶管、焊枪，仪表收拾干净。⑪检查操作地点是否可以引起火灾，确认无起火危险后，方可离去。

（五）各工种安全技术操作规程

1. 钢筋工

①钢筋在运输和储存时，必须保留标牌，并按批分别堆放整齐，避免锈蚀和污染。②起吊钢筋或钢筋骨架时，下方禁止站人，待钢筋骨架降落至离地面或安装标高 1m 以内人员方准靠近操作，待就位放稳或支撑好后，方可摘钩。③机械垂直吊运钢筋时，应捆扎牢固，吊点应设置在钢筋束的两端。有困难时，才在该束钢筋的重心处设吊点，钢筋要平稳上升，不得超重起吊。④人工垂直传递钢筋时，送料人应站立在牢固平整的地面或临时构筑物上，接料人应有护身栏杆或防止前倾的牢固物体，必要时挂好安全带。⑤人工搬运钢筋时，步伐要一致。当上下坡或转弯时，要前后呼应，步伐稳慢。注意钢筋头尾摆动，防止碰撞物体或打击人身，特别防止碰刷周围和上下的电线。上肩或卸料时要互相打招呼，注意安全。⑥张拉钢筋，两端应设置防护挡板，钢筋张拉后要加以防护，禁止压重物或在上行走。⑦钢筋绑扎过程中，注意热缩套管和绝缘垫片的安装和操作，绝缘垫片要单独存放，周围严禁有火源，热缩套管只能热缩多少，从存放场所拿多少，严禁在热缩场所存放大量热缩套管或绝缘垫片。⑧热缩套管附近必须配备灭火器。⑨钢筋网片的吊装必须由专人操作桁吊，在起吊工作中，起吊设备的下面严禁人员通过或站立。⑩在把钢筋网片安装在模具内的施工中，工作人员要注意安全，因为，钢筋加工人员在钢筋加工作业区，相对比较安全，若不太注意安全，来到轨道板生产区，设备比较多，安全隐患也多，员工不注意安全，容易引发安全事故，钢筋加工人员来到轨道板生产区安装钢筋网片时，要注意空中桁吊，布料机、坑洞等安全注意事项。

2. 电焊工

①电焊机外壳必须有良好的接零或接地保护，其电源的装拆应由电工进行。电焊机的一次与二次绕组之间，绕组与铁芯之间，绕组、引线与外壳之间，绝缘电阻均不得低于 0.5 兆欧。②电焊机应放在防雨和通风良好的地方，焊接现场不准堆放易燃、易爆物品，使用电焊机必须按规定穿戴防护用品。③交流弧焊机一次电源线长度应不大于 5m，电焊机二次线电缆长度应不大于 30m。④焊钳与把线必须绝缘良好、连接牢固，更换焊条应戴手套。在潮湿地点工作时，应站在绝缘胶板或木板上。⑤严禁在带压力的容器或管道上施焊，焊接带电的设备必须先切断电源。⑥焊接预热工件时，应有石棉布或挡板等隔热措施。⑦把线、地线，禁止与钢丝绳接触，更不得用钢丝绳或机电设备代替零线。所有地线接头必须连接牢固。⑧更换场地移动把线时，应切断电源，并不得手持把线爬梯登高。⑨清除焊渣，采用电弧气刨清根时，应戴防护眼镜或面罩，防止铁渣飞溅伤人。⑩多台焊机在一起集中施焊时，焊接平台或焊件必须接地，并应有隔光板。所有接地（零）线不得串联接入接地体或零线干线。⑪镀钨极要放置在密闭铅盒内，磨销镀钨及时，必须戴手套、口罩，并将粉尘及时排除。⑫附近堆有易燃易爆品，在未彻底清理或采取有效的安全措施前不能施焊。电焊时应按现场防火制度申请动火审批手续和监护措施。⑬电焊着火时，应先切断焊机电源，再用二氧化碳、1211 干粉等灭火器灭火，禁止使用泡沫灭火器。⑭雷雨时，应停止露天焊接作业。⑮工作结束，应切断焊机电源，并检查操作地点，确认无起火危险后方可离开。设备应维修保养，做好十字作业（清洁、润滑、调整、紧固、防腐）。

3. 气焊（割）工

①操作人员必须经过安监部门专业培训，考核合格后，持证上岗。工作前，必须穿戴防护用品。②施焊（割）场地周围应清除易燃易爆物品或进行覆盖，隔离。必须在易燃易爆气体或液体扩散区施焊时，应经有关部门检试许可后方可进行。③氧气瓶、氧气表及焊割工具上，严禁沾染油脂。④乙炔瓶不得放置在电线的正下方，与氧气瓶不得同放一处，距离不得小于 5m，与热源的距离不得小于 10m。乙炔表面温度一般不得超过 40℃。检查是否漏气，要用肥皂水，严禁用明火。⑤乙炔瓶在使用和储存时必须直立，并且必须采取防止倾斜的措施，不得横放，以防丙酮流出，引起燃烧或爆炸。⑥氧气瓶应有防震胶圈，旋紧安全帽，避免碰撞和剧烈震动；并防止曝晒，冻结应用热水加热，不准用火烤。⑦点火时，焊（割）枪口不准对人，正在燃烧的焊（割）枪不得放在工件或地面上，带有乙炔和氧气时，不准放

在金属容器内,以防气体逸出,发生燃烧。⑧在储存过易燃、易爆及有毒物品的容器或管道上焊、割时,应先清除干净,并将所有的孔、口打开。⑨工作完毕应将氧气瓶、乙炔瓶气阀关好,拧上安全罩,检查操作场地时应确认无着火危险,方可离开。

4. 混凝土工

①浇筑混凝土前,应检查模板、支架的稳定状况,且钢筋经验收合格,并形成文件后方可浇筑混凝土。②浇筑混凝土应按施工设计规定的程序进行,不得擅自变更。③浇筑混凝土时,应设模板工监护,发现模板和支架、支撑出现位移、变形和异常声响,必须立即停止浇筑,布料机操作人员必须熟悉布料机的安全操作规程,布料过程中操作人员在操作布料机前后、左右行走作业中,要密切注意布料机的行走路线下是否有人处在危险状态下,如有应立即停止布料机的行走,在人员撤离到安全处后,再开始工作;在布料机进行周围从事布料辅助工作的员工,在布料机正在进行布料施工中,要随时注意自己的安全,严禁在布料机的行走路线上,严禁人员进入。在布料机料口上面从事卸料的工作人员,在布料机布料施工中,在上面要站好、抓牢,防止跌落、滑倒。④现场电气接线与拆卸必须由电工负责,混凝土浇筑过程中应设电工值班。⑤夜间浇筑混凝土时,应有足够的照明设备。

5. 起重机司机

①起重机司机必须经过培训,经有关部门考核合格取得操作证,方可操作机械。②起重机司机必须有良好的视力和听力,并了解所操作机械的构造和性能,熟悉操作规程,保养方法和安全要求知识。③操作中要听从指挥人员的信号,当信号不明或不对,或可能引起事故时,应暂停操作,不得盲目开车或起吊。④钢丝绳在卷筒上必须排列整齐,尾部卡牢,工作中最少保留三圈。⑤吊装工作场所应有足够的空间,要注意周围及上空有无障碍物。吊车不得在架空输电线路下工作,在架空输电线路一侧工作时,应保持安全距离。在雨雾天工作时,安全距离应适当加大。⑥在易燃易爆品附近,一般不应进行起吊作业。特别不应使易燃物靠近排气管。吊车加油时,严禁吸烟和接近明火。⑦吊车吊装应站在平坦坚实并与沟槽、基坑保持适当距离的地面上。若地面松软或不平时,应夯实整平,并且道木垫实。⑧重物提升,应先吊离地面 100mm～300mm 进行试吊,无问题后方可起吊。起吊重物严禁自由下落,应用手刹或脚刹控制缓慢下降。⑨起吊物件应拉溜绳,速度要均匀,作反向操作时,必须待吊车停稳后再换向运转,禁止突然制动和变换方向,平移应高出障碍物 0.5m 以上,下落时应低速轻放,防止倾倒。⑩不许横拖和斜吊。严禁吊

拔埋在地下的情况不明的物件或凝结在地面、冻在冰上的物件。⑪吊车吊着重物回转时，应慢速进行，速度不应超过规定值。禁止在斜坡处吊重物回转。⑫满负荷或接近满负荷吊重时，严禁降落臂杆或同时进行两个吊装动作。一般情况吊重时，不得进行伸臂及缩臂，若必要时，应符合起重图表的安全要求方可操作。⑬两机或多抬吊时，必须有统一的指挥，动作配合协调，吊重应分配合理，不得超过单机允许起重量的80%。⑭吊物件上禁止站人，不准把吊车作为运送人员使用。起吊时不准在吊臂或吊起的重物下站人。⑮负荷运行时，吊钩与地面间距不得少于2m；带负荷运行时，重物必须高于运行路线上最高障碍物0.5m以上。⑯停止工作时，必须刹住制动器。工作完毕，吊钩和吊杆应放在规定的妥当位置。有控制手柄应放到零位，关门上锁。

6．电工

①所有绝缘、检查工具应妥善保管，严禁它用，并定期检查、校验。②现场施工用高、低电压设备及线路，应按照施工设计有关电气安全技术规程安装和架设。③线路上禁止带负荷接电，并禁止带电操作。④有人触电，应立即切断电源，进行急救；电气着火，应立即将有关电源切断，并使用干粉灭火器或干砂灭火。⑤安装高压油开关、自动空气开关等有返回弹簧的开关设备时应将开关置于断开位置。⑥多台配电箱并列安装，手指不得放在两盘的结合处，不得摸、连、拉、接螺孔。⑦用摇表测定绝缘电阻，应防止有人触及正在测电的线路或设备。测定容性或感性设备、材料后，必须放电。雷电时禁止测定线路绝缘。⑧电流互感器禁止开路，电压互感器禁止短路或升压方式运行。⑨电气材料或设备需放电时，应穿戴绝缘防护用品，用绝缘棒安全放电。⑩现场配电高压设备，不论带电与否，单人值班不准超越遮栏和从事修理工作。⑪电缆盘上的电缆端头应绑扎牢固。放线架、千斤顶应设置平稳，线盘应缓慢转动，防止脱杆或倾倒。电缆敷设至拐弯处，应站在外侧操作。木盘上钉子应拔掉或打弯。⑫用绝缘棒或传动机械拉、合高压开关，应戴绝缘手套。雨天室外操作时，除穿戴绝缘防护用品以外，绝缘棒应有防雨罩，并有人监护。严禁带负荷拉、合开关。⑬电气设备的金属外壳，必须接地或接零。同一设备可做接地和接零。同一供电网不允许有的接地有的接零。⑭施工现场夜间临时照明电线及灯具，高度应不低于2.5m。易燃、易爆场所应用防爆灯具。⑮照明开关、灯口及插座等，应正确接入火线及零线。

7．机修工

①工作环境应干燥整洁，不得堵塞通道。②多人操作的工作台，中间应设防护

网，对面方向朝着时应错开。③清洗用油、润滑油脂及废油渣及废油、棉纱不得随地乱丢，必须在指定地点存放。④扁铲、冲子等尾部不准淬火；出现卷边裂纹时应及时处理；剔铲工件时应防止铁屑飞溅伤人；活动扳手不准反向使用；打大锤不准戴手套；大锤甩转方向不准有人。⑤用台钳夹工作，应夹紧夹牢，所夹工件不得超出钳口最大行程三分之二。机械解体要用支架，架稳垫实，有回转机构的要卡牢。⑥修理机械应选择平坦坚实地点，支撑牢固。使用千斤顶时，须用直立垫稳。⑦不准在发动着的车辆下面操作。架空试车，不准在车辆下面工作或检查，不准在车辆前方站立。⑧检修机械前必须先切断电源，锁好开关箱，应挂有"正在修理，禁止合闸开动"标志。非检修人员一律不准发动或转动。检修时，不准将手伸进齿轮箱或用手指找正对孔。⑨严禁未拉闸断电，擅自检修机械设备或机具。⑩设备检修后应先接零接地，后接电源，未接零接地前，禁止送电试机。⑪试车时应随时注意各种仪表、声响等，发现不正常情况，应立即停车。

8. 装载机司机

①作业前应对装载机进行检查，轮胎气压、各液压管接头液压控制阀是否正常，各润滑部位是否缺机油等，确认正常后方可启动。②严格遵守行车路线，不开快车致使扬尘。③装载机不得带泥在厂内道路行驶。严禁碰撞、挤压料仓隔墙、料斗、围墙、遮挡篷、棚立柱和其他设施。④作业时应时刻注意周围人员的情况，尤其是在倒车时，更应注意身后有无行人。作业过程中，严禁任何人上下机械，传递物件以及在铲斗内或机架上坐立。⑤夜间工作时，现场照明应齐全完好。⑥在坡道上不得进行保修作业，在陡坡上严禁转弯、倒车和停车，在坡上熄火时应将铲斗落地，制动牢靠后，再行启动。⑦在不平的场地上行驶及转弯时，严禁将铲运斗提升到最高位置。⑧作业完毕后将装载机停放在平坦地面上，并将铲斗落在地面上，液压操纵的应将液压缸缩回，将操作杆放在中间位置，进行清洁，润滑后关好门窗。⑨冬季作业后，应将水箱等容器中的积水排尽。

（六）机械设备安全操作规程

1. 气瓶

①氧气橡胶软管应为红色，工作压力应位 1500Kpa；乙炔橡胶软管应为黑色，工作压力应位 300Kpa。新橡胶软管应经压力试验。未经压力试验或采用及变质、老化、脆裂、漏气及沾上有值的胶管均不得使用。②不得将橡胶软管放在高温管道和电线上，或将重物及热的物件压在软管上，且不得将软管与电焊用的导线敷设在一起。软管经过车行道时，应加护套或盖板。③氧气瓶应与其他易燃气瓶、油脂和

其他易燃、易爆物品分别存放，且不得同车运输，氧气瓶应有防震圈和安全帽；不得倒置；不得在强烈日光下曝晒。不得用行车或吊车吊运氧气瓶。④开启氧气瓶阀门时，应采用专用工具，动作应缓慢，不得面对减压器，压力表指针应灵敏正常。氧气瓶中的氧气不得全部用尽，应留 49Kpa 以上的剩余压力。⑤未安装减压器的氧气瓶严禁使用。⑥安装减压器时，应先检查氧气瓶阀门接头，不得有油脂，并略开氧气瓶阀门吹除污垢，然后安装减压器，操作者不得正对氧气阀门出气口，关闭氧气瓶阀门时，应先松开减压器的活门螺丝。⑦点燃焊（割）炬时，应先开乙炔阀点火，再开氧气阀调整火焰。关闭时，应先关闭乙炔阀，再关氧气阀。⑧在作业中，如发现氧气瓶阀门失灵或损坏不能关闭时，应让瓶内的氧气自动放尽后，再进行拆卸修理。⑨发现乙炔瓶因漏气着火燃烧时，应立即用黄沙扑灭火种。⑩乙炔软管、氧气软管不得错装。使用中氧气软管着火时，不得折弯软管断气，应迅速关闭氧气阀门，停止供氧。乙炔软管着火时，应先关熄炬火，可用弯折前面一段软管的办法来将火熄灭。⑪冬季在露天施工，如软管和回火防止器冻结时，可用热水、蒸气或在暖气设备下化冻。严禁用火焰烘烤。⑫不得将橡胶软管背在背上操作。当焊（割）枪内带有乙炔、氧气时不得放在金属管、槽、缸、箱内。⑬氢氧并用时，应先开乙炔气，再开氢气，最后开氧气，再点燃，熄灭时，应先关氧气，再关氢气，最后关乙炔气。⑭作业后，应卸下减压器，拧上气瓶安全帽，将软管卷起捆好，挂在室内干燥处。

2. 电焊机

①焊接操作及配合人员必须按规定穿戴劳动防护用品。并必须采取防止触电、高空坠落、瓦斯中毒火灾等事故的安全措施。②现场使用的电焊机应设有防雨、防潮、防晒的机棚，并应装设相应的消防器材。③焊接现场 10m 范围内，不得堆放油类、木材、氧气瓶、乙炔发生器等易燃、易爆物品。④使用前，应检查并确认初、次级线接线正确，输入电压符合电焊机的铭牌规定。接通电源后，严禁接触初级线路的带电部分。初、次级接线处必须装有防护罩。⑤次级抽头联接铜板应压紧，接线柱应有垫圈。合闸前，应详细检查接线螺帽、螺栓及其他部件并确认完好齐全、无松动或损坏。接线柱处均有保护罩。⑥多台电焊机集中使用时，应分接在三相电源网络上，使三相负载平衡。多台焊机的接地装置，应分别由接地极处引接，不得串联。⑦移动电焊机时，应切断电源，不得用拖拉电缆的方法移动焊机。当焊接中突然停电时，应立即切断电源。⑧严禁在运行中的压力管道、装有易燃易爆物的容器和受力构件上进行焊接。⑨高空焊接时，必须挂好安全带，焊件周围和

下方应采取防火措施并有专人监护。⑩电焊线通过道路时，必须架高或穿入防护管内埋设在地下，如通过轨道时，必须从轨道下面穿过。⑪接地线及手把线都不得搭在易燃、易爆和带有热源的物品上，接地线不得接在管道、机床设备和建筑物金属构架或铁轨上，绝缘应良好，机壳接地电阻不大于 4Ω。⑫雨天不得露天电焊。在潮湿地带工作时，操作人员应站在铺有绝缘物品的地方并穿好绝缘鞋。⑬长期停电用的电焊机，使用时，须用摇表检查其绝缘电阻不得低于 $0.5M\Omega$。

3. 起重机械"十不吊"原则

①超过额定负荷不吊。②指挥信号不明、重量不明、光线暗淡不吊。③吊索和附件捆绑不牢，不符合安全要求不吊。④行车吊挂重物直接进行加工时不吊。⑤歪拉斜挂不吊。⑥工件上站人或工件上浮放有活动物件的不吊。⑦氧气瓶、乙炔发生器等器具有爆炸性物品不吊。⑧带棱角块口物件尚未垫好（防止钢丝绳磨损或割断）的不吊。⑨埋在地下的物体未采取措施的不拔吊。⑩违章指挥不吊。

4. 手持电动工具

①为了保证安全，应尽量使用Ⅱ类（或Ⅲ类）电动工具，当使用Ⅰ类工具时，必须采取其他安全保护措施，如加装漏电保护器、安全隔离变压器等。条件未具备时，应有牢固可靠的保护接地装置，同时使用者必须戴绝缘手套，穿绝缘鞋或站在绝缘垫板上。②使用前应先检查电源电压是否和电动工具铭牌上所规定的额定电压相符。长期搁置未用的电动工具，使用前还必须用 500V 兆欧表测定绕组与机壳之间的绝缘电阻值，应不得小于 $7m^2$，否则必须进行干燥处理。③操作人员应了解所用电动工具的性能和主要结构，操作时要思想集中，站稳，使身体保持平衡，不得穿宽大的衣服，不戴棉纱手套，以免卷入工具的旋转部分。④使用电动工具时，操作者所使用的压力不能超过电动工具所允许的限度，切忌单纯求快而用力过大，致使电机因超负荷运转而损坏，电动工具连续使用的时间也不宜过长，否则微型电机容易过热损坏，甚至烧毁，一般电动工具在使用 2H 左右即需停止操作，待其自然冷却后再行使用。⑤电动工具在使用中不得任意调换插头，更不能用插头将导线直接插入插座内。当电动工具不用或需调换工作头时，应及时拔下插头，但不能拉着电源线拔下插头。插插头时，开关应断开位置，以防突然启动。⑥使用过程中要经常检查，如发现绝缘损坏，电源线或电缆护套破裂，接地线脱落，插头插座开裂，接触不良以及断续运转等故障时，应即修理，否则不得使用。移动电动工具时，必须握持工具的手柄，不能用拖拉橡皮软线搬运工具，并随时注意防止橡皮软线擦破、割断和压坏现象，以免造成人身事故。⑦电动工具不适宜在含有易燃、易爆或

腐蚀性气体及潮湿等特殊环境中使用，并应存放于干燥、清洁和没有腐蚀性气体的环境中。对于非金属壳体的电机、电器，在存放和使用时应避免与汽油等溶剂接触。

5．装载机操作规程

①经考试合格并持有设备操作证者，方准进行操作。操作者必须严格遵守有关安全交接班等制度。②工作前严格按规定对转向、走行、制动等部位认真检查，调整、紧固、润滑，确认良好，才能工作。③操作者要了解施工条件及障碍物情况和位置，服从现场指挥人员的指挥。了解装载物比重，以免铲斗负荷过大，造成倾倒。④禁止铲斗当抓斗、推土机使用。⑤禁止在前后车体形成角度时铲装货物，取货前应使前后车体形成直线对正，并靠近货堆，同时使铲斗平行接触地面，然后取货。⑥不准用高速挡取货。⑦不准边行走，边起升铲斗。⑧装载机是用来进行装载及短途运输散装物料的罐车，禁止用铲斗进行挖掘作业。⑨驾驶员离车前，应将铲斗放到地面，禁止驾驶员在铲斗悬空时离车。⑩禁止用铲斗举、升人员从事高处作业。⑪满载后不得过分举臂以防装载物倾出造成机器、人员损伤。⑫用液压缸顶车体时吊杆和大臂之间角度应在 $90°\sim110°$ 之间，不得过大或过小。⑬行走时应尽量选择平坦路面，禁止转急弯。

第二节　隧道安全监理实施

一、安全监理保证体系

（一）安全管理组织机构

项目监理部成立安全生产领导小组，项目总监为组长，隧道专监为副组长，总监办其他监理人员为组员，负责隧道安全监察和日常工作。

（二）安全管理保证体系

建立强有力的安全管理保证体系，既应注重安全思想宣传教育和安全技能培训，又应注重日常安全生产工作的检查、落实。

项目监理部由安全领导小组牵头，对参与施工人员经常进行安全和专业技术教育，强化安全意识，增强预防能力。

安全领导小组组长定期主持召开施工安全例会，分析安全情况，总结评比前期情况，预想后期施工安全隐患并拟定解决方案；安全领导小组定期组织检查，安检人员不定期检查，检查过程中安全质量监督人员发现违章作业、安全措施不落实、质量不合格及施工隐患，应责令施工队立即纠正。

二、安全管理制度

（一）安全责任制

实行岗位责任制，把安全生产纳入竞争机制纳入承包内容，督促逐级签订包保责任状。明确分工，责任到人，做到齐抓共管，抓管理、抓制度、抓队伍素质，盯住现场，跟班作业，抓住关键，超前预防。

（二）安全教育培训制度

项目监理部督促施工单位开工前必须进行岗前培训，对安全教育基本知识和技能教育、遵章守纪和标准化作业的教育进行学习，并认真学习相关工程施工技术安全规则以及施工安全标准，经考试合格持证上岗。

施工中监理部必须定期组织职工学习安全知识，进行安全教育，在思想上消灭安全隐患。施工中监理人员应经常检查工地，对现场施工人员进行安全讲解，制止违章施工。

（三）安全事故申报和奖惩制度

①发生事故，要按照"三不放过"的原则进行联合调查，认真分析，查找原因，对事故责任者进行严肃处理，追究其经济、行政、法律责任。②对保证施工安全作出贡献的单位、人员，要给予表彰和奖励。③对造成安全事故的人员和单位要进行相应的处罚。

（四）安全交底制

①安全交底工作是确保安全施工的一项重要工作内容，交底采用书面安全交底和现场安全交底相结合的方式。监理部应列出重点安全监控项目及要点，制订详细的施工安全规划。②施工前安全监理工程师应根据施工方案结合现场制定切实可行的安全措施，并下发到施工队。③实行项目安全工程师给施工队交底，施工队安全员给领工员、工班长、施工人员进行二次交底的二级负责制。

（五）安全检查制

①在施工过程中加强安全检查，及时发现安全隐患，提出安全整改意见和措施，并督促落实，确保施工安全。②督促班组安全员、防护员将每天施工现场安全情况总结汇报给队安全员，队安全员整理后汇报给项目安全监理工程师。③项目安

全监理工程师和隧道安全员每周进行一次安全检查、评比，查找问题，杜绝事故。

三、保证施工安全、人身安全措施

（一）施工安全保证措施

①编制本工程的安全技术措施和施工现场临时用电方案，并对危险性较大的分部分项工程编制专项施工方案，同时附上安全验算结果，经总监理工程师签字后实施，由专职安全生产管理人员进行现场监督。对于合同中涉及的地下暗挖工程等专项施工方案，组织专家进行论证和审查。②在动力设备、输电线路、地下管道、密封防震车间、易燃易爆地段等施工时，在施工前应制订出安全防护措施方案，经总监认可后实施。③爆破器材的运输和保管应符合当地公安部门的有关规定，并接受当地公安部门定期或不定期的安全检查。

（二）爆破作业施工安全措施

①对所有参加爆破作业人员，必须依照《爆破安全操作规程》的有关规定进行培训，经考核合格后才允许从事爆破作业。②加强爆破器材的运输、入库存发放管理，定期进行账务核对，严禁爆破器材的流失。③爆破器材的专用加工位置要按有关规定慎重选择，存储量严格控制，不可超过当班用量，同时设有通信设备、报警装置和防火、防雪设施，确保安全。④爆破器材的加工和使用应严格按有关安全操作规程实施，确保加工及使用过程的安全。⑤爆破作业要统一指挥，设立警戒线，及时撤离机械和人员，加强爆破后的安全检查，由爆破人员负责瞎炮的处理，避免事故；严格按爆破设计装药联线并检查，消除不安全因素。

（三）临时用电及照明安全措施

①要经常对电线、电气设备进行检查维修，严防漏电、短路等事故的发生。②非专职电气人员，不得操作电气设备。③低压电气设备应加装触电、漏电保护器。④检修、搬迁电气设备时，应切断电源，并悬挂"有人工作，不准送电"的警示牌。⑤带电作业时，必须制订安全措施，在专职安全员的监护下进行，此外还需使用绝缘可靠的保护工具。⑥对机器和设备进行检查维修时，如指定进行电器绝缘，首先检查被绝缘的装置有无电压，然后短路接地，同时绝缘邻近带电的部件。⑦带电作业时，应启动应急停电装置或启动主断路器，并在作业区设置安全警告标志。⑧在高压元件上作业时，必须绝缘后将输电线接地，将元件短路。

（四）机械车辆作业施工安全措施

①操作人员必须持证上岗，严禁将机械交给无证人员和不熟悉机械设备性能的

人员操作。②施工作业前，操作人员必须认真听取施工技术人员的现场交底及有关安全注意事项，并对机械作详细检查，作业中集中精力，不得擅自离开工作岗位。③施工运输车辆应建立定期检修和保养制度，使车辆保持在良好状态，车辆驾驶员必须熟悉所驾车辆性能、保养程序及操作方法。使用挖掘机、装载机装料时，汽车就位后应拉紧手刹，关好车门，严禁超载。凡带升降翻斗的运输（自卸）车，严禁翻斗升起运行或边起边落以及在行驶时操作车厢举升装置。

（五）防水与防火安全保证措施

1. 洞内防水措施

督促施工单位配备足够的抽水设备，保证能够及时抽排洞内涌水。在断层富水地段，首先超前探孔，预测涌水量情况，必要时采用帷幕注浆止水，遵循"以堵为主，限量排放"原则。

2. 防汛措施

加强与气象部门、水文部门联系，掌握雨情水情，按当地政府和建设方的防汛要求组织好防汛队伍，备足防汛物资和器材，安排专人 24 小时防汛值班，确保通信联络畅通。

施工中注意保护好防汛设施，不损坏沿线排水系统，不因施工而削弱河流、堤坝的抗汛能力，不因施工引起雨水冲刷路基或引起既有排水设施的淤塞，并注意疏通河道沟渠，确保水流畅通。

3. 防火措施

严格执行《消防法》中的有关要求，在库房及临时房屋集中的地方，配备各种消防器材并定期检查。加强对职工的防火教育，建立严格的防火管理制度，在施工现场设立防火警示牌，并设专人巡查监督。

（六）隧洞施工的安全保证措施

1. 掘进作业安全措施

加强隧洞的综合地质预报，及早修建洞门和洞口排水设施，确保洞口段的稳定。软弱围岩段遵循短开挖、弱爆破、快支护、勤量测、早衬砌的原则。加强监控量测，密切注意支护和围岩变化情况，及时反馈围岩变形信息，做好变形预报，一旦情况异常，立即采取措施，防止坍塌。

2. 洞内爆破作业安全措施

①爆破采用导爆管非电毫秒延期雷管分段引爆，起爆药包的装配在洞口 50m 以外加工房进行，并由爆破工送进洞。②进行爆破时所有人员撤至不受有害气体、

振动及飞石伤害的地点。③每日放炮的时间、次数根据施工条件有明确规定，放炮的信号统一，并让隧道作业人员都清楚。④爆破后必须经过通风排烟后，才准检查人员进入工作面，经检查和妥善处理后，其他工作人员才准许进入工作面。

3. 喷锚作业的安全措施

①喷混凝土时，禁止施工人员站在料管接头附近，特别是输料管前端，严禁将喷嘴对准施工人员。②接触速凝剂时戴橡胶手套，当喷头被堵，疏通管路时防止管中有压混凝土喷出伤人；若喷混凝土中的外加剂液不慎溅到皮肤上，要及时用水冲洗，严重时需要送医院治疗。③采用的混凝土喷射机器人具有检测和自动排除堵泵功能，大大提高了喷锚作业的安全性。

4. 通风与除尘的安全措施

①通风系统有足够的能力保证隧洞开挖过程中的空气流速及提供给每人每分钟 $4m^3$ 的新鲜空气，并防止施工环境温度过高。②洞内通风系统设有专职人员管理，风机管路吊挂牢固，漏风处及时修补，保证通风效果良好。③做好以下防尘措施：一是密封尘源，使粉尘与操作人员隔离；二是喷雾洒水；三是搞好个人防护，如佩戴防尘口罩等。

5. 出渣运输安全措施

①装渣过程中，卸渣机的转动漏斗要调整好位置，防止岩渣掉落车外伤人。②车辆进出隧洞要亮灯和不断鸣笛，保证刹车良好。

6. 地质灾害防治安全措施

隧道在通过断层破碎带时，因隧道埋深大、地应力较高，岩层结构相对疏松、自身强度低、自稳能力差、抵抗外力破坏的性能差等因素，施工时容易发生坍塌等围岩失稳现象。为防治围岩失稳，将采取 TSP－203 地震波法和超前钻孔的超前预测预报手段和使用超前小导管注浆加固、弱爆破、短进尺、强支护、仰拱超前、尽早衬砌的方法，确保施工安全。

隧道在通过各断层破碎带时，由于构造裂隙水较发育，地下水循环较快，施工中可能产生突然涌水现象；在通过断层泥砾带、含泥质地层时可能产生突然涌泥现象。为此，除在施工中加强超前地质预报外，在临近可能产生突然涌水、涌泥现象的地段，首先超前钻 15m～20m 探水孔，如发现富水就在开挖面适当位置加钻 3～5 个深 5m～6m 的孔，提前放水减压，或采用帷幕注浆止水，并加强支护。

7. 人员安全保证措施

开工前对职工进行岗前培训，进行安全教育和技能教育，进行遵章守纪和标准化作业的教育，经考试合格持证上岗。

对施工地段建立日常巡查制度，对重点施工地段实施安全员跟班监督制度，并接受安全监理人员的监督检查。

根据季节变化，夏季配齐防暑降温用品，抓好食品卫生，注意劳逸结合；冬季配齐保暖设施，备足取暖的材料和室外劳保用品，并注意防止煤气中毒，做好后勤医疗保障工作；针对驻地情况进行流行性疾病的防治工作。

8. 技术组织措施

（1）施工现场安全技术措施

必须抓好施工现场平面布置和场地设施管理，做到图物相符、井然有序，做好环保、消防、材料、卫生、设备等文明施工管理工作。施工现场的布置符合防火、防爆、防雷电等安全规定及文明施工的要求。施工现场的生产、生活及办公用房、仓库、材料堆放场、停车场、修理厂等按批准的总平面布置图进行布置。

工地内的各种道路平整、坚实，且有照明设施；施工现场设置安全警示标志及安全生产宣传栏，在重点作业场所、危险区、主要通道设立"五牌一图"，夜间设红灯警示。

现场的生产、生活区建设足够的消防水源和消防设施网点，消防器材有专人管理，不乱拿乱放；每个施工队组成一个 15～20 人的义务消防队，所有施工人员要熟悉并掌握消防设备的性能和使用方法。

各类房屋、库棚、料场等安全距离符合有关规定，现场的易燃物随时清理，严禁在有火种的场所和附近堆放易燃易爆物品。

（2）隧洞开挖安全技术措施

采用超前地质预报系统、超前钻探技术等综合手段做好地质超前预测预报，准确探明前方地层岩性及富水状况，及时反馈设计和施工，加强动态管理，确定施工方案，加强注浆施工，严防涌水突泥造成安全事故，确保施工安全。充分利用断面素描及地层推断对隧洞正洞的地质进行预测并及时采取相应的措施。

隧洞施工中如发现险情，立即将施工人员全部撤离危险地段，并立即在危险地段周围设立明显标志或派人看守，迅速报告施工负责人及时采取处理措施。

（3）钻孔安全技术措施

钻眼人员到达工作地点时，首先检查工作面是否处于安全状态，如支护、顶板及两帮是否牢固，如有松动的岩石立即加以支护或清除。施工前对台车及钻具进行检查，不合要求的应立即修理或更换。使用风枪钻眼时，将支架安装牢固，不在残眼中继续钻眼，不在工作面拆卸修理风钻。钻孔台车进洞经过的道路和临时台架，要认真检查安全界限，并有专人指挥，就位后不得倾斜。

（4）爆破安全技术措施

爆破作业前按规定时间提前把爆破方案书面通知监理并提出相应的安全防护措施，并经认可后实施。洞内爆破作业由班组长统一指挥，爆破时，所有人员撤至不受有害气体、振动及飞石伤害的安全地点。每日放炮时间及次数根据施工条件有明确规定，装药离放炮时间不应过久。照明不足、工作面岩石破碎尚未及时支护、有可能高压涌水地段等严禁装药爆破。洞内爆破作业使用安全炸药，爆破作业后经过通风排烟，才准检查人员进入工作面。当发现有瞎炮时必须由原爆破人员按规定处理。装炮时严禁火种，严禁明火点炮，无关人员与机具等撤至安全地带。两个工作面接近贯通时，加强两端的联系与统一指挥。爆破工随身携带手电筒，并设事故照明。

（5）装渣及无轨运输技术措施

①装渣作业符合安全规定，装渣前掌子面危石清除干净，装渣时由专人负责指挥。②装渣机司机必须经过严格培训，持证上岗，做到一机二牌，即《管理规定》和《工作职责》。③各种运输设备不得人料混装，装载料具不得超出装载限界，超长料具应捆扎牢固。④机械装渣时，指定专人负责电缆和风管的收放，作业时，无关人员均退至安全地点。⑤洞口、会车道和掌子面附近设置"缓行"标志，必要时安排专人指挥交通。

（6）隧洞支护安全技术措施

施工期间，现场施工负责人会同有关人员对支护状态进行定期检查。不良地质地段，每班应安排专人检查，当发现支护变异或损坏时，应立即修整加固。施工中需短期停工时，应将支护直抵工作面。当喷射混凝土尚未达到一定强度即趋失稳的围岩，或喷锚后的变形量超过设计容许值以及发生突变的围岩，用钢架支撑进行支护。当发现量测数据有突变或异变时，于量测后及时通知现场负责人，立即采取应急措施并通知施工人员撤离危险地段待避；在不良地质地段中采用喷锚支护时，提前备足钢架支撑，以应急需。当发现喷层有异常裂缝和变形时，安全员应列为主要安全检查内容，经常进行观测与检查，并作为施工危险信号引起警惕。

支护失稳主要可能存在围岩变形的问题，由于地应力作用，使侧壁内移、掌子面挤入，隧底上隆，拱顶下沉，喷射混凝土脱落或坍塌，产生支护大变形、最后坍塌；针对围岩变形采取下列安全措施：做好掌子面前方地质的预测预报；建立日常量测管理，记录初位移速度和最终位移值，根据不同岩类确定控制位移值标准；为了防止断面挤入，开挖后及时浇筑仰拱，对底部隆起进行监测，必要时对底部设横撑，打钻孔桩或向底部注浆，控制上隆；为了防止支护开裂，增加钢筋网，用湿喷钢纤维混凝土。

（7）隧洞衬砌安全技术措施

衬砌台车的吊装指定专人监护，灌注作业时指定专人监测，发现异常，及时处理；平台、台车上不得堆放料具，工作台上脚手架满铺，铺放牢固；拆除混凝土软管或管道时，必须停止混凝土泵的运转，电源设备完整无损；拱墙混凝土挡头板安装牢固，按先边墙后拱部的顺序，两侧对称浇筑。

9．通过不良地质地段安全技术措施

（1）设立地质预报室地质预报中心

揭露和确定前方不良地质是安全施工的主要依据，根据本标段地质较复杂不良地质多的特点，项目经理部成立超前地质预报中心，配相应的地质仪器和专职地质工程师，做好地质超前预测预报，使施工单位能提前做好准备。

（2）通过断层破碎带和富水段安全技术措施

通过断层破碎带及富水段，一是防水，二是防塌方，采取措施是用帷幕注浆固结地层并止水，砂浆锚杆支护增强围岩稳定性；分台阶开挖、短进尺、弱爆破，开挖后及时设格栅、型钢、喷钢纤维砼联合支护抵抗围岩变形，底部仰拱跟进。

（3）突涌水地段施工安全技术措施

加强地质超前预测预报，严禁盲目蛮干，衬砌及时跟进，洞口配备足够的抢险材料，以备隧洞出现涌水、突泥坍方时使用。

加强注浆堵水，限量排放溶洞及破碎带地下水，预先备足抽排水设备，成立专门的抢险分队，防止施工中出现紧急情况。

超前研究制定施工方案，按设计要求施作富水断层破碎带地段的帷幕注浆及支护，达到堵水效果，确保施工安全。

（4）岩爆地段施工安全技术措施

做好地质超前预测预报，采用光面爆破技术，遇岩爆施工原则："短进尺、多循环、强支护、快封闭"，尽量避免超欠挖，防止应力集中引发岩爆；增设临时防护措施，主要设备及施工人员均采取安全措施；加大检查力度，确保施工安全。

10．突发事故报告、应急措施及处理

（1）突发事故报告

在施工中如果发生安全事故，为减少损失和及时处理，监理必须立即向甲方和

上级有关部门进行报告，报告内容如下：书面或电话报告事故发生的年、月、日、时、分，发生的地点（洞名、里程、洞体部位），事故概况及原因，人员伤亡及设备损坏情况，对施工的危害程度。

（2）突发事故应急措施

针对本工程地质破碎，可能出现突泥涌水的特点，对那些未预报到的突泥、涌水等采取如下安全应急措施：①首先上场后由项目总监组织，由安全监理工程师和施工技术部共同依本标段预测的最大涌水量编写突发事故抢险预案，成立以项目经理为抢险队长，主管安全的项目副经理为副队长，开挖、出渣运输作业班为抢险队成员的抢险组织。担任抢险任务人员休息时不远离工地，一旦发生险情立即组织抢险。对抢险用设备器材应放置在洞口便于装运处，抢险器材、设备专设专用，平时不准动用，并设专人保管。②在雨季或通过断层、软弱围岩地段前，项目监理部轮流值班，洞口 24 小时值班，一旦发生险情，应能立即通知到项目经理及有关人员。③一旦遭遇不可预见的突水，人员设备首先撤离安全地段，并且迅速关闭连通电源，启用备用电源，以免造成人员伤害。④备足草袋、快硬水泥、带闸钢管等抢险物资，在发生涌水、突泥时及时封堵掌子面，安装钢管，将水堵在围堰内，为迂回注浆堵水创造条件。

（3）突发事故的调查及处理

在接到事故单位的报告后，立即派员赶赴现场，参加各方面组成的事故调查、处理委员会，组织指挥有关人员积极抢救伤员，采取措施迅速恢复施工，并做好调查工作，确定事故性质和责任。调查处理工作内容：勘查现场，检查机械、车辆及其他设备，做成记录；检查施工方法、机具车辆、材料设备、工程质量等情况，并记录；调查关系人，做出记录，并经本人签字；调查有关文件、资料并记录。

上述工作，在安全管理部门的领导下，与有关单位共同进行，调查完毕，及时完成事故分析，认定事故类别、事故原因及责任单位，完成事故分析纪要，然后上报。

（4）停电事故处理

为保证施工现场在出现突发停电事故后能正常作业，减少因停电造成的各种意外，保证施工现场正常供电，针对现场实际情况，采取以下处理措施：①施工现场全过程配置备用发电机房，一旦出现突发停电事故，立即启动发电机提供临时电力。②设专人负责发电机日常管理和维修保养。③加强施工用电线路的检查和维护，对破损线路必须及时更换，确保线路正常、安全输电。

（5）突发火灾的处理

每个施工队成立一个消防小分队，配备必要的通信器材和消防工具。施工现场、生活区及各类库房、加工厂配备足够的消防桶、灭火器、消防砂等必备消防安全器材，施工期间消防器材不得挪作他用。当出现火警时，立即组织人力扑灭火险，并及时报警。

（6）防止隧洞坍塌的措施

按照"超前探、预支护、短进尺、弱（不）爆破、快喷锚、勤量测、紧衬砌"的施工原则，开挖作业必须制订切实可行的施工方案和安全措施。

加强地质超前预测预报，采用地质预报系统、地质雷达和超前探孔对地质情况或水文情况进行探测，及时观察洞内围岩受力及变形动态，提前发现塌方的征兆。

加强超前预注浆或帷幕注浆，严格注浆工艺，提高围岩自承能力和开挖面的稳定性。加强支护，防止围岩松弛变形。开挖后及时施做初期支护，防止局部坍塌，提高围岩整体稳定性。设兼职安全员负责作业时间内的坍塌观察，发现坍塌征兆立即通知施工人员撤离。

（7）安全事故救援预案

上场后由主管安全的副经理与安全监理工程师会同安全质量部门编制涌水、突泥、坍塌、火灾等安全事故救援预案，并交由业主及总监理工程师审定。救援预案应包括救援组织、救援人员职责、救援资源的准备、与当地救援机构的联系、救援方案。

11．其他安全措施

（1）通风、防尘及有害气体控制安全措施

隧洞通风符合设计和施工要求；隧洞通风每个作业班组设专职人员管理；隧洞内的空气成分每月至少取样分析一次，风量、含尘量每月至少监测一次，特长地段不定期的抽检。通风机停止运转时，任何人员不得靠近通风软管行走和在软管旁边停留，不得将任何物品放在通风管或管口上；凿岩和装渣时，设置专用喷雾器；喷射混凝土用湿喷。

隧洞开挖配置通风设备和有害气体的监测装置、报警装置，派专人负责定时检查监测、管理，一旦发现毒气或 CO_2 超标，应加强通风并立即报警，停止工作，疏散人员，同时立即报告项目部；施工现场配置防护用具，对施工人员进行教育，了解有害气体的危害及防护用具使用方法。

（2）消防及洞内防水安全措施

消防安全措施：①建立完善的消防体系，督促项目经理部成立专门的消防小组，设专职消防人员，施工队设义务消防队。②临时消防系统配置必须经监理工程师和消防管理部门的审批验收，获得消防管理部门颁发的消防证书。③与地方消防部门保持必要的联系，遵守当地的地方消防规定。④制订并实施严格的消防管理制度，定期组织防火工作检查；建立防火工作档案，发现隐患及时纠正，发现违反规定者予以处罚。⑤工地内木工加工间、火工品仓库、易燃物品仓库内严禁烟火，动用明火实行严格的用火证管理，操作人员必须持证上岗，乙炔和氧气使用时两瓶间距在 3m 以上，存放必须隔离。⑥生活区临时设施及施工现场有良好的消防通道和紧急疏散设施，设置消火栓、灭火器、水龙头、消防砂、消防桶、灭火铲、消防斧、消防水管等，做到布局合理，经常维护、保养。在易发生火灾部位存放的消防器材设明显标志。⑦洞口处设置足够的消防器材，放在明显易取的位置上，并设立明显标志。火源距洞口至少 30m 以外，洞内严禁吸烟及明火作业取暖。⑧电工、焊工从事电气设备安装和电、气焊切割作业，备有灭火用具。使用电气设备、易燃易爆物品，严格执行防火措施，指定防火责任人，配备灭火器材，确保施工安全。

洞内防水安全措施：①采用超前地质预报系统、地质素描等措施预测前方地质状况。②根据设计要求采取帷幕注浆等措施将水封堵在洞体外围，使水体保持原状流态，不因开挖改变水流方向。③对于墙体表面的流水采用塑料导管引流排放至排水沟或集水坑，使水尽量少流经岩面。④排水沟及集水坑采取铺塑料布等方法作为防渗漏措施，并经常进行检查，防止水流漏入洞体底部，影响洞体稳定。⑤加强施工断面量测和洞底的监测，密切监控岩体的变形和位移，洞底的隆起。⑥及时施作防水设施并保护良好，及时施作支护和衬砌，避免岩体变形侵入衬砌的限界。⑦备足足够功率的抽水设备和按要求修建维护好排水设施，及时抽水排水，防止发生事故。

火工品及油料安全措施：①爆破器材采购运输保管必须遵守现行的《中华人民共和国民用爆破物品管理条例》和当地公安部门的有关规定并接受当地公安部门定期或不定期的安全检查；爆破器材库的设备符合《爆破安全规程》，库存量及平面布置经过当地公安机关批准；洞内运输爆破作业器材时遵守有关规定，除爆破工或护送人员外，不得有其他任何人员；爆破物品在使用前，根据规定要求进行质量检验；爆破物品应执行领用签认制度，每天使用多少领用多少，当天使用不完的，归库管理。②汽油、柴油等易燃液体运输必须使用专用油罐车运输,工地专用油库储存;油库距既有公路、房屋、电力和线路的距离符合安全规定。③炸药库、雷管库、油料库设置避雷针,防止雷击;外部设铁丝网,专人看管;设置灭火器、消防砂、消防桶等消防设备确保消防安全。

(3)临时用电、供电安全措施

①接地及避雷装置:为保证用电安全,对凡可能漏电伤人或易受雷击的电气设备建筑物设置接地或避雷装置,并制订检查维修制度,定期、定时对用电设备进行检查。②测量安全措施:施工测量安全主要是测量人员人身安全方面的保证,在山坡等危险地点测量注意安全防护;洞内测量在确定爆破已经结束、无险情条件下并穿戴好安全防护用品才能进洞测量。③冬、雨季施工安全措施:冬季时注意保暖加温措施,如遇下雪天应及时清扫路面积雪,铲除路面冰块,并采取相应的防滑措施,防止车辆行人因冰雪造成的安全事故。冬季注意安全用火用电、防止宿营区的煤气中毒等事故。为防止雨季地表水渗入洞内,引起裂隙张开,导致围岩变形,支护失稳,在覆盖层较浅地段对洞体上部进行排查,采取措施使水流远离洞体。严格按设计做好超前支护和初期支护,对软弱围岩和裂隙发育地段优先安排衬砌,对准备开挖地段,预测水流量增大时,反馈设计单位,采取预注浆处理,并加强初期支护,确保掌子面安全。

(4)后勤保障安全措施

机械设备安全技术措施:①施工现场实施机械安全管理及安装验收制度,机械安装要按照规定的安全技术标准进行检测并有自检记录,所有操作人员要持证上岗。机械设备使用期间定机定人,保证设备完好率。②施工过程中严格执行国家颁布的安全生产操作规程及有关规定,严禁违章指挥、违章操作。③电动机械设备必须经过安全部门检查合格,并取得合格证后方能投入使用,否则不准送电运转。④拼装衬砌台车时预先制订吊装方案,按方案严格实施。⑤各种专用机械必须有可靠的安全防护装置,由使用者专门负责。⑥大中型机械设备在施工过程中,严格按机械规程做好日常维护及保养,并作详细记录。

安全保卫与防盗措施:督促项目经理部安排保安,负责现场和生活区治安工作,并与当地公安部门取得联系,共同做好施工现场的治安保卫工作;在炸药库、雷管库安排专人看管,并严格颁发手续,严防火工品被盗;在施工区安排专人值班,加强白天和夜间巡视工作,严防材料丢失,保证工程顺利进行。

防食物中毒措施：督促项目经理部综合办公室安排一名卫生检查员，专职对卫生和食品进行监督，定期组织炊事员到医疗机构进行检查，对各食堂购进的食品和蔬菜进行检查，严防食物中毒。

工程保险措施：为减免自然灾害造成的损失，督促承包单位在整个施工期间（包括保修期）对为本合同工程工作的从事危险作业的人员投保人身意外伤害险，对已运抵现场的承包人装备办理财产保险。

第三节　隧道施工安全风险管理

一、风险概述

（一）风险的定义

"风险"是指航海时遇上大风或触礁等危机事件，反映了航海中的不确定因素。当前，风险的基本含义是指未来结果的不确定性，也可以理解为实际结果与预期结果的偏离。由于各个领域对风险关注的重点不同，所以关于风险的定义也各不相同，其中比较常用的定义有：风险是损失的可能性；风险是损失的概率；风险是导致损失产生的不确定性；风险是潜在损失；风险是财产损失和人员伤亡；风险是潜在损失的变化范围和幅度；风险是实际与预期结果的偏离等。虽然各个领域风险的定义不统一，但均具有两个基本特征，即不确定性和损失性。

（二）风险的构成要素及其相互关系

风险的构成要素包括风险因素、风险事件及风险损失三个方面。风险因素是指促使风险事件发生概率（频率）和（或）损失幅度增加的因素，它是风险事件发生的潜在原因，是造成损失的间接的和内在的原因，通常分为实质性风险因素、道德风险因素及心理风险因素。风险事件也称风险事故，是指酿成事故和损失的直接原因和条件，风险一般只是一种潜在的危险，而风险事件的发生使潜在的危险转化成为现实的损失，从这个意义上来说风险事件是损失的媒介。风险损失是指非预期的不利后果，包括人员伤亡、环境破坏、财产损失及工期延误等直接或间接损失。

风险因素、风险事件和风险损失三者之间是密切相关的，风险因素引发风险事件，风险事件导致损失，造成实际结果与预期结果的差异，三者构成了风险存在与否的基本条件。

二、风险管理基本内容

(一) 风险管理的定义

风险管理是人类在发展过程中，结合历史经验和科学技术，研究风险发生规律和风险控制技术的一门管理学科。风险管理是一种应对纯粹风险的科学方法，它通过预测可能的损失，设计并实施一些流程最小化这些损失发生的可能，而对确实发生的损失，最小化这些损失的经济影响。通俗而言，风险管理就是面对不确定的风险，采取相应的方法对风险进行预测和分析，制订、执行相应的控制措施，以获取最好的结果。

(二) 风险管理的目标及特征

风险管理的目标是在损失发生之前保证经济利润的实现，而在损失发生之后能采取措施使之最大可能地复原。也就是说，损失是不可避免的，而风险就是这种损失的不确定性，所以应采取科学的方法将这种不确定的损失尽量转化为确定的、人们能够接受的损失。风险管理的特征包括以下内容：①它融合了各类学科的管理方法和过程。②它是全方位的管理。③风险管理方法多，对风险的不同解读会产生不同的方法。④风险管理适用范围广。

(三) 风险管理的过程阶段

风险管理主要包括以下五个方面的工作：风险计划、风险识别、风险估计、风险评价及风险控制。根据风险管理涉及的内容，可将风险管理技术部分概括为风险分析、风险评估及风险控制三个阶段。

风险计划是风险管理的第一步，主要包括以下内容：①确定风险管理目标、原则和策略。②规定有关报告的内容和样式。③提出各阶段工作目标、范围、评估方法及标准。④明确各方的职责。⑤组织开展各方自身及相互之间的风险管理和协调工作。

风险识别是指风险主体对所面临的风险以及潜在风险加以判断、归类和鉴定性质的过程。风险识别可分为不确定性客观存在的确认、风险清单的建立及风险分析三个阶段。风险识别是风险评估的基础，也是风险分析中重要的步骤，其目标是了解并寻找所有可能的风险因素，特别是各种潜在的风险，要进行正确、有效的风险识别，应具有丰富的经验并采用正确的识别方法。

风险估计是在充分、系统地考虑风险识别后的所有不确定风险要素的基础上，确定事件中各种风险发生的可能性及发生之后的损失程度。风险估计也就是对识别出来的风险尽可能量化，估算风险事件发生的概率，估计风险后果，确定各风险因素的大小，对风险出现的时间和影响范围进行确认，简而言之，风险估计是对风险因素及其影响进行量化并以此为基础形成的风险清单等数据资料。

风险评价是针对风险估计的结果，应用各种风险评价技术判定风险影响大小、危害程度高低的过程。风险评价的目标是为了科学合理地评估风险可能发生的概率及可能产生的损失，科学的风险接受标准是风险评价必不可少的。风险接受标准各国各行业各不相同，但通常均遵循最低合理可行原则，最低合理可行原则指在不可能通过预防措施彻底消除风险时，在系统的风险水平与成本之间做到平衡，使得风险等级的划分和风险对策的制订尽可能合理可行，风险成本尽可能低。ALARP 准则是最低合理可行原则的典型代表，其含义是任何工程活动都有风险，不可能通过预防措施来彻底消除风险，必须在风险水平与利益之间做到平衡。

风险控制包括风险处理及风险监控两个方面。风险处理是在明确了所有的风险，并估计和评价了风险损失之后，而采取一定的风险处置对策避免风险的发生或减少风险造成的损失。处置风险主要有三大类方法，即风险回避、风险自留和风险转移。风险监控就是对风险管理过程中新的风险因素进行跟踪监控，及时对风险管理计划及措施进行修改和完善，形成前后连贯的动态管理过程。

三、隧道工程施工安全风险管理

（一）隧道工程风险管理定义

在隧道工程中，风险是指事故发生的可能性及其损失的组合。事故是指可能造成工程发生人员伤亡、伤害、职业病、设备或财产损失、环境影响、经济损失等不利事件。损失是指工程建设中任何潜在的或外在的负面影响或不利的后果，包括人员伤亡、财产损失、环境影响、社会影响等。

隧道工程风险管理是指工程建设参与各方通过风险计划、风险识别、风险估计、风险评价、风险处理及风险监控等，优化组合各种风险管理技术，对工程实施有效的风险控制和妥善的跟踪处理，以减少风险的影响，达到以较低合理的成本获得最大安全保障的管理行为。

（二）隧道工程施工安全风险发生机理

隧道工程与其他工程相比具有隐蔽性、施工复杂性、地层条件和周围环境的不确定性的突出特点，从而加大了施工技术的难度和建设的风险性。隧道工程的风险因素包括地质条件和工程建设周边环境的复杂性导致的自然风险和环境风险、建设中的机械设备、技术人员和技术方案的复杂性引起的施工风险、工程决策、管理和组织方案的复杂性引起的管理风险等。隧道工程施工安全风险发生的机理是某种或多种致险因子通过遇险环境作用于特定的承险体而产生风险事故。

（三）隧道工程施工安全风险管理基本流程

隧道工程施工安全风险管理内容及过程主要包括：风险计划、风险识别、风险估计、风险评价及风险控制五个方面，其技术部分也可以归纳为风险分析、风险评估及风险控制三大阶段。隧道工程施工因内外环境、目标变化及实施过程中不断受到不确定因素的影响，所以隧道施工风险管理应是实时、连续、动态的过程。

四、常用隧道施工安全风险评估研究方法综述

目前，常用的隧道施工安全风险评估研究方法有：核对表法、专家调查法、情景分析法、层次分析法、模糊综合评价法、风险指数矩阵法。接下来就对上述几种研究方法进行简单介绍。

（一）核对表法

核对表法是一种常用和有效的风险识别方法，它主要是用核对表作为风险识别的工具，实质上就是把经历过的风险事件及其来源罗列出来，写成一张核对表。该方法利用人们考虑问题的联想习惯，在过去经验的启示下，对未来可能发生的风险因素进行预测。该方法的优点在于使风险识别工作变得较为简单，容易掌握；缺点是没有揭示出风险来源之间的相互依赖关系，对指明重要风险的指导力度不够，且受制于某些项目的可比性，有时不够详尽，没有列入核对表上的风险容易发生遗漏，应设计出核对表典型样式。

（二）专家调查法

专家调查法包括德尔斐法，是在专家个人判断和专家会议方法的基础上发展起来的一种直观的预测方法，特别适用于客观资料或数据缺乏情况下的长期预测，或其他方法难以进行的技术预测。专家调查法或称专家评估法，是以专家作为索取信息的对象，依靠专家的知识和经验，由专家通过调查研究对问题作出判断、评估和预测的一种方法。专家调查工作流程为以下几步：首先，通过需求分析确定工作目

标；在调查工作中，应注重专家评判基础、调查因子、专家组成等关键内容；对调查的信息与内容进行初步判定有效与否，反馈需求分析是否发生偏差，判断是否需要重新开展需求分析或是调查工作。专家调查法是比较科学的，其主要特点是有助于专家发表独立的见解，不受其他相关因素的干扰；用数学手段分析所有调查对象的成果，综合归纳成集体思维成果。此方法在工程技术研究领域得到广泛的应用，尤其针对数据缺乏、新技术应用评估等工作具有相当的优势，并且与其他调查方法配合使用，就能取得更好的效果。

（三）层次分析法

层次分析法是一种定性与定量相结合的决策分析方法，它是一种将决策者对复杂系统的决策思维过程模型化、数量化的过程。运用这种方法，决策者通过将复杂问题分解为若干层次和若干因素，在各因素之间进行简单的比较和计算，就可以得出不同方案重要性程度的权重。运用层次分析法主要是通过分析复杂问题所包含的因素及其相互关系，将问题分解为不同的要素，并将这些要素归并为不同的层次，从而形成多层次结构；在每一层次按某一规定准则对该层元素进行逐对比较后建立判断矩阵，通过计算判断矩阵的最大特征值及对应的正交化特征向量，得出该层要素对于准则的权重；在此基础上计算出各层次要素对于总体目标的组合权重，以得到不同要素或评价对象的优劣权重值，为决策和评价提供依据。层析分析法常常被运用于多目标、多准则、多要素、多层次的非结构化的复杂地理决策问题，特别是战略决策问题，具有十分广泛的实用性。层次分析法的优点是将人们的思维过程数字化、系统化，以便于接受，应用这种方法时所需定量信息较少，但要求决策者对决策问题的本质、包含的要素及相互之间逻辑关系掌握十分透彻。

（四）模糊综合评价法

模糊综合评价法是模糊数学中最基本的方法之一，该方法是以隶属度描述模糊界限的。建立在模糊集合基础上的模糊综合评判方法，从多个指标对被评价事物隶属等级状况进行综合性评判，它把被评判事物的变化区间做出划分，一方面可以顾及对象的层次性，使得评价标准、影响因素的模糊性得以体现；另一方面在评价中又可以充分发挥人的经验，使评价结果更客观，符合实际情况。模糊综合评判可以做到定性和定量因素相结合，是系统评价中常用的方法，特别适用于多因素或多目标的系统。其优点是数学模型简单，容易掌握，对多因素、多层次的复杂问题评判效果比较好，是别的数学分支和模型难以代替的方法。不足之处在于在使用此方法之前，需要用其他方法确定评价指标的权重，因此通常和其他方法配合使用，运用比较复杂。

（五）风险指数矩阵法

风险指数矩阵法又称为 R＝P×C 定级法，常用于定性的风险估算，该分析法是将决定危险事件的风险的两种因素，即危险事件的严重性和危险事件发生的可能性，按其特点相应地划分为不同等级，形成一种风险评价矩阵，并赋以一定的权值，以定性衡量风险的大小。该方法操作简单方便，能初步估算出危险事件的风险指数，并能进行风险分级。风险指数矩阵分析法的风险评估指数通常是主观确定的，定性指标有时没有实际意义，风险等级的划分具有随意性，有时不便于风险的决策。该方法只能定性不能定量评价，一般不单独使用，常和其他评价方法结合使用。

第四节 隧道施工安全风险管理应用

一、公路隧道施工安全风险管理的目标和流程

公路隧道施工安全风险管理的目标是在分析地质状况、资源配置和施工方案的基础上，根据风险评估结果，提出相应的施工应对措施，加强施工管理和施工措施的落实，最大限度地避免恶性安全事故的发生，使得安全控制与工程质量相协调，确保工程的施工质量，并为将来隧道工程以及其他相关工程的安全运营提供良好的基础。

在《公路桥梁和隧道工程设计安全风险评估指南》和《公路桥梁和隧道工程施工安全风险评估指南》等相关法律法规的基础上，结合雷山隧道工程的特点，并结合专家会议、数值模拟、超前地质预报、现场监控量测，构建具有较强操作性的风险管理流程。

二、超前地质预报和工程现场安全监测系统设计

（一）超前地质预报基本原理

1. 超前地质预报的目的和任务

超前地质预报是指在隧道施工过程中，运用仪器设备和地质综合分析方法，预测可能引发隧道地质灾害的不良质体位置、规模和性质，并根据地质预报成果，提出相应的控制措施与可行性建议，降低地质灾害发生概率，确保隧道工程施工人员和设备的安全，进而降低工程成本。主要目的和任务为：①为制定施工方案和措施提供可靠的参数，如地下水压力、水量、不良地质的位置、大小及规模等。②为隧

道安全施工，避免或最大限度地降低施工过程中淤泥、涌水、塌方等灾害，从而不受或少受损失奠定了基础。③为隧道在安全条件下实现快速施工、减小风险创造了条件。④准确的地质预报可以减少施工中的盲目性，减少事故发生率，从而降低了工程投资。⑤验证勘察设计中提供的地质资料，为设计变更提供依据，且为调整施工方案提供依据；同时做好超前地质预报工作，能够对施工区域的水环境提供良好的保护措施。

2. 超前地质预报的目的和任务

隧道内地质素描是将隧道所揭露的掌子面尺寸、掌子面状态、毛开挖面状态、岩石强度（MPa）、风化程度、裂隙宽度、裂隙形态、涌水状态、围岩级别划分等准确记录下来并描述状态。隧道内地质素描包括下列内容：①掌子面尺寸：包括掌子面开挖宽度、高度、开挖面积、开挖方式（台阶法）等。②掌子面状态：围岩是否稳定，正面是否掉块，正面是否挤出等。③毛开挖面状态：是否自稳，是否随时间松弛掉块，是否自稳困难要及时支护，是否需要超前支护等。④岩石强度：5MPa～60MPa 之间或其他。⑤风化程度：分微风化，弱风化，强风化，全风化等。⑥裂隙宽度：0mm～5mm 之间或其他。⑦裂隙形态：分密集，部分张开，开口，夹有黏土等情况。⑧涌水状态：无水，渗水，整体湿润，涌出或喷出，特别大等。⑨围岩级别划分：记录不同工程地质、水文地质条件下隧道围岩稳定性、支护方式以及支护后的变形情况。发生围岩失稳或变形较大的地段，详细分析、描述围岩失稳或变形发生的原因、过程、结果等。⑩进行隧道施工围岩分级。

根据现场围岩情况及时判定分级，并根据判定情况与设计分级对比分析，有现场与设计不相符的情况，及时申请变更。

影像：隧道内重要和具代表性的地质现象应进行摄影或录像，要求每循环进尺均需进行掌子面地质素描与地质体投射法为主进行短距离地质预报，不得缺少。

3. 预报结果分析处理

当施工过程中发现前方有异常地质现象出现的时候，及时跟设计图纸对比分析，有与设计不符之处及时做变更建议书上报；现场情况立即向监理、设计单位、业主汇报。组织人员对前方的地质情况做进一步的勘查，经过四方确认后，按变更处理结果确定前方施工方案。

(二) 工程现场安全监测系统设计原则和监测目的

1. 设计原则

将前述公路隧道施工过程数值模拟、公路隧道施工安全内在关系分析、公路隧道施工风险评估以及公路隧道施工安全风险管理的相关结论应用到雷山隧道施工的实践中去。通过现场实测，较准确得到隧道施工过程中结构受力和变形情况，判断现有施工方法的合理性，从而为后续施工方法及施工参数的调整提供参考。

监测系统是提供获取隧道结构信息的工具，使决策者可以对特定目标做出正确的决策。其设计原则如下：①保证系统的可靠性。由于隧道结构安全监测系统是长期野外实时运行，需要保证系统的可靠性，否则先进的仪器，在系统损坏的前提下也发挥不出应有的作用。②保证系统的先进性。设备的选择、监测系统的功能与目前成熟监测技术发展水平、结构安全监测的相关理论相适应，具有先进性。③可操作性和易维护性。系统正常运行后应易于操作，对操作维护人员的技术水平不应要求过高。④最优成本控制。利用最优布控方式做到既节约项目成本、后期维护投入等，又能最大限度发挥监测作用。

2．监测目的

①通过洞内地质和支护状况观察，系统地对掌子面进行地质素描，科学全面地记录隧道穿越地带的工程地质信息。依据超前地质预报成果，对隧道围岩变化、不良地质做出预测，预防塌方、突水、突泥的等潜在灾害性事故，减少施工的盲目性，优化施工方案，为隧道安全施工提供评定依据。②通过监控量测成果反馈、调整和补充设计，安排施工工序，修改支护参数，使工程在保证施工安全和质量的前提下，更加经济合理。③通过监控量测，判断初期支护稳定性，确定二次衬砌的合理施作时间。④通过日常观测和分析，及时发现安全隐患并予以排除。⑤通过监控量测工作，总结相关隧道监控实用技术成果，为更好开展类似工程项目积累宝贵资料。

（三）监测项目与测量方法

1．监测项目和测点布置

根据《公路隧道施工技术规范》《工程测量规范》以及施工图设计中关于监控量测的设计，结合工程实际，确定雷山隧道施工监测内容。

（1）地质与洞内观察

开挖工作面地质描述包含围岩岩性、岩质、断层破碎带、节理裂隙发育程度和方向、有无松散坍塌、剥落掉块现象、有无渗漏水等；初期支护状态包括喷层是否有裂缝、剥离和剪切破坏、钢支撑是否压屈，进行观察分析。

方法：现场技术员在爆破后及时观察记录工作面的工程地质与水文地质情况作地质素描，结合探孔情况对地质进行预测。观察开挖面附近初期支护状况和喷混凝土表面裂纹状况，判断围岩、隧道的稳定性和初期支护的可靠性。

（2）地表沉降

地表沉降监测是浅埋隧道施工量测必测项目之一，主要目的是了解隧道上覆岩层的整体位移情况，判断隧道开挖对地层下沉的影响。

（3）周边收敛与拱顶下沉

周边收敛和拱顶下沉量测能够直观、明确地判断断面的收敛状态，了解围岩的动态变化。

（4）锚杆轴力量测

通过锚杆轴力量测，可以了解锚杆受力大小和受力状态，进而为确定锚杆参数提供实测数据。现场采用振弦式钢筋计焊接组成测量式锚杆来实现。

（5）围岩内部位移

围岩内部位移监测用于监测隧道围岩的径向位移分布和松弛区范围，通过监测及分析，用来验证隧道施工时设计锚杆长度是否能够确定施工及结构安全，现场采用三点式多点位移计进行直接测量。

（6）围岩与初支接触压力监测

围岩与初支接触压力监测的目的是了解初期支护的受力状况，判断初期支护的效果，优化施工参数，保证安全施工。现场采用频率计采集压力盒频率，根据压力盒的频率—压力标定曲线，将数据转换成相应的接触压力，实现围岩与初支接触压力监测。

（7）钢支撑内力监测

钢支撑内力监测是为了了解钢支撑的内力状态，判断初期支护安全状态，优化施工参数，保证安全施工，现场采用钢筋计沿钢架内外缘对称布设。

2. 监测频率

实际量测频率根据前两次量测情况而定。当观测值相对稳定时，可适当降低观测频率；当达到报警指标或观测值变化速率加快时，加密观测频率。

3. 预警指标

根据《公路隧道施工技术规范》（JTG/T 3660—2020）规定，隧道周边最大允许相对位移（指实测位移值与两侧点间距离之比，或拱顶位移实测值与隧道宽度之比）或用回归分析推算的最终位移值。二衬施作则应在满足下列要求时进行：①各测试项目的位移速率明显收敛，围岩基本稳定。②已产生的各项位移已达预计总位移量的 80%～90%。③周边位移速率小于 0.1mm/d～0.2mm/d，或拱顶下沉速率小于 0.07mm/d～0.15mm/d。

三、风险控制

具体风险控制措施建议如下。

（一）管理措施

1. 建立施工安全生产管理机构

雷山隧道周边环境复杂，作业环境艰苦，工期紧，技术要求高的特点决定了雷山隧道安全风险管理的复杂性和艰巨性，因此必须建立安全生产管理机构。依据公路隧道施工特点，这里从施工单位的角度构建了安全生产管理机构，根据工程特点制订实施细则，项目部设立单独的安全管理部门，配备专职安全管理人员，隧道施工作业班组配备兼职安全员。

2. 建立施工安全投入指标体系

施工安全管理应贯彻"安全第一，预防为主"的方针，从细节上加强管理，众多恶性安全事故的发生往往是因为忽略了小的安全风险。施工安全投入尤其重要，因其直接关系到施工单位的安全效益，专项资金单独列支，加强财务审计，确保专款专用，构建公路隧道施工安全投入指标体系。

3. 建立施工安全会议制度

召开安全管理会议，是做好安全管理工作的一种措施和办法，根据公路隧道不同施工阶段的特点以及工程建设项目任务和要求，设置多种安全管理会议，细化相关会议内容，明确会议制度与要求。

安全管理会议密切联系公路隧道施工特点，内容简洁且重点突出，针对具体问题以提高效率并取得实效。重要安全管理会议如全线安全管理会议和各级安全管理例会应有会议纪要，存档中还应包括会议照片和会议签到表。

4. 安全生产检查制度

①开工前的安全检查。主要内容包括：施工组织设计是否有安全措施，施工机械设备是否配齐安全防护装置，安全防护设施是否符合要求，施工人员是否经过安全教育和培训，施工安全责任制是否建立，施工中潜在事故和紧急情况是否有应急预案等。②定期安全生产检查。每月组织安全生产大检查，积极配合上级进行专项和重点检查；施工班组每日进行自检、互检、交接班检查。③经常性的安全检查。安检工程师、安全员日常巡回安全检查。检查重点：石方爆破施工、炸药库设置及危爆物品管理、施工用电、机械设备、模板工程等。④专业性的安全检查。针对施工现场的重大危险源，对施工现场的特种作业安全、现场的施工技术安全、现场大

中型设备的运用、运转、维修进行检查。⑤季节性、节假日安全生产专项检查。在季节变化和节假日安排专职安全检查员对各项生产设施和施工机械进行全面检查，对工程施工过程中的安全设施和安全隐患进行全面检查，同时对所有员工进行专项安全教育。

5. 确定施工安全考核奖惩办法

依据现场签订的《安全生产责任书》，安全管理小组定期对各标段单位和各相关人员进行考评，重点考察安全目标的完成情况和管理人员岗位责任的执行情况，考评成绩可与物质奖励挂钩。

①评分标准。采用问卷测试、现场检查观摩和查看记录等方式，对施工单位进行日常安全生产考核，重点考核其作业规程掌握情况、安全生产应知应会掌握情况、按章操作和标准化操作、危险辨识控制能力、应急处理能力、班组安全活动、持证上岗等内容。检查评分结果直接由检查小组根据评分表计算得出，其中检查小组若有监理参加，则监理评分的平均值与建设单位评分的平均值各占一定比例。年度考核以日常考核的平均成绩为依据。②考核结果及处理措施。根据《安全生产检查评分表》，由检查人员综合评定各标段的分数，最后将各标段的评分汇总。建议考核起评分100分，考评90分以上（含90分）者为优秀；90～80（含80分）为良好；80～70（含70分）为达标；70分以下为不达标。每次评分排名情况将在全线内通报，并视情况抄送上级有关部门。考核不达标的部门、不称职的安全生产责任人和责任区内存在重大事故隐患的被考核部门和被考核人，应于规定时间内制订整改措施报送安全办；对不称职的被考核人和部门进行经济处罚并不得参加当年度评先。

6. 建立施工安全教育和安全交底制度

（1）安全教育的要求和形式

应充分保障安全教育培训所需人员、资金和设施，建立从业人员的安全教育培训档案，建立健全其安全教育培训制度。对所有进场人员进行安全教育学习和再教育学习活动，严格按照国家相关的法律法规、文件和行业标准要求执行。重视安全生产宣传工作，通过单位专栏、橱窗、局域网等多种渠道，营造浓厚的安全氛围，加强安全文化建设，增强员工的安全意识。

（2）安全教育主要内容

行业相关规章制度和规范标准；安全施工管理与安全技术知识；事故防范、应急救援及事故调查处理方法；典型事故案例分析等。

（3）安全教育效果评价

施工单位必须进行安全教育效果评价，组织有针对性的安全生产考核或开展安全知识竞赛等活动，安全生产考核可分为书面考核、现场提问考核和实际考核等。

（4）施工安全交底制度

建立三级安全交底制度，一是由项目经理组织，总工进行对各工区，各部门，各施工队完成一级安全交底；二是由各一区组织，经理部安全管理部门参与监督，完成爆破作业、高空作业、雨季作业、临时用电等目前正施工的各分项目工程的二级安全技术交底落实到位；三是由现场安全员，施工人员和班组长到场组织进行三级安全交底，落实到现场每一个作业人员，且要有签字手续，否则不得上岗作业。

7. 建立施工安全应急系统

成立重大事故"应急救援指挥领导小组"，由项目经理、工程部、安质部、物机部、调度、办公室等部门领导组成，下设应急救援办公室（调度室），日常工作由调度室兼管。发生重大事故时，以指挥领导小组为基础，即重大事故应急救援指挥组，负责项目部应急救援工作的组织和指挥。

应急救援领导小组职责：负责本单位应急预案的制订、修订；组建应急救援专业队伍，并组织实施和演练；检查督促做好重大事故预防和应急救援的各项准备工作。

①组长。负责所有救援人员、机械、物资的协调和施救统一指挥工作，敲定救援方案，主持事故调查会议。②副组长。负责现场救援人员、机械、物资的协调和施救指挥工作，提出救援方案的建议，主持事故调查工作。③技术负责。负责协调总指挥开展施救指挥工作，负责救援方案和相关技术及机械技术施救工作，参与事故调查。④安全总监。协助组长做好事故报警、情况通报及事故处置工作。⑤安质部副部长。负责现场警戒、治安保卫、疏散群众和道路管制工作。⑥工程部部长。负责现场技术调查、技术处理、制定方案和防范措施。⑦物机部部长、调度室主任。负责现场工程抢险、抢修所需救援物资、设备的储备调用工作。⑧办公室主任。负责相关设备管理单位的联系和组织设备管理单位专业抢修工作；负责伤员抢救、转院、亲属的安顿以及生活必需品的供应工作；负责救援车辆的指挥和分派工作。

8. 火工品管理与爆破施工相关安全措施

火工品的购买、运输、储存、发放，回收、销毁均按照国家、行业相关法律法规办理，爆破员、安全员、押运员等管理人员按规定必须取得相关资质并依照作业规程进行现场安全控制。

①民用爆炸物品管理工作实行"从严管理，依法监督，方便生产，保障安全"和"谁主管，谁负责"的原则。项目经理对本单位的民用爆炸物品管理工作负总责；分管安全的负责人负组织实施、管理监督和协调责任；其他分管负责人对各自分管工作范围的民用爆炸物品管理工作负直接管理责任。②严格执行民用爆炸物品出入库检验登记制度和发放、领退、检查、看守等安全管理制度，并如实建立本单位购买、运输、储存、使用民用爆炸物品的品种、数量和流向台账，按规定时限输入公安机关民用爆炸物品信息管理系统，并定期上报上级单位。民用爆炸物品的购买、运输、储存、发放、领退和现场使用各环节必须经安质部安全审查、签认后，方能进行。③民用爆炸物品领退人员应由专人负责。领退民用爆炸物品时，领退人员要仔细核对所领、退民用爆炸物品型号、数量，是否与《民用爆炸物品使用申请单》《民用爆炸物品退库单》中的型号、数量一致，是否为合格产品。如果有误，应立即向库房保管人员提出并协助保管员重新核对并纠正，双方确认无误后，方能办理领、退库手续。④现场使用管理要求：在现场从事爆破作业的爆破员必须持有公安机关颁发的《爆破作业人员许可证》，并随身携带作业证原件或复印件备查。在爆破作业现场必须按规定配备爆破安全员，专职负责爆破作业现场安全管理和监督。运到作业面的民爆物品应有专人看管，并标以醒目的标志。炸药与雷管必须分开放置，并且保持一定的安全距离，且雷管应放置在专用的保险箱内。现场作业人员必须严格按照《爆破安全规程》和《爆破设计方案》的要求使用民用爆炸物品，服从现场指挥员和安全员的安排和监督。

（二）技术措施

1. 塌方安全风险控制

根据勘察与设计资料，综合考虑实际开挖所揭露的围岩条件，与勘察设计资料有出入的应及时调整施工方案和支护参数。严格控制隧道超、欠挖情况。在施工过程中做好超前探孔，坚持"预防为主"的原则，有准备地作好各种预防措施，加强围岩监控量测，及时反馈信息，保证施工安全。具体控制措施如下。

（1）隧道围岩局部注浆

预注浆浆液全部采用水泥单液浆，水灰比为1：1，注浆压力不得小于2.0MPa。

（2）塌方处理方案

隧道施工过程中，应加强地质超前预报和监控量测，密切注意围岩应力、应变状态，实时掌握掌子面前方一定范围内的地质情况，密切监控塌方发展情况，在保证安全的前提下采用喷射混凝土封闭塌渣、塌腔和掌子面，必要情况下，在塌方地段设置临时支撑，防止塌方进一步发展。

塌腔高度小于 2m 的情况下，采用注浆小导管对塌腔周围 5m～10m 范围内岩体进行注浆加固处理，注浆浆液采用 1:1 水泥浆，可添加适量水玻璃。

塌腔周围岩体加固处理完成后，对塌腔进行处理，在有条件的情况下，首先采用中空注浆锚杆、喷射混凝土、钢筋网对塌腔范围内岩体进行加固，然后分段挖出塌渣，快速分段设置初期支护，如塌方发生在上台阶开挖过程中，初衬应设置扩大拱脚，并预留泵送管和排气管。

快速施工二次衬砌，并在衬砌形成强度后，泵送混凝土回填塌腔；塌方处理完成后，继续进行前方掌子面开挖，并视具体情况在 5m～10m 范围内加强预支护、初衬、二衬支护参数。

2. 突水突泥安全风险控制

对断裂构造及节理裂隙密集带地下水赋存情况、富水段地质构造等情况进行深入调查，制订相应的应急预案。具体的建议如下：①做好超前地质预报工作和超前支护工作，采用小进尺、弱爆破开挖，及时封闭开挖面。②隧道浅埋段，由于地表水丰富，可以采用一定的降水措施，降低地层中的水平面。对于可能发生突水突泥事故的地段，主要是封堵裂缝，隔离水源，堵塞水点，以减少洞内涌水量，改善施工条件。③突水突泥事故发生的地段，地质情况一般比较复杂，围岩在水的存在下一般都变得比较软弱，因此在施工中应必须加强支护措施，使用小进尺、弱爆破的开挖方法，开挖后及时封闭开挖断面，避免由于突水突泥而造成的更大的事故如塌方等。

3. 大变形和洞口安全风险控制

为避免风险事故的发生，确保安全施工，风险控制措施建议如下：①在隧道洞口施工前，应先施工洞顶截（排）水沟，形成完善的洞口防排水系统，平整洞顶地表，以确保排水通畅和洞口施工安全。同时进行边仰坡防护和加固，必要时设置防护网等安全措施，以保证隧道洞目的施工安全。②施工中加强监控量测，根据监测的情况和围岩应力特征，针对洞口较差的围岩，针对性地选取洞口支护加固方案，适当加大预留变形量、加长系统锚杆（必要时加密布置）、加强支护等控制变形。③加强洞口段超前支护和边仰坡设计，必要时采用大管棚＋超前小导管支护。洞口按设计完成超前支护后，方可开始正洞的施工。④隧道出口段处于岩层松散破碎带，施工中采用三台阶临时仰拱法，开挖循环进尺控制在 0.8m，台阶长度 3m～5m，及时进行初期支护，保证围岩稳定。中、下台阶左右边墙每次进尺不得超过 2 榀（1.6m），且左右错开 3m～5m。⑤开挖严格控制进尺，台阶长度、仰拱与掌子面距离、二衬与掌子面距离始终控制在国家标准内。开挖后立即封闭开挖暴露面，喷射混凝土采用高标号（可采用 C25 以上）早强混凝土。⑥支护设置 I20b 型钢架，间距为 1 榀/0.8m，拱部设置 φ42 小导管超前支护，小导管环向间距 40cm，长 4.0m。必要时小导管加密，系统锚杆加长。⑦及时施作隧底仰拱，严格控制各道工序和施工工艺，尽早闭合成环。仰拱落地开挖每次不得超过 4m，已成环仰拱距离掌子面不得超过 30m。为防止仰拱全幅开挖时边墙向内位移，必要时加设横梁顶紧。仰拱施作一次成型，严禁分幅施工，其施工缝和变形缝的防水处理工艺要求同衬砌拱墙的施工缝一致。施工中严格控制各道工序，加强监控量测。⑧尽早组装衬砌台车，进行二次衬砌，要求二衬距离掌子面不得超过 60m，加强二次衬砌的结构厚度和钢筋布置。加强监控量测工作，及时调整支护衬砌参数和施工方法。发生挤压大变形时，必要时可采用多重支护、分次施工控制变形。

参考文献

[1]靳翠梅.隧道工程施工技术与安全[M].南昌:江西科学技术出版社,2018.01.

[2]刘学增.地铁隧道安全保护与对策[M].上海:同济大学出版社,2018.10.

[3]邓勇,肖清华,吴应明.无轨运输高瓦斯隧道施工[M].北京:中国铁道出版社,2018.12.

[4]高杨.铁路隧道防排水设计指南[M].成都:西南交通大学出版社,2018.01.

[5]李宽.公路工程项目管理[M].武汉:华中科技大学出版社,2018.04.

[6]黄宏伟.隧道结构非接触式快速检测与健康评估[M].上海:同济大学出版社,2018.12.

[7]刘学增.地铁交通枢纽 BIM 技术应用研究与实践[M].上海:同济大学出版社,2018.12.

[8]张吕伟,刘斐,李宁.市政隧道管廊工程 BIM 技术[M].北京:中国建筑工业出版社,2018.04.

[9]任青阳,陈悦,金双双.工程 BIM 概论[M].北京:人民交通出版社,2018.08.

[10]张吕伟,杨书平,吴凡松.市政给水排水工程 BIM 技术[M].北京:中国建筑工业出版社,2018.04.

[11]刘辉.BIM 在土建工程中应用案例精选[M].北京:人民交通出版社,2019.01.

[12]瞿万波,王毅.隧道工程施工[M].成都:西南交通大学出版社,2019.08.

[13]谢雄耀.隧道工程建设风险与保险[M].上海:同济大学出版社,2019.10.

[14]何发亮,卢松,丁建芳.地质复杂隧道施工预报研究与工程实践[M].成都:西南交通大学出版社,2019.09.

[15]王成.隧道工程[M].北京:人民交通出版社,2019.06.

[16]王玉林,叶泽上,郝银.公路隧道工程施工工艺[M].北京:中国石化出版社,2019.12.

[17]张雷,董文祥,哈小平.BIM 技术原理及应用[M].济南:山东科学技术出版社,2019.02.

[18]和金兰.BIM 技术与建筑施工项目管理[M].延吉:延边大学出版社,2019.07.

[19]赵伟,孙建军.BIM技术在建筑施工项目管理中的应用[M].成都:电子科技大学出版社,2019.03.

[20]蒋凤昌.城市地下综合管廊工程建设与BIM技术应用[M].上海:同济大学出版社,2019.10.

[21]耿大新,曾润忠.高速铁路隧道工程[M].北京:中国铁道出版社,2020.09.

[22]段军,李科.隧道全寿命周期监测预警技术与系统平台应用[M].成都:西南交通大学出版社,2020.04.

[23]卢利群,高翔.公路工程文明施工指南[M].成都:西南交通大学出版社,2020.10.

[24]姚海波,尹力文.城市综合管廊工程[M].北京:中国建材工业出版社,2020.04.

[25]李润求,施式亮.建筑安全技术与管理[M].徐州:中国矿业大学出版社,2020.06.

[26]段绪胜,黄杨,全宏旭.土木工程概论[M].西安:西北工业大学出版社,2020.10.

[27]徐静涛.公路工程施工监理 第2版[M].北京:北京理工大学出版社,2020.07.

[28]闫铁钢.基于BIM的长大砂质板岩隧道快速施工及控制爆破技术[M].成都:西南交通大学出版社,2020.09.

[29]王同军.铁路BIM建造技术与实践[M].北京:中国铁道出版社,2020.12.

[30]陈莉,胡丽娟,陈松.基于BIM的工程项目设计与创新研究[M].北京:中国原子能出版社,2021.05.

[31]王同军.铁路BIM建造概论[M].北京:中国铁道出版社,2020.03.